clásicos Castalia

COLECCIÓN FUNDADA POR
DON ANTONIO RODRÍGUEZ-MOÑINO

DIRECTOR
DON ALONSO ZAMORA VICENTE

Colaboradores de los volúmenes publicados:

LUIS DE GÓNGORA

SONETOS COMPLETOS

Edición,
introducción y notas
de
BIRUTÉ CIPLIJAUSKAITÉ

QUINTA EDICIÓN

clásicos castalia

Madrid

SUMARIO

A los poetas lituanos

INTRODUCCIÓN
BIOGRÁFICA Y CRÍTICA

> Es el soneto la más hermosa com-
> posición, y de mayor artificio y gracia
> de cuantas tiene la poesía italiana y
> española. Y en ningún otro género se
> requiere más pureza y cuidado de
> lengua, más templanza y decoro,
> donde es grande culpa cualquier error
> pequeño.
>
> (F. de Herrera, *Anotaciones*
> a *Obras* de Garcilaso de la
> Vega)

Luis de Góngora, universalmente reconocido como
uno de los más grandes artífices de la poesía, confirma las palabras de Herrera por la maestría y la perfección condensada en sus sonetos. Género que cultivó a
través de toda su vida, sus sonetos nos permiten seguir
paso a paso la evolución del poeta, tanto en lo formal
como en lo temático. Los ciento sesenta y siete recono-
cidos y los cincuenta sonetos atribuidos representan, además, un documento de toda una época y la encarnación
de una de las poéticas prevalecientes de su tiempo.

Hasta hoy día, se conocen sólo dos estudios comple-
tos de este aspecto de la obra del poeta cordobés, ambos
de difícil acceso: los comentarios publicados poco después de su muerte, y aún hoy de incalculable valor, de

García de Salcedo Coronel, y un estudio metódico por Ernst Brockhaus, de 1935, en lengua alemana y edición limitada. (El estudio de O. Frattoni representa menos interés). Dámaso Alonso, quien en casi todos sus trabajos gongorinos toca este aspecto, va anunciando, desde hace años, una edición ampliamente comentada; mientras tanto, ha ofrecido algunas muestras en su *Góngora y el "Polifemo"*. Es de esperar que no tarde en aparecer el volumen completo, ya que nadie como el erudito que ha consagrado más de cuarenta años al estudio del poeta podrá aclarar sus aspectos más complejos.

El soneto se presenta a través de los siglos como la joya más acabada, el sumo logro en el detalle formal. El poeta se encuentra rigurosamente limitado por los catorce versos y la rima prescrita, y es aquí donde se desarrollan su ingenio, su poder de concentración. Esto mismo causa una restricción en las limitaciones, mayor fidelidad en las transmisiones. Si al repetir una letrilla o un romance se cambia un verso, se añade una estrofa, a veces pasa inadvertido. En el soneto, incluso una palabra sustituida corrompe el ritmo. Es, además, un tipo de poema que circula menos en pliegos sueltos, goza de menos popularidad inmediata. En comparación con las poesías de tono menor, los sonetos de Góngora presentan relativamente pocas variantes, pero algunas de ellas son sumamente interesantes porque atestiguan una búsqueda incesante de perfección absoluta. Creemos que todos los sonetos del poeta merecen ser conocidos: aun en forma sucinta, lo polifacético de ellos revela las preocupaciones, los gustos literarios, las polémicas del tiempo en que vivió.

LA ÉPOCA.—El poeta que ha vivido en el límite convergente de dos siglos llamados de Oro, tan diferentes en su esencia, cuenta entre aquellos que han visto el optimismo encaminarse hacia el pesimismo, el equilibrio ceder al desgarramiento violento, la lengua elegante y sencilla ser elevada a cumbres de su potencia expresiva.

Cuando empieza a escribir, hacia el año 1580, aún suenan los ecos de la victoria de Lepanto, aún no se ha perdido la Armada Invencible, y España está bajo la mano capaz y férrea de Felipe II. Es verdad que el mundo humanista y renacentista ha acogido ya la Contrarreforma, que cada vez se pone más énfasis en lo nacional y lo religioso, pero en la literatura las aportaciones italianas están aún plenamente vigentes, el petrarquismo sigue dominando la poesía lírica. Poco a poco, la decadencia nacional se hace más evidente. El reinado de Felipe III, que abarca los años de la plenitud poética de Góngora, ya no conoce la confianza absoluta. Falta la mano firme del monarca; empieza la era de los validos, y con ellos, de los intereses particulares. Felipe III y Felipe IV comparten el poder con el Duque de Lerma y el Conde-Duque de Olivares. El traslado de la Corte a Valladolid sólo causa crítica y descontento; la expulsión de los moriscos, en 1609, no logra producir entusiasmo. Aunque la Corte brilla como nunca, debajo de este lujo amenaza la decadencia económica. Todo en el estado empieza a despedazarse; se pierden el concepto de un imperio unido y el idealismo en las luchas.

La circunstancia vital influye decididamente en la literatura. Aunque las grandes figuras que escriben en esta época: Cervantes, Lope, Góngora, Quevedo (éste más enteramente hijo del siglo XVII), siguen derroteros distintos, su obra nace impulsada por la misma reacción: el despertar frente a una realidad oprimente. El poeta mismo como figura ocupa ya otro lugar en la sociedad del siglo XVII. En el reinado de Carlos V, decir hombre de letras casi siempre equivalía a entender hombre de armas. Ser poeta de profesión era algo impensado. Cuando se escribía poesía, se consideraba como producto del ocio. Siendo la poesía lírica sólo un aspecto en la vida del hombre, era más limitada en temas, en formas, en volumen. Eran distintas la actitud y las ambiciones del poeta: ante todo, quería escribir bien;

le importaba menos la originalidad. Los metros italianos apenas habían sido introducidos; se intentaba dominar y adaptarlos con derecho de ciudadanía a la lengua española. Garcilaso fue el poeta de un solo tema; tampoco Fray Luis o San Juan tocan muchas cuerdas; Herrera, con manifestar dos, casi parece prolijo. Autores como Francisco de Aldana y Francisco de Medrano van anunciando el cambio, y en el siglo XVII nos encontramos de repente frente a una profusión asombrosa.

Al cambiar la situación nacional y la sociedad (Góngora participa de las dos), el poeta seicentista se ve con horizontes más amplios por delante. Sus predecesores han fijado, perfeccionado, elevado la lengua poética. Las posibilidades métricas se le presentan casi ilimitadas. Él mismo es respetado ya por ser poeta: el hombre de letras ha ido ganando reconocimiento. En este siglo se le abren ante todo dos campos poco explotados aún. Con el advenimiento de los validos, se hace más evidente la necesidad de lisonjearles. Lo que había sido el espíritu heroico en el siglo anterior se convierte en halagos que esperan una remuneración más material e inmediata. Por otra parte, al aumentar la corrupción en la Corte, el poeta se siente invitado a ejercitar su pluma satírica, llega a ser temido por las verdades que espeta. Puesto que puede dedicarse más completamente a la literatura, le es posible ensayar más temas. Lo polifacético en la creación de todos estos autores llega a ser asombroso. No se contentan con seguir un modelo; quieren ser originales, ser conocidos por su estilo personal. Ahora ya no basta emular el ideal clásico en su sencillez; ésta es la época del virtuosismo, donde cada ingenio demuestra su capacidad de sobrepasar los límites establecidos por el uso. La lengua va enriqueciéndose cada vez más; la literatura llega a ser casi más importante que el mundo en que viven.

Incluso el virtuosismo está condicionado por el cambio general en la situación nacional y universal. El hombre del siglo XVII no se siente seguro, se ve presa de una angustia creciente, y anhela fijar por lo menos el mundo que crea. Este hombre no se ve colmado de posibilidades, ni se siente con tanto poder como el del Renacimiento; reconoce la vanidad y lo perecedero de las cosas mundanas. De aquí, surge mayor énfasis en los temas morales, un fuerte tono de desengaño. A la vez, se intensifica el tema religioso. En el Renacimiento éste se manifestaba con una nostalgia de armonía absoluta. Ahora, más de un poeta está tratando de agarrarse desesperadamente a la fe que le queda, clamando por un asidero más seguro. La búsqueda angustiada produce un estilo más dinámico; la obra parece latir con más vitalidad. Para distraerse de la preocupación que le está royendo por dentro, el artista del siglo XVII frecuentemente se concentra en el detalle; la estructura global de la obra demuestra menos unidad acabada. Ya la variedad de temas indica que ésta es una época de agregaciones siempre nuevas. Surge la noción de la relatividad, y en su lucha por algo constante y asidero, el artista frecuentemente se sirve de contrastes. Se oscila entre estilizaciones esmeradas y detalles naturalistas; gana terreno la paradoja. Incluso los mismos temas padecen un enfoque distinto: en la naturaleza, lo pastoril se nota menos que lo decadente; el énfasis de "carpe diem" se traslada del gozo a la disolución final; la mujer se presenta menos idealizada, más sensual, muy fea e hipócrita a veces.

La época que le tocó al Góngora maduro es un período de turbulencias y de pasiones, de búsqueda continua. Se vive muy intensamente en ella; los gozos y los sufrimientos llegan al extremo. Es frecuente la exageración por encubrir la realidad que no se considera suficiente. Esta misma insuficiencia o insatisfacción motiva el deseo de velar lo representado. En el caso de Góngora, incluso se puede hablar del anhelo de esconder completamente sus sentimientos, de distanciar su persona de su obra.

EL AUTOR.—Don Luis de Góngora y Argote nació en 1561 en una familia acomodada de Córdoba, establecida allá desde varias generaciones. Tanto el padre, don Francisco de Argote, licenciado en derecho, corregidor en Jaén y Madrid y luego juez de bienes confiscados de la Inquisición en Córdoba, como la madre, doña Leonor de Góngora, descendían de familias linajudas y adineradas. La casa paterna era lugar de reuniones de amigos cultos; su biblioteca invitaba a lecturas interminables. Importante figura en el círculo familiar era el tío racionero, poseedor de tierras y beneficios eclesiásticos. Muy temprano fue decidido que éstos pasarían como herencia al sobrino Luis, desde entonces destinado a la carrera eclesiástica.

Después de los primeros estudios de Gramática en Córdoba, durante los cuales su vivo ingenio llamó la atención del humanista Ambrosio de Morales, en 1576 el joven es enviado a estudiar Derecho en Salamanca. Según su primer biógrafo, José Pellicer, las travesuras, calaveradas y largas sesiones de apasionados juegos de naipes absorbían casi totalmente su tiempo; el poco que le quedaba, lo empleaba en componer sus primeras letrillas y satirillas. Es de suponer que tampoco faltaban amoríos en este período. Llevaba una vida desahogada, era admirado y empezaba a tener fama. La imagen posterior, tan universalmente conocida, de un Góngora adusto, sombrío, retraído, borra injustamente el retrato de este joven alegre, apasionado por el juego, los toros, la música y el teatro, con mucho garbo y picardía, y muy ingenioso en sus versos.

Los años alegres no duran mucho. En 1581 el nombre del joven cordobés ya no consta en las listas de matrícula. De vuelta en Córdoba, debe pensar más seriamente en la carrera a la que se le destina. Se había ordenado de menores ya al empezar los estudios. Ahora emprende todos los pasos para poder heredar legalmente los beneficios. Debe presentar pruebas de limpieza de sangre, obtener una bula papal. En 1585 le vemos ya como racionero entre los miembros del Cabildo de la Catedral. Desde el principio se le encomiendan misiones "diplomáticas": la representación del Cabildo en las fiestas solemnes; la defensa de sus derechos en las causas jurídicas. Por estos años no ha renunciado aún a su natural alegre. Tan conocidos son sus gustos e inclinaciones que en el interrogatorio hecho por el obispo en 1588 se le hace una serie de cargos. Todos ellos se resumen en el último: se le acusa de vivir "como muy mozo y andar de día y de noche en cosas ligeras, tratar representantes de comedias, y escribir coplas profanas." Don Luis no se queda corto y contesta con mucho garbo a las acusaciones punto por punto, pero por dentro tal vez conciba la sospecha de que le convenga velar más sus gustos. Poco a poco empieza a recatarse más, aunque no renuncia ni a conversaciones literarias con los amigos laicos, ni a sus actividades literarias.

Siempre mandado por el Cabildo, el joven viaja mucho, observa, critica. Casi cada viaje ha dejado ecos en algún soneto. Asimismo, varios certámenes poéticos han recibido una contribución de su pluma. Por dentro, aún es el señorito cordobés, muy culto, pero un tanto provinciano, con fama ya considerable en su patria. Frecuenta los círculos más interesantes y puede permitirse algún que otro capricho.

Hay varios aspectos en la vida del poeta que merecen atención: el hecho de criarse y madurar en un ambiente rodeado de eclesiásticos; la "vocación" impuesta; la preocupación por los beneficios; por fin, el detalle de ser "alguien" en su Córdoba natal. Cuando en 1617 decide trasladarse definitivamente a la Corte, el trasplante debe de significar un desgarramiento fuerte. Allí, a pesar de su fama literaria, es sólo un pretendiente más, pidiendo y esperando favores para sus familiares, aprendiendo a escribir panegíricos, aunque a la vez, para afirmar su espíritu independiente, ejerciendo una sátira mordaz. Es considerado como el mejor poeta de su tiempo, suscita polémicas, pero no es el único. Ya en Córdoba se había ejercitado en el arte de "corteggiar": hacia 1607 tenía muchas esperanzas puestas en el

Marqués de Ayamonte, a quien se destinaba como Virrey de México. Al fallecer éste, en 1610 espera favores semejantes del Conde de Lemos, quien parte como Virrey para Nápoles, pero tampoco los consigue. El poeta que, al alejarse brevemente de su Córdoba, sentía una nostalgia invencible ("¡Oh excelso muro, oh torres coronadas!"), secretamente se forja ilusiones de un viaje a México o Nápoles. Critica la Corte, donde se siente casi extranjero, pero anhela conocer mundos nuevos. Su espíritu está siempre inquieto; su imaginación vuela.

En Madrid, desde el principio consigue el favor de Rodrigo Calderón, el famoso protegido del Duque de Lerma. El mismo año de su llegada recibe el cargo honorario de capellán real. El poeta va concibiendo ilusiones, pero a poco viene la caída repentina de Calderón. Íntima amistad le liga con el Conde de Villamediana, pero también éste muere asesinado inesperadamente. Otro protector en potencia, el Conde de Lemos, pierde el favor real, se eclipsa y muere en 1622. De repente, el poeta se ve confrontado con la aguda realidad de que todo es vanidad en este mundo. De esta época datan sus sonetos más personales, quizá los mejores. Si al principio persistía en sus pretensiones por ambición, con el pasar de los años su situación económica empeora de tal manera que al final de su vida lo hace ya por pura necesidad. Son impresionantes sus cartas de estos años: acosado por deudas, aún con ganas de guardar las apariencias, sin poder renunciar a vanas ilusiones, llega al momento en que no tiene qué comer, debe vender muebles para cubrir los gastos cotidianos. Además, se siente viejo y enfermo. Las desgracias llegan al colmo cuando, en 1625, es despedido de la casa donde vive por no poder pagar los alquileres.

En 1626 sufre un ataque de apoplejía del que no se repone. Pierde la memoria de lo inmediato, pero discurre lúcidamente sobre el pasado. Parece casi un esfuerzo subconsciente para salir de la miseria que le persigue.

Pide ser trasladado a Córdoba, y muere allí el 23 de mayo de 1627.

Las opiniones acerca del carácter de Góngora se contradicen a veces. Se le suele pintar muy serio, poco amable, siempre dispuesto a inquirir y atacar. Los retratos muestran a un señor desconfiado ante el mundo, de mirada penetrante, pero resuelto a no dejar transparentar sus propias emociones. Por otra parte, sabemos que en su juventud fue muy distinto y que, durante toda su vida, empleó mucho tiempo solicitando favores para sus sobrinos. * A los pocos amigos que tuvo, les quería sinceramente. El soneto escrito a la muerte de sus tres protectores y amigos: "Al tronco descansaba de una encina" (148), revela tristeza por la pérdida no sólo de protectores, sino de seres humanos que le nspiraban cariño. La amistad con fray Hortensio Paravicino, el famoso predicador cultista, duró hasta sus últimos días: le nombro su testamentario. En cuanto al retrato físico, nos lo dejó el autor del *Escrutinio*: "Fue don Luis de buen cuerpo, alto, robusto, blanco y rojo, pelo negro. Ojos grandes, negros, vivísimos, corva la nariz, señal de hábil, como todo su rostro la dio; adornó el talle, y el aire de sus movimientos, los hábitos clericales. Habló en las veras con eminencia grande, aun en prosa. En las burlas joviales fue agudísimo, picante (sin pasar de la ropa) y envuelto en los donaires, con que entretenía, se dejaba oir sentenciosamente. Daba orejas a las advertencias o censuras, modesto y con gusto. Emendaba, si había qué, sin presumir."

Aunque no escribe poemas amorosos personales, apenas hay panegírico donde una parte importante no corresponda a la mujer del elogiado. Es sensible a la belleza, tanto de la mujer como de la naturaleza, y nunca consiente en envilecerlas. Los críticos que señalan un fondo platónico en él, o los que afirman que su

---

* M. Artigas y J. M. Cossío han reunido varias anécdotas que dan prueba de la chispa y el ingenio vivo que tenía.

actitud correspondía más al siglo XVI, no hablan sin fundamento. La tendencia a idealizar está patente en Góngora.

Aun si parece austero, sabemos que siempre se interesó por los vestidos, los coches, los caballos; quería tener muebles bellos, vivir con decoro. Hay en él un señorío innato que le liga inseparablemente a la noble ciudad de Córdoba. Nunca se rebaja a adular indignamente, ni llega en sus sátiras a ser verdaderamente soez y grosero.

Su poesía no trasluce mucho sentimiento religioso, pero los documentos recién publicados muestran que él también, como cualquier provinciano piadoso, ofrece un corte de tela para el manto de la Virgen Milagrosa por la salud de un ser querido. Aunque satiriza la Corte, no entra directamente en política. No se encuentra nacionalismo en sus obras; tampoco ofrece la honda crítica de un Quevedo. Su individualismo es quizá el rasgo más saliente, así como su persistencia en los ideales.

Este individualismo le ha acarreado muchas enemistades. Sus polémicas con Lope, Quevedo, Jáuregui resuenan en todas partes, sobre todo desde la aparición de *Polifemo* y de *Soledades*. Si muchos le atacan, no es menor el número de sus defensores: el Abad de Rute, Pedro Díaz de Rivas, Martín Angulo y Pulgar, Martín Vázquez Siruela. Cervantes le alaba ya en *La Galatea*, en 1585. Lope, con toda su crítica, reconoce su maestría y a veces parece emularle. Ni el enemigo más empeinado, el que en 1625 le hace echar de la casa por ser ésta una posesión suya, Quevedo, escapa a cierta influencia. Le critican, pero se dan cuenta de la belleza creada y deben reconocer su ingenio.

LA OBRA POÉTICA.—Los primeros ensayos literarios de Góngora fueron letrillas y romances de tipo tradicional. Algunos de ellos, como "Hermana Marica", tienen valor autobiográfico. Todos son relativamente sencillos, pero dan muestras de un ingenio que apunta. El primer soneto es de 1582. Tanto los romances y letrillas como los primeros sonetos demuestran aún fuerte influencia de la tradición en que se escriben. El primer viaje a la Corte, en 1588, inspira una serie de poemas satíricos. Desde aquel entonces, su voz va cobrando personalidad; va creciendo su fama de poeta. Cuando en 1593 conoce a Lope, ya se muestra altivo. Su estancia en Valladolid en 1603 es señalada por el primer encuentro con Quevedo y la enemistad resultante: ya en aquella fecha Quevedo aspira a ver reconocida su maestría en la sátira. Este mismo año entrega a Pedro Espinosa 37 composiciones para su *Flores de poetas ilustres de España,* que se publica en 1605. Es el autor más voluminosamente representado en esta antología.

La gran explosión ocurre en 1613, cuando el poeta da a conocer el *Polifemo* y *Soledades.* Desde aquel momento se le reprocha oscuridad y extranjerismo; buen ejemplo de los ataques es el siguiente cuarteto paródico de Quevedo:

> ¿Qué captas, noturnal, en tus canciones,
> Góngora bobo, con crepusculallas,
> si cuando anhelas más garcivolallas,
> las reptilizas más y subterpones?

La escena literaria se divide en dos campos; se multiplican las polémicas. Góngora, en Córdoba, espera ávidamente las noticias y reacciona con una serie de poemas contestando a las acusaciones; por su parte, lanza ataques contra el estilo llano, puesto que Lope tampoco había sido avaro en críticas:

> Patos de la aguachirle castellana,
> que de su rudo origen fácil riega,
> y tal vez dulce inunda nuestra Vega,
> con razón Vega por lo siempre llana;
>
> pisad graznando la corriente cana
> del antiguo idïoma, y, turba lega,
> las ondas acusad, cuantas os niega
> ático estilo, erudición romana.

(XXXII)

El hecho de que este soneto sea de 1621 demuestra que la lucha duró cuanto la vida.

Desde la aparición de *Soledades* surge la afirmación de que el poeta "de las luces" se convierte en ese momento en el "de las tinieblas", atribuyendo a este último sobre todo los grandes poemas. Los estudios de Dámaso Alonso han demostrado qué intrincado es el problema de tal división, y qué injustamente se le llama oscuro. Las características principales de su poesía están latentes en sus primeros poemas; con los años, el poeta madura, adquiere más maestría e intensifica más su estilo. Complejo y condensado no equivale, sin embargo, a oscuro. Siempre se puede descubrir una base lógica en la creación del poeta. Dividir su obra en dos épocas completamente distintas es imposible, así como es imposible sostener que el culteranismo y el conceptismo sean dos poéticas opuestas.

En los siglos pasados se solía afirmar que el culteranismo era el movimiento literario creado por Góngora, con énfasis únicamente en la forma y de escaso contenido ideológico. El conceptismo, representado por Quevedo y Gracián, sería al revés: menos énfasis en lo formal, atención a la idea, condensación, "intensión" y fines más trascendentes. Ya Menéndez Pelayo señaló que habría que revisar estas opiniones. En este siglo, los críticos dedicados a la literatura del Siglo de Oro han llamado la atención a la existencia de varios componentes del "gongorismo" en poetas anteriores a Góngora, como Carrillo de Sotomayor, Herrera o incluso Juan de Mena. Por otra parte, se ha puesto de relieve la íntima interdependencia de las dos maneras, así como divergencias dentro de ellas. Gracián admira y elogia a Góngora más que a Quevedo. Lope, acusado por su estilo "llano", escribe una serie de sonetos más bien complejos. Incluso Quevedo se muestra tan interesado como Góngora por las imágenes y las metáforas en sus sonetos petrarquizantes. A su vez, las poesías satíricas de Góngora encierran muchos conceptos, * muchos juegos de palabras, muchas polivalencias e incluso cierto propósito moral. Los dos son hijos de casi la misma época (más joven Quevedo), nacidos como reacción a ella; los dos apelan al ingenio y son accesibles sólo a una minoría culta. Ambos se desvían de la realidad, usando la estilización; sólo la dirección es distinta: uno se encamina más hacia la belleza, otro hacia la "intensión", llegando a veces a la caricatura. Ambos aspiran a asombrar; ambos van enriqueciendo la lengua, aunque en las aportaciones nuevas predomina lo fónico en el uno y lo etimológico en el otro. Los orígenes de ambos se encuentran en los siglos precedentes: los cancioneros presentan tanto una estilización idealizante como la gracia del concepto. Se puede distinguir tal vez en el "spiritus movens" de ellos: el cultista escribe ante todo para deleitar los sentidos, mientras el conceptista tiene miras docentes. Esto no basta, sin embargo, para afirmar que el uno contradice al otro y que no tienen correspondencias mutuas.

Al considerar las posibles influencias en la obra de Góngora, debemos recordar que es un poeta andaluz y que en Córdoba llega a tratar a Ambrosio de Morales y Bernardo de Alderete, sumamente interesados en la lengua. Le es muy bien conocida la obra de Herrera. Antonio Vilanova, en su estudio de las fuentes de *Polifemo* (basado en la edición de 1619, sin embargo) ha demostrado que en él apenas existen palabras o giros sintácticos, atacados como innovaciones violentas, que no hayan aparecido ya en Herrera. Tampoco le era desconocido Garcilaso y su sentimiento de la naturaleza. Como todo poeta del siglo XVI, pasó por un período petrarquizante, influído sobre todo por Torquato y Bernardo Tasso, Petrarca, Sannazaro, Luigi Groto. Este y Chiabrera son interesantes sobre todo por sus ideas manieristas y los experimentos con sonidos y palabras,

* (Recuérdese su "Píramo y Tisbe", obra maestra de lo cómico conceptual.)

luego imitados por Marino. (L. P. Thomas ha demostrado que la posible influencia de éste en Góngora, que se solía señalar antes, no tiene fundamento, ya que varias obras de Góngora son anteriores). En Córdoba vive y crea Luis Carrillo y Sotomayor, que en su "Fábula de Acis y Galatea", de 1611, y en el *Libro de la erudición poética* busca caminos nuevos. Generalizando, se podría decir que el poeta andaluz siempre está atento a la belleza de la lengua, su valor fónico y su perfección formal, y que todo poeta de estos siglos conoce a los autores clásicos y les recuerda cuando escribe.

Existen estudios detallados del estilo de Góngora y de su lengua. Los dos grandes poemas han sido temas de trabajos críticos magistrales. Dámaso Alonso ha analizado minuciosamente tanto el lenguaje poético como la estructura de la obra gongorina. Los párrafos siguientes servirán, pues, sólo para resumir las características más salientes de su estilo con el intento de facilitar la comprensión de los sonetos.

La época en que vive el autor siempre se refleja en su obra. Así, cualquier poeta del Siglo de Oro usa una técnica de contrastes, de claroscuros, de equívocos. El hombre no puede crear ya desde un temple sosegado; por consiguiente, su obra demuestra altibajos, interrupciones, cambios. Es muy frecuente el uso de la hipérbole, así como inevitables son las referencias mitológicas. El decir directo cede la preferencia a la alusión y a la perífrasis. Se subraya la potencia prolificadora de la palabra. Abundan los juegos de palabras y de conceptos, las paronomasias, el políptoton. En la poesía satírica, se trata de acercarse al pueblo, incluyendo refranes, adagios, expresiones populares. En la poesía lírica, continúa una tendencia latinizante, tanto en el vocabulario como en la sintaxis. El hombre de esta época se complace en largas enumeraciones. En el caso de Góngora, éstas llegan a un grado muy elevado, puesto que él no sólo enumera, sino que elabora lo enumerado.

Rasgos típicamente gongorinos son el uso de encabalgamientos violentos, un hipérbaton exagerado, la palabra escogida por su valor fónico. Lo musical siempre le ha preocupado. Abundan las palabras esdrújulas; la maestría de las aliteraciones y los efectos onomatopéyicos es inigualada. Todo lo que produce su pluma está lleno de color y sonido y tiene gran valor plástico. De su primera época son muy características la simetría bilateral y la correlación: huella directa del petrarquismo. La madurez se señala por la metáfora atrevida, frecuentemente de segundo grado; por su tendencia a trasponer valores, a invertir los términos de comparación. En lo mitológico, la fábula se hace más importante que la realidad presente. Aunque la estilización detallada causa cierta lentitud, la técnica de alusiones y de saltos de imaginación crea dinamismo interno. El mundo se nos presenta a menudo en dos niveles: el real, desde el cual crea, aludiendo a él sólo por un rasgo característico, y el ilusorio, al que apunta. El dualismo de la época se refleja en su obra por su fuerte inclinación a presentar dos o más puntos de comparación. El uso de la copulación "si no", equitativa o contrastante, es uno de sus rasgos más personales. Aparte de los vocablos escogidos principalmente por su belleza, encontramos otro grupo como consecuencia de su experiencia vital: términos jurídicos, términos del juego de naipes.

A veces, la tendencia a convertirlo todo en metáfora produce un rasgo que tiene semejanza con recursos estilísticos usados por los poetas arábigo-andaluces: la metáfora tiende a lexicalizarse, a convertirse en tópico. La estilización fuerte puede producir una impresión de estancamiento, de algo menos vivo, esconder la emoción. Sabemos que Góngora limaba y pulía incesantemente cada verso para llegar a la perfección, y que por lo menos en su obra aspiraba a la armonía total, como los poetas del siglo precedente.

Las emociones casi nunca transparecen directamente en la poesía de Góngora. Sabemos que alguien que no tuviera sensibilidad frente a la naturaleza nunca lograría escribir como él, pero al leer los grandes poemas lo que primero llama la atención son las descripciones. Es un aspecto sumamente interesante en la creación del poeta: casi se le ve luchar con los sentimientos por obtener una obra más pura, más perfecta. Esto ha permitido compararle con poetas del siglo XX como Mallarmé o Jorge Guillén, quienes tampoco renuncian a la vida: la dominan por el arte.

La Naturaleza es una de las principales fuentes de inspiración para Góngora. En ella ve la armonía y el equilibrio anhelados; ella es la única que ofrece valores auténticos y tiene poder de redención frente a la corrupción de la Corte. Fiel acompañante y casi condición imprescindible para llegar a valorar y gozar la naturaleza plenamente es la soledad. Como lo indica el título, el poema-cumbre de la sublimación de las dos es *Soledades*. Es curioso el procedimiento del que se vale a veces en este poema: abstractiza, pero luego va animando las abstracciones. Así, no interrumpe el movimiento: pasa a ser intelectual. Aparte de estos dos temas, se reflejan en su obra todos los de su época: el pasar del tiempo; el "carpe diem" con un dejo angustiado; los elogios a los Grandes; la sátira de los vicios y del dinero; los ataques a sus contrincantes literarios. El amor ocupa lugar menos interesante. Es curioso que a pesar de vínculos estrechos con lo eclesiástico, demuestre poco fervor religioso: probablemente es una reacción al estilo de vida que le fue impuesto.

Se debe mencionar, por fin, el intento del poeta de crear dramas. Las dos comedias, aunque deleitosas por su lengua, imágenes e ingeniosidad, son tan lentas en el desarrollo de las situaciones dramáticas que sólo hacia el final el lector atento logra penetrar en el secreto. Es difícil imaginarlas en escenario: la acción y tensión dramáticas son escasas, y la belleza de los diálogos y monólogos impide goce inmediato por su densidad. Decididamente, Góngora vale ante todo como poeta y no como dramaturgo.

Los Sonetos.—Como se ha señalado, Góngora cultivó el soneto desde los principios de su carrera literaria. Los años 1582 a 1585 ven surgir varios, todos ellos bajo una fuerte influencia del petrarquismo. Repiten los tópicos usuales, pero nunca son imitaciones serviles. Según Dámaso Alonso, el primer soneto con voz auténtica data de 1585, cuando el poeta, impulsado por fuerte nostalgia, recrea la imagen de Córdoba en sus esencias:

> Si entre aquellas rüinas y despojos
> que enriquece Genil y Dauro baña
> tu memoria no fue alimento mío,
>
> nunca merezcan mis ausentes ojos
> ver tu muro, tus torres y tu río,
> tu llano y sierra, ¡oh patria, oh flor de España!
>
> (2)

Las sátiras de Madrid y de Valladolid adquieren tono aun más personal, y los sonetos escritos como consecuencia de una visita a las posesiones del Marqués de Ayamonte en Lepe, en 1607, contienen ya el núcleo de la exaltación de la naturaleza y de la vida del campo que desarrollará en *Soledades*. La voz original suena con más fuerza cada vez, aunque tampoco faltan ocasiones en que el poeta parece sólo ejercitarse: escribe un número considerable de poemas para academias o certámenes poéticos, algunos entre ellos faltos de cualquier emoción. Sus sonetos más impresionantes son los de los últimos años; en ellos vela menos sus sentimientos y deja vislumbrar más claramente al hombre.

En cuanto a la versificación, siguen el modelo clásico del soneto, siendo la rima de los tercetos preferentemente cdc ded o cde cde. Gran parte de ellos conservan la división tradicional entre los cuartetos expositivos y los tercetos conclusivos, aunque experimenta con esquemas distintos. El ritmo más frecuente es el yámbico y el sáfico. Siguiendo la clasificación usual de la época, los sonetos se subdividen en varios grupos, que iremos examinando uno por uno.

Los sonetos amorosos pertenecen en su mayor parte a la primera época, y resulta un tanto difícil calificarlos de tales. Sí corresponden al tema, pero son completamente impersonales, fríos, puramente descriptivos, inspirados en modelos petrarquistas. No logramos imaginar detrás de ellos al poeta; sospechamos que sigue los tópicos del día; sabemos, según su primer biógrafo, que "escribió muchos versos amorosos a contemplaciones ajenas: no se le prohijen a su intento". El paisaje en ellos es pastoril; la mujer suele ser comparada a las ninfas. Sólo unos pocos demuestran cierta emoción. Son sonetos de perfecta hechura arquitectónica que se apoya en contrastes de colores y pone de relieve la sonoridad de las palabras. Dámaso Alonso ha señalado que éstos son los años de más frecuente uso de la correlación y de versos bimembres. Es curioso que incluso cuando recuerda el tema amoroso en sus años maduros, vuelva a una estructuración e imaginería parecidas. Compárese el primer cuarteto de dos sonetos, entre los cuales median 38 años:

> ¡Oh claro honor del líquido elemento,
> dulce arroyuelo de corriente plata,
> cuya agua entre la yerba se dilata
> con regalado son, con paso lento!
>
> (1582) (56)

> Dulce arroyuelo de la nieve fría
> bajaba mudamente desatado,
> y del silencio que guardaba helado
> en labios de claveles se reía.
>
> (1620) (93)

La comparación mostrará también que el poeta se ha vuelto más conceptista, ha intensificado las metáforas; el verso ahora es mucho más denso.

Parece un tanto extraño que durante siglos el poeta haya sido conocido y admirado precisamente por estos sonetos. Teniéndolo en cuenta, se comprenden las acusaciones de "superficialidad" y "juego puro" que se le han hecho. Ninguno de los sonetos amorosos ni de lejos se acerca a la pasión directamente transmitida por Lope o por Quevedo. Hay demasiada estilización, y si tuviéramos que juzgar por los sonetos, nos inclinaríamos a afirmar que el poeta nunca estuvo enamorado.

No demuestran mucha más emoción o tono personal los sonetos incluidos bajo la categoría de heroicos. Tampoco en este caso parece muy apropiada la designación. Debemos recordar, sin embargo, que en los siglos de oro se llamaba "heroico" un poema dedicado a asunto elevado y escrito en estilo culto. Nosotros, de acuerdo con algún códice, los llamaremos "dedicatorios". Son sonetos escritos para alabar a amigos (en este caso parecen sinceros, aunque nunca faltos de hipérboles y de deseos irreales) o para congraciarse con los Grandes o los reyes. A este subgrupo pertenecen también los poemas escritos en ocasiones solemnes, los que celebran la aparición de algún libro, y los elogios de la galería de arte de un obispo o un magnate. Un caso curioso entre ellos representa el soneto dedicado a El Escorial: descriptivo y exultante al principio; puramente lisonjeador en el último terceto; mostrando que ya en esos años había empezado a "corteggiar". Percibimos, pues, también en este grupo un ajuste a su tiempo y a la moda: el panegírico se despliega en toda su prolijidad en el siglo XVII.

El grupo de los sonetos satíricos y burlescos es el más complejo y mucho más vivo. Muchos de ellos han circulado de mano en mano, han sido usados como arma de combate. Su estructura es extremadamente interesante: incorporando la vena popular e incluso un vocabulario más que vulgar, no renuncian a la metáfora, se apoyan en el concepto, y el producto es casi siempre un juego sumamente gracioso, colmado de ambivalencias y de equívocos. Robert Jammes llama la atención al hecho de que incluso la poesía satírica de Góngora, muy al contrario a la moda corriente de su tiempo, conserva cierto ideal de belleza;

que nunca llega el poeta a representar una mujer fea,
y observa una evolución dentro del grupo: si en sus
primeros años se permite ser vulgar, en su madurez
lo vela siempre, e incluso en lo burlesco logra crear
belleza. Estos sonetos son los más difíciles de descifrar, puesto que todos surgen en una ocasión particular y aluden a acontecimientos concretos, pero no
siempre conocidos. La burla se une frecuentemente a
la sátira, y juntas muestran una imagen muy viva de la
sociedad que le va amargando la vida al poeta. Muy
frecuente es en ellos el juego con los apellidos, popular
en su tiempo, como en la descripción ya famosa de
Valladolid:

> Todo sois Condes, no sin nuestro daño;
> dígalo el andaluz, que en un infierno
> debajo de una tabla escrita posa.
>
> No encuentra al de Buendía en todo el año;
> al de Chinchón sí ahora, y el invierno
> al de Niebla, al de Nieva, al de Lodosa.

(108)

Considerable es también el número de los sonetos
fúnebres que ponen de relieve ciertas peculiaridades del
poeta. Aunque el tema de la vanidad de las cosas terre-
nas se repite frecuentemente en ellos, es tema más que
actitud. En general, el mayor interés del poeta se encamina hacia la descripción detallada del túmulo. La virtud del muerto se alaba menos que su belleza. Casi en
todos se oscila entre el mundo pagano, lleno de ofrendas y aromas orientales, y la moral cristiana. Incluso
en ellos el tono de panegírico suena más fuerte que el
pesar causado por la pérdida. Sólo en los sonetos a la
muerte de Rodrigo Calderón y del Conde de Villamediana sentimos vibrar una emoción sincera.

Los sonetos sacros apenas merecen mención. Son
pocos, y casi todos escritos para un certamen. No exal-
tan la figura o las virtudes del cantado, sino que también aquí acumulan detalles descriptivos o aprovechan
un juego conceptista. De mucho mayor interés son los

que se podría calificar de morales, que reflejan la situación vital del poeta. Algunas veces en tono serio, en otras burlón, o combinando los dos, nos refieren sus achaques y sus angustias. Vemos en ellos al "pretendiente" envejecido, desengañado, pero sin poder desasirse de estas esperanzas vanas. Empujado por la razón a dejar la corte y volver a una vida tranquila en su casa de provincia, opone su orgullo y su perseverancia, y promete resistir hasta el último momento:

> Cuantos forjare más hierros el hado
> a mi esperanza, tantos oprimido
> arrastraré cantando, y su rüido
> instrumento a mi voz será acordado.

(167)

En resumen, se puede afirmar que los sonetos reflejan casi todas las facetas del autor. El sentimiento personal no se trasluce claramente en ellos; es poco evidente en el resto de su producción. Para un estudio estilístico, ofrecen claras muestras de desarrollo, sobre todo en los casos de reelaboración de un tema tocado en su juventud. Se debe señalar el hecho de que incluso en la serie petrarquista, que demuestra evidentes contactos con modelos italianos, consta el deseo de una nota original. En cuanto a la estructura, son sumamente logrados desde el principio. La filigrana cordobesa luce en ellos en toda su finura y tersura. Los mejores son producto del anhelo concentrado de belleza; a la vez ofrecen un contenido muy denso. De ellos se podría decir lo que escribió el poeta de sus *Soledades*:

y la obscuridad y estilo entrincado de Ovidio da causa a que, vacilando el entendimiento en fuerza de discurso, trabajándole alcance lo que así en la letura superficial de sus versos no pudo entender; luego hase de confesar que tiene utilidad avivar el ingenio, y eso nació de la obscuridad del poeta. Eso mismo hallará V.m. en mis *Soledades,* si tiene capacidad para quitar la corteza y descubrir lo misterioso que encubren.

(Carta en respuesta de la que le escribieron, 1613-1614)

BIRUTÉ CIPLIJAUSKAITÉ

NOTICIA BIBLIOGRÁFICA

Por ser muy voluminosa, ha sido necesario limitar la bibliografía sobre Góngora a las obras de crítica más esenciales y a las que más directamente tratan de los sonetos. Para los manuscritos también se ha seguido un criterio selectivo, enumerando sólo aquellos que contienen la mayor parte de los sonetos.

A) MANUSCRITOS:

(En vez de usar siglas, indicamos el número con que están catalogados).

Biblioteca Nacional de Madrid:

CH Chacón, terminado en 1628; contiene 167 sonetos.
17719 compilado en 1623 por Méndez de Britto; interesante por variantes primeras; 24 sonetos.
19003 de 1630; 135 sonetos.
4269 ⎱ 204 sonetos.
4130 ⎰ 199 sonetos. Parecen proceder de la misma fuente.
4118 ⎰ 170 sonetos.
2892 181 sonetos.
4075 140 sonetos.
8645 140 sonetos.
19004 sólo de obras satíricas, 57 sonetos.

Cancionero Antequerano de 1627, 71 sonetos.

Biblioteca de la Fundación Lázaro, Madrid:

Estrada, 213 sonetos.
Iriarte, 200 sonetos.

Biblioteca del Duque de Gor, Granada:

228 sonetos, de 1639.

Biblioteca de The Hispanic Society of America, New York:

B2465 de 1622, aunque la parte de los sonetos parece
posterior, 160 sonetos.
B2362 201 sonetos.
B2360 161 sonetos.
B2361 118 sonetos.

Biblioteca del Palacio Real, Madrid:

2801 142 sonetos.

Biblioteca Colombina, Sevilla:

84-2-9 180 sonetos.

Biblioteca de la Universidad de Barcelona:

147 165 sonetos.

Biblioteca de Arturo Sedó, Barcelona:

173 sonetos.

Seminario de San Carlos, Zaragoza:

B.3.9. 199 sonetos.

Diputación Provincial de Córdoba:

74 146 sonetos.

Biblioteca de don Antonio Rodríguez Moñino:

I 164 sonetos.
II 150 sonetos.

Biblioteca de Bryn Mawr College:

161 sonetos.

B) EDICIONES:

1627 *Obras en verso del Homero español,* publicadas por
Juan López de Vicuña. Edición facsímil con pró-
logo de Dámaso Alonso en 1963. Madrid, C.S.I.C.

1633 *Todas las obras de don Luis de Góngora en varios
poemas,* publicadas por Gonzalo de Hoces y Córdova.
Madrid.

1644 *Segundo tomo de las obras de Don Luis de Góngora comentadas por* D. García de Salcedo Coronel. Madrid.

1921 *Obras poéticas* de D. Luis de Góngora, ed. Foulché-Delbosc, 3 v., New York. Reimpresión en 1970. New York, The Hispanic Society of America.

1932 *Obras completas,* ed. J. Millé y Giménez. Madrid. Varias reediciones.

BIBLIOGRAFÍA SELECTA SOBRE EL AUTOR

1. Alborg, J. L. *Historia de la literatura española*, II. Época Barroca. Madrid, 1967.
2. Alemany y Selfa, Bernardo. *Vocabulario de las obras de don Luis de Góngora y Argote.* Madrid, 1930.
3. Aguilera y Santiago, Ignacio. "Unas poesías inéditas en un códice gongorino". *BBMP*, X, 1928, p. 132-149.
4. Aguirre, J. M. *Góngora, su tiempo y su obra.* Madrid, 1960.
5. Alonso, Dámaso. *La lengua poética de Góngora.* Madrid, 1950.
6. ———. *Poesía española.* Ensayo de métodos y límites estilísticos. Madrid, 1950.
7. ———. *Estudios y ensayos gongorinos.* Madrid, 1955.
8. ———. *Vida y obra de Medrano. Madrid,* 1948-1958. 2 v.
9. ———. *De los siglos oscuros al de oro.* Madrid, 1958.
10. ———. *Cuatro poetas españoles.* Madrid, 1962.
11. ———. *Góngora y el "Polifemo",* 5.ª ed. muy ampliada. Madrid, 1967.
12. ———. "La simetría en el endecasílabo de Góngora". *RFE*, XIV, 1927, p. 329-346.
13. ———. "Crítica de un vocabulario gongorino". *RFE*, XVIII, 1931, p. 40-55.
14. ———. "Los pecadillos de Don Luis de Góngora". *RFE*, XLVII, 1964, p. 215-235.
15. ——— y Carlos Bousoño. *Seis calas en la expresión literaria española.* Madrid, 1951.

16. Alonso, Dámaso y Eulalia Galvarriato de Alonso. *Para la biografía de Góngora: documentos desconocidos.* Madrid, 1962.

17. Alonso Cortés, Narciso. "Góngora en Valladolid". *El Norte de Castilla.* Valladolid, 1927.

18. Ares Montes, José. *Góngora y la poesía portuguesa del siglo* XVI. Madrid, 1956.

19. Artigas, Miguel. *Don Luis de Góngora y Argote.* Biografía y estudio crítico. Madrid, 1925.

20. ———. "Los amigos de Góngora. El Conde de Salinas". *BBMP*, VII, 1925, p. 189-194.

21. ———. "Revisión de la biografía de Góngora ante los nuevos documentos". *RFE*, XIV, 1927, p. 404-416.

22. Barrera y Leirado, C. A. de la. *Nueva biografía de Lope Félix de Vega Carpio.* Madrid, 1890.

23. Battistessa, A. J. "Los sonetos de Góngora". *Nosotros*, VIII, núm. 82. 1943.

24. Blecua, J. M. "El viaje de Góngora a Navarra". *RFE*, XXV, 1941, p. 403-404.

25. Bodini, Vittorio. *Studi sul Barocco di Góngora.* Roma, 1964.

26. *Boletín de la Real Academia de Ciencias, Bellas Artes y Nobles Artes de Córdoba* (Número especial consagrado a Góngora), VI, núm. 18, 1927.

27. Borges, J. L. "Examen de un soneto de Góngora". En su: *El tamaño de mi esperanza.* Buenos Aires, 1926.

28. Brockhaus, Ernst. *Gongoras Sonettendichtung.* Bochum, 1935.

29. Buceta, Erasmo. "Algunos antecedentes del culteranismo". *RomR*, XI, 1920, p. 328-348.

30. ———. "Apuntaciones sobre el soneto con estrambote en la literatura española".*RHi*, LXXII, 1928, p. 460-474; LXXV, 1929, p. 583-595.

31. ———. "Nuevas apuntaciones sobre el soneto con estrambote en la literatura española". *RFE*, XVIII, 1931, p. 239-250.

32. ———. "Ulteriores apuntaciones sobre el soneto con estrambote en la literatura española". *RFE*, XXI, 1934, p. 361-376.

33. Cabrera de Córdoba, Luis. *Relaciones de las cosas sucedidas en la Corte de España desde 1599 hasta 1614.* Madrid, 1857.

34. Camacho Padilla, J. M. "La poesía religiosa de D. Luis de Góngora". *BRAC,* VI, núm. 18, 1927, p. 33-54.

35. Cañete, Manuel. "Góngora y el culteranismo". *RHi,* XLVI, 1919, p. 281-311.

36. Carballo Picazo, Alfredo. "El soneto 'Mientras por competir con tu cabello' de Góngora". *RFE,* XLVII, 1964, p. 379-398. También en *El comentario de textos.* Madrid, Castalia, 1973, p. 62-78.

37. Cascales, Francisco. *Cartas filológicas,* I. Madrid, 1961.

38. Castejón, R. "Los personajes de Góngora". *BRAC,* VI, 1927, p. 221-223.

39. Collard. Andrée. *Nueva poesía. Conceptismo y culteranismo en la crítica española.* Madrid, 1968.

40. Comas, A. y J. Reglá. *Góngora, su tiempo y su obra.* Barcelona, 1960.

41. Cossío, J. M. "De bibliografía gongorina". *RFE,* XIX, 1932, p. 64-65.

42. ———. *Notas y estudios de crítica literaria.* Siglo XVII. Madrid, 1939.

43. ———. *Obras escogidas* de Salvador Jacinto Polo de Medina; Introducción. Madrid, 1931.

44. Crawford, J. P. W. "Italian sources of Góngora's poetry". *RomR,* XX, 1929, p. 122-130.

45. Croce, Alda. "La metafora e il 'mondo intimo' di Góngora". *Quaderni della crítica.* Bari, núm. 1, marzo 1945. Otros aspectos en núms. 2, 3, 4, 5.

46. ———. "Poesías inéditas: Cuatro poesías atribuidas a Góngora". *BHi,* LIII, 1951, p. 34-39.

47. Churton, Edward. *Góngora. Historical and Critical Essay on the Times of Phillip III and IV of Spain with translations.* London, 1862.

48. Díaz-Plaja, G. *El espíritu del barroco. Tres interpretaciones.* Barcelona, 1940.

49. Diego, Gerardo. *Nuevo escorzo de Góngora.* Santander, 1961.

50. Doddis Miranda, A. "Notas a un soneto de Góngora". *AUC*, XXIX, núm. 124, p. 54-63. ("La dulce boca que a gustar convida").

50 bis Domínguez Ortiz, A. *La sociedad española en el siglo* XVII. Madrid, 1963.

51. Entrambasaguas, J. *Una guerra literaria del Siglo de Oro*. Madrid, 1932.

52. ———. *Góngora en Madrid*. Madrid, 1961.

53. Espinosa Medrano, Juan de. "Apologético en favor de Don Luis de Góngora". *RHi*, LXV, 1925, p. 397-538.

54. Estrella Gutiérrez, F. "Un soneto de Góngora". *BAAL*, XXVI, 1961, p. 397-404. ("Ilustre y hermosísima María". Ejemplo de crítica hueca").

55. Farinelli, A. *Marinismus und Gongorismus*. Bonn u. Leipzig, 1925.

56. Febvre, A. "Lugares poéticos de Góngora". *Atenea*, CXLIII, 1961, p. 149-167.

57. Fernández-Guerra y Orbe, A. *Don Juan Ruiz de Alarcón y Mendoza*. Madrid, 1871.

58. Foulché-Delbosc, R. "136 sonnets anonymes". *RHi*, VI, 1899, p. 328-407.

59. ———. "Note sur trois manuscrits des œuvres poétiques de Góngora". *RHi*, VII, 1900, p. 454-504.

60. ———. "Poésies attribuées à Góngora". *RHi*, XIV, 1906, p. 71-114.

61. ———. "Bibliographie de Góngora". *RHi*, XVIII, 1908, p. 73-161.

62. ———. "Pour une édition des Argensolas". *RHi*, XLVIII, 1920, p. 317-496.

63. Frattoni, Orestes. *Ensayo para una historia del soneto en Góngora*. Buenos Aires, 1948.

64. Fucilla, Joseph G. *Estudios sobre el petrarquismo en España*. Madrid, 1960.

65. Gallardo, Bartolomé J. *Ensayo de una biblioteca española de libros raros y curiosos*. Madrid, 1863-1889, 4 v.

66. García Boiza, A. "Salamanca y el poeta don Luis de Góngora. El soneto 'Muerto me lloró el Tormes en su orilla'". En *La Basílica Teresiana*. (Salamanca), IV, 1918, p. 129-135.

67. García Lorca, F. "La imagen poética de don Luis de Góngora". En su: *Obras Completas.* 4.ª ed. Madrid, 1960, p. 66-88.

68. García Soriano, J. "D. Luis Carrillo y Sotomayor y los orígenes del culteranismo". *BRAE,* XII, 1926, p. 591-629.

69. Gates, E. J. *The metaphors of Luis de Góngora.* Philadelphia, 1933.

70. ———. "Góngora's use of proverbs". *Hispania,* XVIII, 1935, p. 45-52.

71. ———. *Documentos gongorinos.* (Contiene: *Discursos apologéticos,* de Pedro Díaz de Rivas. *Antídoto,* de Juan de Jáuregui). México, 1960.

72. ———. "Anotaciones a la 'Canción a la toma de Larache', por Pedro Díaz de Rivas". *RFE,* XLIV, 1961, p. 63-94.

73. Gijón, fr. M. C. de. *Poesías inéditas de don Luis de Góngora a la muerte de don Rodrigo Calderón, según una copia de la época existente en la Biblioteca Vaticana.* Roma, 1931.

74. Gillet, J. E. "A new Góngora-manuscript". *RHi,* LXV, 1925, p. 150-152.

75. Goic, C. "Góngora y la retórica manierista de la dificultad docta". *Atenea,* CXLIII, núm. 393, julio-sept. 1961, p. 168-178.

76. González Blanco, A. *Las mejores poesías místicas en lengua castellana... con un epílogo del P. Luis Villalba Muñoz.* Madrid, 1916.

77. González y Francés, Manuel. *Góngora, racionero.* Noticias auténticas de hechos eclesiásticos del gran poeta sacadas de libros y expedientes capitulares. Córdoba, 1896.

78. ———. *Don Luis de Góngora vindicando su fama ante el propio obispo.* Córdoba, 1899.

79. Green, Otis H. *Spain and the Western tradition.* University of Wisconsin Press, 1963-1965, 4 v. Versión española 1969-1970, Madrid, Gredos.

80. Gross, Nathan. "Invention in an Imitated Sonnet by Góngora". *MLN,* LXXVII, 1962, p. 182-6 ("La dulce boca que a gustar convida").

81. Guillén, Jorge. "Poetic Language", en *Language and*

Poetry. Harvard University Press, 1961. Versión española 1962, Madrid, Revista de Occidente, pp. 25-75.

82. Guzmán, Martín Luis. "Cuatro sonetos atribuidos a Góngora", *RHi*, XLI, 1917, p. 680-683.

83. Hatzfeld, H. *Estudios sobre el barroco*. Madrid, 1964.

84. Hauser, Arnold. *Sozialgeschichte der Kunst und Literatur*. München, 1943. (Hay traducción española: *Historia social de la literatura y el arte*. Madrid, 1964.)

85. Herrero-García, M. *Estimaciones literarias del siglo XVII*. Madrid, 1930.

86. Horio, Fernando. [Censura de la edición de Vicuña], ed. por D. Alonso. Madrid, 1963. C.S.I.C.

87. Jammes, Robert. "Un sonnet faussement attribué à Góngora", *Revue des Langues Romanes,* LXXII, 1956, p. 211-214.

88. ———, ed. de *Letrillas* de Góngora. París, 1963.

89. ———. *Etudes sur l'oeuvre poétique de Don Luis de Góngora y Argote*. Bordeaux, 1967.

90. Jáuregui, Juan de. *Antídoto contra la pestilente poesía de las "Soledades"*, aplicado a su autor para defenderse de sí mismo. Vid. 71.

91. ———. *Discurso poético*. Madrid, 1624.

92. Jones, R. O. *Poems of Gongora*. Cambridge University Press, 1966.

93. ———. "The poetic unity of the *Soledades* of Góngora". *BHS*, XXXI, 1954, p. 189-204.

94. ———. "Neoplatonism and the *Soledades*", *BHS*, XL, 1963, p. 1-16.

95. ———. "Gongora and Neoplatonism again". *BHS*, XLVIII, 1966, p. 117-120.

96. Jordán de Urríes y Azara, J. *Biografía y estudio crítico de Jáuregui*. Madrid, 1899.

97. Kane, E. K. *Gongorism and the Golden Age*. Chapel Hill, 1928.

98. Lapesa, R. "Góngora y Cervantes: Coincidencia de temas y contraste de actitudes". *Homenaje a Ángel del Río*. 1965 (*RHM*, XXXI). También en *De la Edad Media a nuestros días*. Madrid, Gredos, 1971, p. 219-241.

99. Lázaro, F. *Estilo barroco y personalidad creadora.* Salamanca-Madrid, 1966.

100. Linares García, Enrique. Ed. de *Cartas y poesías inéditas de Don Luis de Góngora y Argote.* Granada, 1892.

101. Loring, Salvador. *La poesía religiosa en D. Luis de Góngora.* Córdoba, 1961.

102. Loveluck, J. "Un motivo de la espiritualidad barroca en la poesía de Góngora". *Atenea,* CXLIII, núm. 393, julio-sept. 1961, p. 242-259.

103. Maeso Espinosa, R. "Nuevos datos biográficos de Góngora". *RFE,* XLV, 1962, p. 57-87.

104. Martín Lázaro, A. "El padre de D. Luis de Góngora, corregidor de Madrid". *RBAM,* IV, 1927, p. 363-364.

105. Martínez Bara, J. A. "Algunos datos más sobre la familia de Góngora". *RFE,* XLIV, 1961, p. 351-383.

106. Méndez Plancarte, A. *Cuestiúnculas gongorinas.* México, 1955.

107. Menéndez y Pelayo, M. *Conceptismo, gongorismo y culteranismo.* Valladolid, 1912.

108. Millé y Giménez, J. M. *Sobre la génesis del Quijote.* Cervantes, Lope, Góngora, el "Romancero general", el "Entremés de los romances", etc. Barcelona, 1930.

109. ———. "Lope, Góngora y los orígenes del culteranismo". *RABM,* XXVII, 1923, p. 297-319.

110. ———. "Comentarios a dos sonetos de Góngora". *HuLP,* XVIII, 1928, p. 93-102. ("Con poca luz y menos disciplina" y "Cierto poeta, de forma peregrina").

111. ———. "Un importante manuscrito gongorino". *RFE,* XX, 1933, p. 363-389.

112. ———. "Sobre un soneto falsamente atribuido a Góngora". *RFE,* XXI, 1934, p. 377-390.

113. ———. "Bibliografía gongorina". *RHi,* LXXXI, 1933, p. 130-176.

114. ———. "Un soneto de Góngora contra el Marqués de Almenara". *BHi,* XXXVI, 1934, p. 357-360.

115. Milner, Z. "Góngora et Mallarmé. La connaissance de l'absolu par les mots", *L'Esprit Nouveau,* núm. 3, 1920, p. 285-296.

116. Milner, Z. "La formation des figures poétiques dans l'oeuvre cultiste de Góngora". *LN*, LIV, 1960, p. 1-63.

117. Miomandre, Francis de. "Critiques à mi-voix. Góngora et Mallarmé". *Hispania* (París), I, 1918, p. 215-227.

118. Monge, F. "Culteranismo y conceptismo a la luz de Gracián". *Homenaje, Estudios de Filología e Historia Literaria lusohispanas e iberoamericanas...*, La Haye, 1966, p. 355-381.

119. Molho, Maurice. "Soledades". *BHi*, LXII, 1960, p. 249-281. (Comenta "Restituye a tu mudo horror divino".)

120. Montolíu, M. "Sonetos ascéticos de Góngora". En su: *Elucidario crítico*. Barcelona, 1947.

121. ———. "El sentido arquitectónico, decorativo y musical en la obra de Góngora". *BRAE*, 1948, CXXIII, p. 69-87.

122. Mueller, B. *Gongoras Metaphorik*. Wiesbaden, 1963.

123. Oliver Belmas, A. *Don Luis de Góngora y Argote*. Madrid, 1963.

124. Orozco Díaz, E. *Góngora*. Barcelona, 1953.

125. Pabst, W. "Gongoras Schoepfung in seinen Gedichten *Polifemo* und *Soledades*". *RHi*, LXXX, 1930, p. 1-229. (Existe traducción española: *La creación gongorina en los poemas Polifemo y Soledades*. Madrid, 1966.)

126. Parker, A. A. "Ambiguity in a Gongora-sonnet", *Homenaje a J. A. Van Praag*. Amsterdam, 1956, p. 89-96. ("Sacro pastor de pueblos, que en florida".)

127. Pellicer, J. *Vida menor*. Vid. ed. Foulché-Delbosc, vol. 3.

128. ———. *Vida mayor*. Vid. ed. Foulché-Delbosc, vol. 3.

129. Pérez, C. A. "Juegos de palabras y formas de engaño en la poesía de don Luis de Góngora". *Hispanófila*; 1964, núm. 20, p. 5-41; núm. 21, p. 41-72. Es tesis doctoral presentada en 1961 en The Ohio State University.

130. *Poetas líricos de los siglos XVI y XVII*. Colección ordenada por don Adolfo de Castro, con un estudio preliminar. *BAE*, t. XXXII y XLII, Madrid, 1854 y 1875.

131. Pradal-Rodríguez, G. "Implicaciones formales de la frase larga en la poesía gongorina". *RHM*, XIII, 1947, p. 23-29.

132. Ramírez de Arellano, R. *Juan Rufo, jurado de Córdoba.* Estudio biográfico y crítico. Madrid, 1912.

133. ———. *Ensayo de un catálogo biográfico de escritores de la provincia y diócesis de Córdoba con descripción de sus obras.* Madrid, 1921-1922.

134. Rennert, H. A. "Two Spanish Manuscript Cancioneros". *MLN*, X, núm. 7, 1895.

135. ———. "Poésies inédites de Góngora". *RHi*, IV, 1897, p. 139-173.

136. Retortillo y Tornos, A. *Poesía lírica española del siglo XVII, examen crítico del Gongorismo.* Madrid, 1890.

137. Reyes, Alfonso. *Cuestiones Gongorinas.* Madrid, 1927.

138. ———. *Capítulos de literatura española* (segunda serie). México, 1945.

139. *Revista de Filología Española.* XLIII-XLIV, 1961. (Números dedicados a Góngora).

140. Rodríguez Marín, F. *Luis Barahona de Soto.* Estudio biográfico, bibliográfico y crítico. Madrid, 1903.

141. ———. "Cinco poesías autobiográficas de Luis Vélez de Guevara". *RABM*, II, 1908, p. 62-78.

142. Romera-Navarro, M. "Lope y su defensa de la pureza de la lengua y estilo poético". *RHi*, LXXVII, 1929, p. 287-381.

143. Romero de Torres, E. "Documento histórico en el cual consta que... don Luis de Góngora y Argote era aficionado a los toros". *BAH*, LXXX, 1922, p. 394-398.

144. Rosales, Luis. *El sentimiento del desengaño en la poesía barroca.* Madrid, 1966.

145. Rossi, G. C. "Rileggendo un sonetto del Góngora (e uno del Tasso"). *RFE*, XLIV, 1961, p. 425-433. ("La dulce boca que a gustar convida".)

146. Salembien, L. "Góngora". *BHi*, XXXI, 1929, p. 293-330; XXXII, 1930, p. 114-184.

147. Salinas, Pedro. "The Exaltation of Reality: Luis de Góngora", en *Reality and the Poet in Spanish Poetry.* Baltimore, 1940. Versión española. *Ensayos de literatura hispánica.* Madrid, Aguilar, 1958, p. 193-204.

148. Sánchez, A. "Aspectos de lo cómico en la poesía de Góngora". *RFE*, XLIV, 1961, p. 95-138.

149. Sánchez García, J. R. "Centenario de Góngora. Algunos sonetos del gran poeta". *Revista de Segunda Enseñanza*, 1927, p. 219-223.

150. Scorza, M. *Gongora e Chiabrera*. Napoli, 1934.

151. Spitzer, L. "Una construcción favorita de Góngora". *RFH*, I, 1939, p. 230-236.

152. Thomas, H. "Three translators of Góngora and other Spanish poets". *RHi*, 1920, p. 180-256; 311-316.

153. Thomas, L.-P. *Le lyrisme et la préciosité cultistes en Espagne*. Paris, 1909.

154. ———. *Góngora et le gongorisme considérés dans leurs rapports avec le marinisme*. París, 1911.

155. ———. "A propos de la bibliographie de Góngora". *BHi*, XI, 1909, p. 323-327.

156. Torner, E. "Elementos populares en la poesía de Góngora". *RFE*, XIV, 1927, p. 417-424.

157. Torre, José de la. "Documentos gongorinos". *BRAC*, VI, núm. 18, 1927, p. 65-218.

158. Uhrhan, E. E. *Linguistic analysis of Gongora's baroque style*. Tesis doctoral. Urbana, University of Illinois, 1950.

159. Valencia, Pedro de. "Carta escrita a don Luis de Góngora en censura de sus poemas". Vid. ed. Foulché-Delbosc, vol. 3.

160. Vilanova, A. *Las fuentes y los temas del Polifemo de Góngora*. *RFE*, Anejo LXVI, Madrid, 1957.

161. Warshaw, J. "Gongora as a precursor of the symbolists". *Hispania*, XV, 1932, p. 1-14.

162. Wilson, E. M. "La estética de Don García Salcedo Coronel y la poesía española del siglo XVII". *RFE*, XLIV, 1961, p. 1-27.

163. ———. "Variantes nuevas y otras censuras en las 'Obras en verso del Homero español'". *BRAE*, XLVIII, 1968, p. 35-54.

BIBLIOGRAFÍA SUPLEMENTARIA PARA LA SEGUNDA EDICIÓN

1. Aguilar Priego, Rafael. "Nuevos documentos referentes a Don Luis de Góngora y Argote", *RFE*, XLVI, 1963, p. 121-136.
2. Alarcos García, E. "Góngora y el paisaje", *HEAG*, I, 1965, p. 635-642.
3. ———. "Paravicino y Góngora", *HEAG*, I, 1965, p. 643-647.
4. Alonso, Dámaso. "Algunas novedades para la biografía de Góngora", *Actas del Primer Congreso de Hispanistas,* ed. F. Pierce & C. A. Jones, Oxford, Dolphin Book Co., 1964, p. 25-46.
5. ———. "La correlación en los sonetos de Góngora", en *Homenaje.* Estudios publicados para celebrar el tercer lustro del Instituto de Estudios Hispánicos de la Universidad de Utrecht. La Haya, 1966, p. 13-35.
6. ———. "Góngora y el toro celeste. — Las constelaciones y la designación del tiempo del año en la poesía gongorina", en *Litterae Hispanae et Lusitanae.* München, 1968, p. 7-15.
7. ———. "Entre Góngora y el marqués de Ayamonte: poesía y economía", en *Studies in Spanish Literature of the Golden Age,* ed. R. O. Jones. London, Tamesis Books, 1973, p. 9-23.
8. Blecua, J. M. "Un soneto de Góngora", en *El comentario de textos.* Madrid, Castalia, 1973, p. 52-51 ("Prisión del nacar era articulado").
9. Buxó, J. P. *Ungaretti, traductor de Góngora.* Maracaibo, Universidad de Zulia, 1968.

10. Cabañas, Pablo. "Garcilaso, Góngora y Arguijo (Tres sonetos sobre el mismo tema)", *BHS*, 47, July 1970, p. 210-222 ("Ni en este monte, este aire, ni este río").

11. Carne-Ross, D. S. "Dark with Excessive Bright: Four ways of Looking at Góngora", *Delos*, 4, p. 45-81.

12. Chiara, Piero. "Introduzione", en L. de Góngora, *Sonetti funebri*. Milano, Scheiwiller, 1951.

13. Ciocchini, Héctor. *Góngora y la tradición de los emblemas*. Bahía Blanca, Universidad Nacional del Sur, 1960.

14. Cruickshank, Don. "Góngora: The Hoces Editions of 1654", *Transactions of the Cambridge Bibliographical Society*, vol. V, part II, 1971, p. 179-189.

15. Disandro, Carlos A. *Tres poetas españoles: San Juan de la Cruz, Luis de Góngora, Lope de Vega*. La Plata, Ediciones Hostería Volante, 1967.

16. Entrambasaguas, J. "Dos reminiscencias de Góngora en Lope", *REH*, II, 1968, p. 155-163.

17. Erdman, E. G. "Arboreal figures in the Golden Age sonnet", *PMLA*, 84, 1969, p. 587-595 ("Árbol de cuyos ramos fortunados").

18. Ferraté, Juan. "Ficción y realidad en la poesía de Góngora", en *Dinámica de la poesía*. Barcelona, Seix Barral, 1968.

19. Filgueira, Valverde. "Góngora y Galicia", *CEG*, XXIX, 1969, p. 225-259.

20. García Lorca, Francisco. "Dos sonetos y una canción", *RHM*, 34 (Homenaje a Federico de Onís), 1968, p. 276-287 ("Oh excelso muro, oh torres coronadas").

21. Glendinning, N. "La fortuna de Góngora en el siglo XVIII", *RFE*, XIV, 1961, p. 323-349.

22. Marasso, A. *Góngora, hermetismo poético y alquimia*. Buenos Aires, Theoria, 1965.

23. Molho, Maurice. *Sémantique et Poétique à propos des Solitudes de Góngora*. Bordeaux, Ducros, 1969.

24. Mölk, Ulrich. "Góngora und der 'dunkle' Ovid", *ASNA*, CCIII, 1967, p. 415-427.

25. Navarro Tomás, T. "El endecasílabo de Góngora", en *Los poetas en sus versos: desde Jorge Manrique a García Lorca*. Barcelona, Ariel, 1973, p. 149-162.

26. Orozco Díaz, E. "La última guerra literaria entre Lope y Góngora", *Atlántida*, VII, 1970, p. 504-532.

27. Orozco Díaz, E. "Estructura manierista y estructura barroca en la poesía. Introducción y comentarios a unos sonetos de Góngora", en *Historia y Estructura de la Obra Literaria*. Madrid, C.S.I.C., 1971, p. 97-115.

28. Paiewonsky Conde, Edgar. "Góngora y la visión del mundo como posibilidad", *CHA*, LXVIII, 1966, p. 62-88.

29. Palley, Julian. "Dos sonetos: Góngora y Mallarmé", *Duquesne Hispanic Review*, II, 2, p. 101-105 ("Esta en forma elegante, oh peregrino").

30. Popeanga, E. "Aspecte ale sentimentului singuratatii in opera Lui Góngora", *Studii de Hispanistica* (Bucuresti), 4, 1970, p. 79-85.

31. Pradal-Rodríguez, Gabriel. "La técnica poética y el caso Góngora-Mallarmé", *CompLit*, II, 269-280.

32. San Juan, Jr. E. "Contiguity and Similarity as Poetic Modes in Some Poems of Góngora", *Kentucky Foreign Language Quarterly*, XIII, no. 1, 1966, p. 43-50.

33. Sánchez Castañer, F. "El tema del tiempo. Coincidencia poética de Góngora y Rubén Darío", *CHA*, 71, 1967, p. 332-346.

34. Sarduy, S. "Sobre Góngora: la metáfora al cuadrado", *MN*, 1966, núm. 6, p. 84-86 y *Tel Quel*, 25, 1966, p. 91-93.

35. Schrader, Ludwig. *Sinne und Sinnesverknüpfungen*. Heidelberg, 1969.

36. Schulz-Buschhaus, U. "Der frühe Góngora und die italienische Lyrik", *RJ*, XX, 1969, p. 219-238.

37. Sena, Jorge de. "Os esquemas de Góngora", en *A estrutura de "Os Lusiadas" e outros estudos camonianos e de poesia peninsular do século XVI*. Lisboa, Portugália, 1970, p. 303-306.

38. Smith, C. C. *The origin and character of Gongorism: a study in the practice and aspirations of the poetry of the Spanish Renaissance*. Tesis doctoral 1954, Cambridge.

39. Solmi, Sergio. "Introduzione", *Sonetti e frammenti* di L. de Góngora. Milano, 1948.

40. Ungaretti, G. "Góngora al lume d'oggi", en *Da Góngora e da Mallarmé*. Milano, Mondadori, 1948.

41. Weise, Georg. "Manierismo e letteratura: Góngora e il Gongorismo", *RLM*, XXII, 1969, p. 85-112.

SIGLAS USADAS

AUC	*Anales de la Universidad de Chile*
BAAL	*Boletín de la Academia Argentina de Letras*
BAE	Biblioteca de Autores Españoles
BAH	*Boletín de la Real Academia de la Historia*
BBMP	*Boletín de la Biblioteca Menéndez y Pelayo*
BHi	*Bulletin Hispanique*
BHS	*Bulletin of Hispanic Studies*
BRAC	*Boletín de la Real Academia de Córdoba*
BRAE	*Boletín de la Real Academia Española*
CEG	*Cuadernos de Estudios Gallegos*
CHA	*Cuadernos Hispanoamericanos*
HEAG	*Homenaje al profesor E. Alarcos García,* Universidad de Valladolid, 1968
HuLP	*Humanidades* (La Plata)
LN	*Lingua Nostra*
MLN	*Modern Language Notes*
PMLA	*Publications of Modern Language Association*
RBAM	*Revista de Biblioteca, Archivo y Museo de Ayuntamiento* (Madrid)
REH	*Revista de Estudios Hispánicos.*
RHi	*Revue Hispanique*
RHM	*Revista Hispánica Moderna*
RJ	*Romanistisches Jahrbuch*
RLM	*Revista de Literatura Moderna* (Mendoza)
RomR	*Romanic Review*

NOTA PREVIA

Aunque no existe un códice autógrafo de las poesías de Góngora, se suele reconocer y aceptar la autoridad del manuscrito Chacón (CH), terminado un año después de la muerte del autor y, según afirma su compilador, escrito bajo su vigilancia. Es el único manuscrito que fecha cada poema. En algunos casos estas fechas han sido corregidas por Foulché-Delbosc, Artigas, Millé y Giménez. La única laguna de que adolece es el haber excluído la mayor parte de los sonetos satíricos. Este texto fue reproducido en 1921 por Foulché-Delbosc, lo usa Millé, y también sirve para la presente edición, tratando de eliminar las pocas erratas. Como en F-D y Millé, los sonetos que no constan en CH van en el último grupo. Nos atenemos a la ortografía modernizada por Millé, y hemos modernizado también la puntuación. Dada la inconsistencia de Millé (que no siempre corresponde al original de CH) en modernizar "de el = del" y en conservar "deste = de este", "fragrante = fragante", hemos optado por unificar la ortografía de éstos.

Dentro de lo posible hemos conservado la división original en grupos y el orden de éstos, cambiando el subtítulo "heroicos" por "dedicatorios", usado en uno de los códices; corresponde mejor al contenido de los sonetos. Hemos unido los satíricos y los burlescos, puesto que en muchos casos resulta imposible hacer una

47

distinción plausible. Dentro de los grupos, los sonetos van ordenados cronológicamente. De entre los atribuidos hemos eliminado tres: "El Duque mi señor se fue a Francia", rechazado con pruebas fidedignas por Dámaso Alonso (*Estudios y ensayos gongorinos*); "Yo vi vuestra carrera, o la imagino", que es de Gabriel Bocángel y Unzueta (vid. R. Jammes, núm. 87), y "Orfeo, el que bajó de Andalucía", que no consta en ningún códice y fue rechazado por Millé (vid. "Sobre un soneto falsamente atribuido a Góngora"). Una lista, incompleta, de otros sonetos apócrifos se puede ver en la edición de Millé.

Las abreviaturas constantemente usadas son: CH: Chacón; F-D: Foulché-Delbosc; SC: Salcedo Coronel; Cov.: Covarrubias, *Tesoro de la lengua castellana; Dicc. Aut.: Diccionario de Autoridades.*

En la bibliografía enumeramos sólo los códices de más importancia, que han sido cotejados con el de Chacón. Una parte de ellos parece proceder de la misma escuela de copistas. Incluimos también una lista de las ediciones principales.

Al pie de cada soneto van notas cuya intención es ayudar a comprender el texto. Para ellas se han consultado principalmente los comentarios de Salcedo Coronel, Brockhaus, Dámaso Alonso y las notas de la edición de Millé, mucho más extensas. Al final, añadimos un índice onomástico que da más detalles, cuando esto es posible, acerca de los personajes y los lugares mencionados. Tanto las notas como el índice se dirigen sobre todo al estudiante, incluso el de países extranjeros. De aquí su carácter "demasiado obvio" que ha irritado a algún crítico.

La presente edición está basada en investigaciones hechas para una edición crítica de los sonetos, que han sido facilitadas por una beca de la Universidad de Wisconsin en 1966 y la John Simon Guggenheim Fellowship en 1967-8. Tampoco se habrían llevado a cabo sin la constante generosidad y animación de don Antonio Rodríguez-Moñino y de Robert Jammes, quien leyó el manuscrito. Conste mi sincero agradecimiento a todos ellos.

B. C.

PHILIPIV. MVNI FICENTIA

OBRAS
DE D. LVIS DE GONGORA
Recoxidas i comunicadas con él
POR D. ANTONIO CHACON PONCE de Leon
Señor de Polvoranca
Al Exc. SEÑOR D. GASPAR DE GVZMAN
CONDE DE OLIVARES, DVQVE DE SANLVCAR
la Maior, Marques de Heliche, de los Consejos de Estado
i Guerra de su Mag. i su Cauallerizo maior, Comendador maior de Alcantara, Cauallero maior
de las Indias, Capitan general de la Cauallería de
España, i perpetuo de Seuilla i su tierra. Alcaide perpetuo de los Reales Alcazares de aquella ciudad i de sus Ataraçanas, Alguazil maior de la Casa de la Contratación i de las Indias, i Correo maior della

DIVIDIDAS EN
TRES TOMOS.
QVE CONTIENE EN CADA VNO
llena en la xuta foja siguiente

Facsímile. Manuscrito Chacón, frontispicio

Biblioteca Nacional, Madrid

DEDICATORIOS

1. [CH 1585] 1584

Cantastes, Rufo, tan heroicamente
de aquel César novel la augusta historia,
que está dudosa entre los dos la gloria,
y a cuál se deba dar ninguno siente.

Y así la Fama, que hoy de gente en gente
quiere que de los dos la igual memoria
del tiempo y del olvido haya victoria,
ciñe de lauro a cada cual la frente.

Debéis con gran razón ser igualados,
pues fuistes cada cual único en su arte:
él solo en armas, vos en letras solo,

y al fin ambos igualmente ayudados:
él de la espada del sangriento Marte,
vos de la lira del sagrado Apolo.

Es el primer soneto de Góngora en ser impreso,
en 1584, en las páginas iniciales de *La Austríada*.
Juan Rufo era su amigo desde la juventud. Se dirige
a él también en núm. 68.

La construcción paralelística y bimembre intensifica el sentido de igualdad que sirve de eje al poema.

2 *César novel*: SC: "así llama al Señor Don Juan de Austria, por ser muy mozo cuando consiguió aquella gloriosa victoria, imitando a Juan de Mena que, hablando del Rey Don Juan el Segundo, dijo por esta misma causa... "Al César Novelo" (p. 15); César porque era hijo del Emperador.

7 Véase núm. 4: "y sean tus hazañas alma del tiempo, espada del olvido".

8 Se solía coronar de laurel tanto a los héroes como a los poetas.

11 *solo*: único, sobresaliente.

2. 1585

A CÓRDOBA

¡Oh excelso muro, oh torres coronadas
de honor, de majestad, de gallardía!
¡Oh gran río, gran rey de Andalucía,
de arenas nobles, ya que no doradas!

¡Oh fértil llano, oh sierras levantadas,
que privilegia el cielo y dora el día!
¡Oh siempre glorïosa patria mía,
tanto por plumas cuanto por espadas!

Si entre aquellas rüinas y despojos
que enriquece Genil y Dauro baña
tu memoria no fue alimento mío,

nunca merezcan mis ausentes ojos
ver tu muro, tus torres y tu río,
tu llano y sierra, ¡oh patria, oh flor de España!

En este soneto por primera vez se trasluce con
tanta fuerza su sentimiento personal. Escrito mientras
estaba en Granada. En este siglo, Manuel de Falla
le ha puesto música. Analizado detenidamente por
Dámaso Alonso en *Estudios y ensayos gongorinos*,
p. 192-200 y en *Seis calas en la expresión literaria
española*, p. 61, y por Fr. García Lorca.

---

3 Véase núm. 62 y la nota a este soneto. *Gran río* es traducción
literal de "oued el Kebir" = Guadalquivir.

4 Según SC, *ya que no doradas* le distingue de otro río andaluz,
el Dauro, que sí llevaba oro.

8 Algunos de los cordobeses ilustres fueron Séneca, Juan de Mena,
el Gran Capitán.

9-10 R. O. Jones señala la semejanza de estos versos con el Salmo
137: "Si me olvidare de ti, oh Jerusalén, mi diestra sea olvidada.
Mi lengua se pegue a mi paladar, si no me acordare de ti: si no
hiciere subir a Jerusalén en el principio de mi alegría". En el
texto de SC, "Darro". Por otra parte, Góngora usa "Dauro" con-
sistentemente, forma que se encuentra también en otros poetas de
este siglo.

3. 1586

EN UNA ENFERMEDAD DE DON ANTONIO DE PAZOS,
OBISPO DE CÓRDOBA

Deste más que la nieve blanco toro,
   robusto honor de la vacada mía,
   y destas aves dos, que al nuevo día
   saludaban ayer con dulce lloro,

a ti, el más rubio Dios del alto coro,
   de sus entrañas hago ofrenda pía
   sobre este fuego, que vencido envía
   su humo al ámbar y su llama al oro,

porque a tanta salud sea reducido
   el nuestro sacro y docto pastor rico,
   que aun los que por nacer están le vean,

ya que de tres coronas no ceñido,
   al menos mayoral del Tajo, y sean
   grana el gabán, armiños el pellico.

Es curioso observar la mezcla del paganismo con
el cristianismo en este soneto: se dirige a un dios
pagano, implorando la salud de un obispo. Jammes
hace notar que no es coincidencia: Antonio de Pazos
era conocido por su cultura humanista (p. 251).

3-4 No existen referencias acerca de aves que se sacrificaran a Apolo.
SC supone que son tórtolas (p. 486).

5 Alusión a "Apolo el rubicundo", mencionando también su oficio
de dios de las musas. Compárese con el núm. 46.

7 SC: "Este fuego, cuyo humo vence en la suavidad fragante al
ámbar, y cuya llama excede en el resplandor al oro" (p. 486).

9 *reducido*: restituido.

10 Es curioso que le califique también de rico: cualidad que no
es imprescindible para un santo varón.

12 *tres coronas*: alusión a la tiara del Sumo Pontífice.

13 Continúa la metáfora del pastor; *mayoral*: el arzobispo, que tenía
su sede en Toledo.

14 Los colores cardenalicios, frecuentemente repetidos en otros sonetos de asunto semejante.

4. [CH 1598] 1588

DEL MARQUÉS DE SANTA CRUZ

No en bronces, que caducan, mortal mano,
oh católico Sol de los Bazanes
(que ya entre glorïosos capitanes
eres deidad armada, Marte humano),

esculpirá tus hechos, sino en vano,
cuando descubrir quiera tus afanes
y los bien reportados tafetanes
del turco, del inglés, del lusitano.

El un mar de tus velas coronado,
de tus remos el otro encanecido,
tablas serán de cosas tan extrañas.

De la inmortalidad el no cansado
pincel las logre, y sean tus hazañas
alma del tiempo, espada del olvido.

La fecha de CH, 1598, fue rectificada por F-D a
1588, año de la muerte del Marqués. El epígrafe en
varios mss. indica que está dedicado a un retrato del
Marqués, lo cual admitiría una fecha posterior. Todo
el soneto está construido sobre la imagen de un
retrato.

1-5 Fuerte hipérbaton: mortal mano intentará en vano esculpir en
bronces, que caducan, tus hazañas.

2 Imagen que generalmente emplea para reyes o para Dios; en
este caso, dios guerrero entre otros guerreros: era héroe nacional,
y se contaba con él para una victoria de la Armada Invencible.

7 *reportados*: latinismo: traídos; *tafetanes*: banderas.

8 Alusión a las batallas más famosas en que participó: en 1565,
mandó la escuadra contra los turcos que sitiaban Malta; en
1564, hizo presas ocho naves inglesas; cobró fama en la batalla
de Lepanto, y en 1580 participó en la ocupación de Portugal.

9-10 Según SC, iban más barcos de velas por el Atlántico, y más
galeras por el Mediterráneo (p. 164); *encanecido*: por la espuma.

11 Continúa la imagen de la pintura, con hipérbole: sólo los lugares que han presenciado sus actos heroicos serán material
digno para representarlos.

5. 1588

A DON LUIS DE VARGAS

Tú (cuyo ilustre, entre una y otra almena
de la Imperial Ciudad, patrio edificio
al Tajo mira en su húmido ejercicio
pintar los campos y dorar la arena),

descuelga de aquel lauro enhorabuena
aquellas dos (ya mudas en su oficio),
reliquias dulces del gentil Salicio,
heroica lira, pastoral avena.

Llégalas, oh clarísimo mancebo,
al docto pecho, a la süave boca,
poniendo ley al mar, freno a los vientos;

sucede en todo al castellano Febo
(que ahora es gloria mucha y tierra poca),
en patria, en profesión, en instrumentos.

Luis de Vargas era Mecenas y también poeta. La
casa a la que se refiere el soneto tenía fama por su
suntuosidad; se había hospedado en ella Felipe II.
Millé prueba que debe ser anterior a mayo de 1588,
cuando Luis de Vargas se alistó en la Armada.

4 *pintar*: SC: fertilizar; *dorar*: porque las aguas del Tajo llevan
oro.

5 *lauro*: símbolo de los poetas.

7 Alusión a Garcilaso, Egloga I y II.

8 Los dos tipos de poesía en el siglo XVI: la de asunto elevado
y forma estricta, y la amorosa.

11 Alusión a Arión.

12 *castellano Febo*: Apolo, dios de las musas, no es superior en
el canto a Garcilaso.

6. [CH 1609] ¿1589?

DE SAN LORENZO EL REAL DEL ESCURIAL

Sacros, altos, dorados capiteles,
que a las nubes borráis sus arreboles,
Febo os teme por más lucientes soles,
y el cielo por gigantes más crüeles.

Depón tus rayos, Júpiter; no celes
los tuyos, Sol; de un templo son faroles,
que al mayor mártir de los españoles
erigió el mayor rey de los fieles:

religiosa grandeza del Monarca
cuya diestra real al Nuevo Mundo
abrevia, y el Oriente se le humilla.

Perdone el tiempo, lisonjee la Parca
la beldad desta Octava Maravilla,
los años deste Salomón Segundo.

Erróneamente fechado por CH en 1609. Puesto
que en el último terceto pide muchos años para Felipe II, tuvo que ser escrito antes de 1598. F-D, Artigas y Millé sugieren 1589, año en que fue a Madrid y probablemente pasó por El Escorial. Está
impreso en *Flores* de Espinosa, de 1605. D. Alonso
lo ve "no como ejemplo de gran poesía, sino de un
modo de componer culto, solemne, bastante pompo-
so, con estilismos evidentes y repetidos" (p. 141-3).

1 *capitel*: por chapitel = torre. Comp. núm. 15, v. 6.

4 Alusión a los gigantes que intentaron escalar el cielo.

5-6 Desarrollan las imágenes precedentes: Júpiter receloso del peligro prepara rayos para castigar a los rebeldes; el sol, amenazado
por brillantez mayor, se esconde.

7 *mayor mártir*: San Lorenzo, a quien está dedicado el monasterio.

8 *el mayor rey*: Felipe II.

11 *abrevia*: sujeta; usa la misma expresión en "Canción de la
toma de Larache": "en los mundos que abrevia tanta diestra"
(v. 73).

14 Juego de palabras con el nombre: Felipe Segundo como un
segundo Salomón a causa de su prudencia.

7. 1593

A DON CRISTÓBAL DE MORA

Arbol de cuyos ramos fortunados
las nobles moras son quinas reales,
teñidas en la sangre de leales
capitanes, no amantes desdichados;

en los campos del Tajo más dorados
y que más privilegian sus cristales,
a par de las sublimes palmas sales,
y más que los laureles levantados.

Gusano, de tus hojas me alimentes,
pajarillo, sosténganme tus ramas,
y ampáreme tu sombra, peregrino.

Hilaré tu memoria entre las gentes,
cantaré enmudeciendo ajenas famas,
y votaré a tu templo mi camino.

Es el primer soneto cortesano de Góngora. SC:
"Entre todos los sonetos de Don Luis, ninguno hallo
más digno de alabanza que éste" (p. 112). Jammes sugiere que probablemente lo entregó al Marqués durante su estancia en Madrid en 1593 (p. 263). Construido
sobre la metáfora de un moral: juego parecido al de
laurel (Laura) de Petrarca, y "tasso".

2 Mora era de provenencia portuguesa; las armas del reino de
Portugal tienen cinco escudos azules puestos en cruz, llamados
quinas reales.

4 Alusión a Píramo y Tisbe, cuya muerte hizo que las moras
adquirieran color morado, y contraponiéndola a la muerte heroica en el campo de batalla.

5 Según SC, es una alusión a Lisboa, donde los Mora tenían su
casa (p. 116); dorados: por el oro que lleva el Tajo.

6 En Lisboa el Tajo es mucho más ancho y caudaloso.

---

7 *Las palmas*: SC: "este árbol significaba el año, el mes, la justicia y la victoria, y todas estas cosas se ajustan al intento de
nuestro poeta" (p. 121). El tronco esbelto de la palma simboliza-
ría, además, la noble figura del caballero. Todos los otros códices
rezan "la sublime palma", probablemente tratando de eliminar la
acumulación de las "s".

8 *los laureles*: SC: "por ser este árbol símbolo ...de la guardia,
defensa, del triunfo... queriendo mostrar que este nobilísimo linaje fue defensa y guardia del reino de Portugal" (p. 122).

9 Los gusanos de seda se alimentan de hojas del moral; según SC,
es, además, símbolo de la prudencia (p. 125).

10-11 Le pide protección como poeta y como recién llegado a la
Corte.

12-14 Como el gusano de seda, hilará ricas alabanzas con qué ves-
tirle; cantará superando la voz que alaba a otros; irá a vene-
rarle como peregrino.

8. 1603

DE UNA QUINTA DEL CONDE DE SALINAS,
RIBERA DE DUERO

De ríos soy el Duero acompañado
entre estas apacibles soledades,
que despreciando muros de ciudades,
de álamos camino coronado.

Este, que siempre veis alegre, prado
teatro fue de rústicas deidades,
plaza ahora, a pesar de las edades,
deste edificio, a Flora dedicado.

Aquí se hurta al popular rüido
el Sarmiento real, y sus cuidados
parte aquí con la verde Primavera.

El yugo desta puente he sacudido
por hurtarle a su ocio mi ribera.
Perdonad, caminantes fatigados.

Jammes hace resaltar la nota personal que se destaca cuando habla del sosiego de la naturaleza (p. 271).
El mismo tema ha inspirado núm. 21.

1 Alusión a sus afluentes y al adagio: "Yo soy Duero, que todas
las aguas bebo, menos del Adaja, que me ataja".

3 El tema del menosprecio de la Corte.

6 Véase *Soledad* I: "un escollo, apacible galería, / que festivo
teatro fue algún día / de cuantos pisan faunos la montaña
(v. 186-189).

9 Imagen que se repite en núm. 36.

10 Alusión al apellido de su mujer.

12 Una nota en CH reza: "Está allí una puente rompida".

13 SC: "por consagrarla toda al ocio deste caballero" (p. 208);
Jammes sugiere otra interpretación: "porque hurtaba mi ribera
a su ocio".

9. 1604

DE DON RODRIGO SARMIENTO, CONDE DE SALINAS

Del León, que en la Silva apenas cabe,
  o ya por fuerte, o ya por generoso,
  que a dos Sarmientos, cada cual glorioso,
  obedeció mejor que al bastón grave,

real cachorro, y pámpano süave
  es este infante en tierna edad dichoso:
  Cupido con dos soles, que hermoso
  de ángel tiene lo que el otro de ave.

La alta esperanza en él se vea lograda
  del claro padre, y de la antigua casa,
  que a España le da héroes, si no leyes,

tal, que do el Norte yela al mar, su espada
  temida, y donde el Sol la arena abrasa,
  triunfador siempre, coma con sus reyes.

El conde de Salinas era conocido como poeta.
Este detalle, y el que uno de sus apellidos sea Silva,
permite el juego de palabras con que empieza el
soneto, que es dedicado al nacimiento de su hijo.

1 SC: "Tienen por armas un león en campo de plata" (p. 47);
silva = selva = bosque, pero también tipo de poema (es demasiado noble por poder ser justamente alabado).

3 SC: "Don Diego de Silva... casó con doña Ana Sarmiento Condesa de Salinas, y aviendo muerto esta señora sin sucesión, alcanzó dispensación de Su Santidad para casar con Doña María
Sarmiento su cuñada, de quien tuvo a Don Rodrigo Sarmiento"
(p. 48).

5 Continúa desarrollando las dos metáforas.

6 *dichoso*: SC: "por ser hijo de tales padres" (p. 48).

7-8 Bello como Cupido e inocente como un ángel.

11 *si no leyes*: no son reyes.

14 Los Condes de Salinas tenían el privilegio de comer en la mesa
con los reyes el día 1 (según algunas relaciones, el 6) de enero.

10. 1604

AL PUERTO DE GUADARRAMA, PASANDO POR ÉL
LOS CONDES DE LEMUS

Montaña inaccesible, opuesta en vano
al atrevido paso de la gente
(o nubes humedezcan tu alta frente,
o nieblas ciñan tu cabello cano),

Caistro el mayoral, en cuya mano
en vez de bastón vemos el tridente,
con su hermosa Silvia, Sol luciente
de rayos negros, serafín humano,

tu cerviz pisa dura; y la pastora
yugo te pone de cristal, calzada
coturnos de oro el pie, armiños vestida.

Huirá la nieve de la nieve ahora,
o ya de los dos soles desatada,
o ya de los dos blancos pies vencida.

Curiosa combinación de la tradición pastoril y la
intención alabadora. Véanse los otros sonetos que
dedica al mismo: 22, 39, 117, 148. Nótese la animación de la montaña a través del soneto: primero como persona humana, luego como animal sojuzgado.

4 *cabello cano*: las cumbres nevadas.
5 *Caistro*: nombre usado en poesía pastoril, pero también juego
   con el apellido: Castro; *mayoral* se inserta en la tradición pastoril.
6 El tridente se refiere al virreinato de Nápoles, ciudad marítima.
   SC sugiere que simboliza los tres puestos que tuvo el Conde:
   Virrey de Nápoles, Consejero de Estado, Presidente del Consejo
   de Italia (p. 192), pero el último cargo le fue concedido mucho
   más tarde. Aunque no fue a Nápoles hasta 1610, el puesto le estaba prometido desde 1602.
7 *Silvia*: nombre pastoril.
8 *de rayos negros*: de ojos negros; *serafín*: véase núm. 90: "Oh
   dulce voz de un serafín humano".
10 *yugo te pone de cristal*: te pisa con su blanco pie.
11 *calzada coturnos*: acusativo griego.
13 Derretida por el fuego de sus ojos.

11. 1606

Clarísimo Marqués, dos veces claro,
   por vuestra sangre y vuestro entendimiento,
   claro dos veces otras, y otras ciento
   por la luz, de que no me sois avaro,

de los dos soles que el pincel más raro
   dio de su luminoso firmamento
   a vuestro seno ilustre (atrevimiento
   que aun en cenizas no saliera caro);

¿qué águila, señor, dichosamente
   la región penetró de su hemosura
   por copiaros los rayos de su frente?

Cebado vos los ojos de pintura,
   en noche camináis, noche luciente,
   que mal será con dos soles obscura.

     Una décima del mismo año tiene el mismo título
y tema. La abundancia de los poemas dedicados al
Marqués en este año indica claramente que Góngora tenía mucho interés y esperanzas en estas relaciones. Jammes supone que el Marqués estuvo en Córdoba en septiembre de 1606 (p. 276).

1 Compárese con el soneto XXI de Garcilaso, de construcción muy
  parecida: "Clarísimo Marqués, en quien derrama".

2 Ensalza su ingenio también en 18: "de Ayamonte culto honor".

3-4 SC: "por ser esposo de la hermosa Marquesa, cuyo retrato
  me enseñáis" (p. 101), imagen desarrollada en el cuarteto siguiente.

5 *el pincel*: metonimia: pintor.

6 *luminoso firmamento*: la cara de la Marquesa.

---

7 *a vuestro seno*: el Marqués llevaría el retrato, probablemente una miniatura, colgado al pecho.

8 Según SC, es una alusión a la fábula de Faetón: "aun cuando... quedara hecho ceniza, no le saliera caro el honor de tan generoso ardimiento" (p. 102).

9 SC: "(el águila) solamente entre todas las aves osa mirar con fijos ojos los rayos del sol" (p. 102); a la vez, es alusión a la penetración del pintor en cautivar lo esencial de la hermosura de la Marquesa.

11 *los rayos*: los ojos y la luz que emanan.

12 Acusativo griego.

13 *en noche camináis*: porque separado de la Marquesa; véase Garcilaso, *Égloga* I: "tal es la tenebrosa / noche de tu partir", aunque aquí se trata de la muerte; *noche luciente*: los ojos retratados, y porque le guía el amor de la Marquesa.

12. 1606

AL MARQUÉS DE AYAMONTE, PARTIENDO DE SU CASA
PARA MADRID

Vencidas de los montes Marïanos
las altas cumbres, con rigor armadas
de calvos riscos, de hayas levantadas,
cunas inaccesibles de milanos,

y el río que a piratas africanos
espadañas opone en vez de espadas
(testigos son las torres coronadas
de Lepe, cuando no lo sean los llanos);

pisado el yugo al Tajo y sus espumas,
que salpicando os dorarán la espuela,
el nido venerad humildemente

del Fénix hoy, que reinos son sus plumas.
¿Qué mucho, si el Oriente es, cuando vuela,
una ala suya, y otra el Occidente?

Una nota en códice núm. 3906 señala una analogía con Virgilio, *Eneida,* VIII, 233-235, añadiendo:
"mayor alteza y espíritu y dulzura los versos de nuestro español". La progresión del viaje de Lepe a Madrid se expresa con ablativos absolutos.

1 *Los montes Marianos:* la Sierra Morena.

2-4 Imágenes semejantes se encuentran en *Soledad* I. Como es sa-
bido, el viaje de Góngora a Lepe, la posesión del Marqués de
Ayamonte, y su estancia allí, le inspiraron el núcleo de poemas
en que trata la naturaleza de la misma manera que luego desarrolla en las *Soledades.*

5 Perífrasis del Guadiana, que entra en el mar cerca de la villa
de Ayamonte. Las incursiones de los piratas eran una plaga
aún entonces, hasta que fueron tomadas Larache y La Mamora.

6 Juego de palabras: espadaña = planta herbácea alta y delgada; espada = arma.

---

7 Impedidos por la vegetación, los piratas no logran entrar y desembarcar en los llanos, pero se les ve desde las torres del
   palacio.

9 *el yugo*: el puente.

10 *dorarán*: por el contenido de oro de sus aguas, o sencillamente
   haciéndola brillar más cuando esté mojada.

11-12 *el nido del Fénix*: Palacio Real en Madrid; el rey-Fénix
   luce no por sus plumas, sino por sus reinos.

13-14 Continúa la metáfora del ave-fénix para designar la extensión
   de las tierras bajo su dominio y, según SC, protegidas por él.
   (Sería una alusión al adagio "estar debajo de las alas de alguien") (p. 71).

13. 1606

A LA EMBARCACIÓN EN QUE SE ENTENDIÓ PASARAN A
NUEVA ESPAÑA LOS MARQUESES DE AYAMONTE

Velero bosque de árboles poblado,
que visten hojas de inquïeto lino;
puente instable y prolija, que vecino
el Occidente haces apartado,

mañana ilustrará tu seno alado
soberana beldad, valor divino,
no ya el de la manzana de oro fino
griego premio, hermoso, mas robado:

consorte es generosa del prudente
moderador del freno mexicano.
Lisonjeen el mar vientos segundos,

que en su tiempo (cerrado el templo a Jano,
coronada la paz) verá la gente
multiplicarse imperios, nacer mundos.

El Marqués de Ayamonte había sido nombrado
Virrey de Nueva España en octubre de 1606, pero lo
rehusó "por no querer pasar allá la Marquesa" (Cabrera, 293). El soneto debe de ser de fines de 1606.

1 El navío con los mástiles.
2 Las velas agitadas por el viento.
3 Véase *Soledad* II, 48: "vínculo desatado, instable puente".
5 *alado*: bivalencia: con velas, pero también aludiendo a su ra-
pidez.
7-8 Alusión a París y el robo de Helena.
10 *moderador del freno* alude a su gobernación mansa y justa.
11 *segundos*: latinismo: favorables.
12 *en su tiempo*: en el tiempo que gobernare a Méjico; *cerrado...*:
comp. Herrera, *Rimas inéditas*, soneto XV: "Y cerradas las puertas del dios Iano, / sosegará, domesticado, Marte".
14 Alude a nuevos descubrimientos aún por hacer, y su incorpora-
ción en el dominio español.

14. 1606 [1607]

AL MARQUÉS DE AYAMONTE, DETERMINADO
A NO IR A MÉXICO

Volvió al mar Alción, volvió a las redes
de cáñamo, excusando las de hierro;
con su barquilla redimió el destierro,
que era desvío y parecía mercedes.

Redujo el pie engañado a las paredes
de su alquería, y al fragoso cerro
que ya con el venablo y con el perro
pisa Lesbín, segundo Ganimedes:

gallardo hijo suyo, que los remos
menospreciando, con su bella hermana
la montería siguen importuna,

donde la Ninfa es Febo y es Dïana,
que en sus ojos del sol los rayos vemos,
y en su arco los cuernos de la luna.

Soneto que transmite claramente el tema del menosprecio de la corte y alabanza de la aldea y que
retrata las ocupaciones de la familia en sus posesiones.
Jammes sugiere que pudo ser compuesto hacia marzo de 1607 (p. 426).

1 *Alción*: en la mitología, pájaro asociado con días de perfecta
calma en el mar, en los que pone sus huevos en el nido que
flota sobre el agua; aquí, usado con doble intención: para
señalar la afición a la pesca del Marqués, pero también para presentar la calma de la vida en el campo en contraste con "el
mar peligroso" de la Corte. Empleó este nombre también en romances piscatorios.

2 Alusión al oficio de pescador que prefiere al de virrey.

3 *barquilla*: su casa humilde en comparación con la vida costosa
que hubiera debido llevar en su nuevo oficio; *redimió el destierro*: con su decisión evitó el tener que alejarse de España.

4 *desvío*: camino errado y alejamiento de su tierra, a pesar de
las brillantes apariencias.

5 *reducto*: latinismo: restituyó; *engañado*: equivocado de camino.

6 *alquería*: la casa de campo del labrador.

8 *Lesbín*: el hijo del Marqués; en núm. 155 también se refiere a su pasión por la caza.

9 *los remos*: metonimia: la pesca.

11 *importuna*: latinismo: trabajosa.

12-14 Descripción de la hija; *Diana*: la diosa cazadora, pero también la luna; en v. 14 junta las dos en una imagen: el arco que tiene la forma de la luna creciente.

15. 1607

DE LA MARQUESA DE AYAMONTE Y SU HIJA, EN LEPE

A los campos de Lepe, a las arenas
del abreviado mar en una ría,
extranjero pastor llegué sin guía,
con pocas vacas y con muchas penas.

Muro real, orlado de cadenas,
a cuyo capitel se debe el día,
ofreció a la turbada vista mía
el templo santo de las dos Sirenas:

casta madre, hija bella, veneradas
con humildad de prósperos vaqueros,
con devoción de pobres pescadores.

Si ya a sus aras no les di terneros,
dieron mis ojos lágrimas cansadas,
mi fe suspiros, y mis manos flores.

El mismo año escribe dos décimas dedicadas a la
Marquesa y a su hija.

1-2 *Lepe*: SC: "Villa muy principal que hoy tiene más de 700
vecinos... Llegan los esteros del mar a esta villa, porque no
dista della más que media legua" (p. 57-8).

5 SC: "alude al castillo fuerte que... sirve de palacio a los
Marqueses, y a la cadena que traen por armas en su escudo"
(p. 57-8).

6 Ofrece varias interpretaciones: porque es resplandeciente, o porque lo ilumina primero el sol, o por lo ilustre del dueño.

8 Las dos eran famosas por su belleza.

12 Recoge la imagen del templo del v. 8.

14 *mis manos flores*: SC: "alude al uso de los antiguos, que en
señal de adoración esparcían flores" (p. 61).

16. 1607

A LA MARQUESA DE AYAMONTE, DÁNDOLE UNAS PIEDRAS
BEZARES QUE A ÉL LE HABÍA DADO UN ENFERMO :

Corona de Ayamonte, honor del día,
   estas piedras que dio un enfermo a un sano
   hoy os tiro, mas no escondo la mano,
   porque no digan que es cordobesía;

que dar piedras a Vuestra Señoría
   tirallas es por medio de ese llano:
   pesadas señas de un deseo liviano,
   lisonjas duras de la Musa mía.

Término sean, pues, y fundamento
   de vuestro imperio, y de mi fe constante
   tributo humilde, si no ofrecimiento.

Camino, y sin pasar más adelante,
   a vuestra deidad hago el rendimiento
   que al montón de Mercurio el caminante.

2 SC refiere que, según una antigua leyenda, las piedras bezares,
lágrimas cuajadas de los ciervos, o piedras que se formaban en
el estómago del ciervo (p. 84), eran provechosas contra el veneno.
Otras referencias dicen que se traían del Perú, Molidas, servían
como medicamento.

3 SC señala un antiguo adagio: "Tirar la piedra y esconder la
mano": hacer algún daño disimuladamente, y en público mos-
trarse de su parte (p. 86): Covarrubias indica también que "tirar
piedras" quiere decir estar loco, o hacer un desacierto: acepción en que usa la expresión en v. 6.

7 *pesadas*: valor ambivalente: por su peso y por ser un regalo
inoportuno.

8 *lisonjas duras*: por ser de piedra, y por ser poesía tosca; véase
núm. 148: "mi lira, ruda sí".

13-14 SC: "Usaron los antiguos poner en los caminos, donde se
juntaban dos, o tres, la imagen de Mercurio, sobre un montón de piedras, la cual señalaba... el camino que habían de
tomar. Y en señal de religión o agradecimiento, el que pasaba
añadía alguna piedra al montón" (p. 89). Véase Gracián, *El Cri-
ticón*, Crisi V, donde se da la misma explicación.

17. 1607

AL MARQUÉS DE AYAMONTE

Alta esperanza, gloria del estado
  no sólo de Ayamonte, mas de España,
  si quien me da su lira no me engaña,
  a más os tiene el cielo destinado.

De vuestra Fama oirá el clarín dorado,
  émulo ya del sol, cuanto el mar baña;
  que trompas hasta aquí han sido de caña
  las que memorias han solicitado.

Alma al tiempo dará, vida a la historia
  vuestro nombre inmortal, ¡oh digno esposo
  de beldad soberana y peregrina!

Corónense estos muros ya de gloria,
  que serán cuna y nido generoso
  de sucesión real, si no divina.

3 Alusión a Apolo y a su oráculo en Delfos.

5 El clarín de la fama está presente ya en Petrarca, Ariosto y
  varios poetas españoles del siglo XVI; el tratamiento original
  viene del adjetivo "dorado": se refiere no sólo al color del
  metal del que se hace el clarín, sino también a la extensión
  que abarca el sol y, por consiguiente, su émulo: el clarín.

7 SC: "todos los que han procurado... eternizar vuestra memoria,
  han sido indignos desta grandeza" (p. 106); *de caña*: humildes,
  en contraposición a "dorado".

9 Véase núm. 4: "y sean tus hazañas / alma del tiempo, espada
  del olvido".

12 *corónense estos muros*: los de Lepe; véase núm. 15: "muro
  real".

14 En su descendencia había sangre real de los Stúñigas; además,
  su hija iba a casarse con el hermano del Conde de Niebla (el
  abuelo de éste se había casado con Ana de Aragón, nieta de
  Fernando el Católico).

18. 1607

CONVOCA LOS POETAS DE ANDALUCÍA
A QUE CELEBREN AL MARQUÉS DE AYAMONTE

Cisnes de Guadïana, a sus riberas
llegué, y a vuestra dulce compañía,
cuya suave métrica armonía
desata montes y reduce fieras;

no a escuchar vuestras voces lisonjeras,
sino al segundo ilustrador del día
consagralle la humilde Musa mía,
que cantó burlas y eterniza veras,

al Apolo de España, al de Ayamonte
culto honor. Si labraren vuestras plumas
digna corona a su gloriosa frente,

flores a vuestro estilo dará el monte,
candor a vuestros versos las espumas
de Helicona darán, y de su fuente.

SC: "Lo escribió habiendo ido a la Villa de Ayamonte a visitar al Marqués, llevándole por ventura
alguna de sus obras" (p. 91).

1 *cisnes*: poetas; SC añade que se refiere sólo a los buenos;
los malos son "ansares ruidosos" (p. 91); *riberas de Guadiana*:
el palacio de los Marqueses estaba situado en la ribera.

4 Alusión al poder del canto de Orfeo y de Anfión.

6 *segundo ilustrador del día*: el Marqués, por la luz que va
repandiendo; véase núm. 11.

8 Alusión a las dos venas de su poesía; en estos años era ya
muy conocido por su poesía satírica.

9 *Apolo de España*: porque hace más ilustre a España por sus
acciones.

11 *corona*: SC señala que entre los poetas clásicos era muy frecuente referirse a sus poemas como coronas (p. 97-8). Jammes
hace notar la expresión "trenzarle coronas a uno" por "elogiarle".

12 SC: el Parnaso os dará locuciones dignas para ensalzarle (p. 99).

13-14 *Las espumas de Helicona*: la fuente de las musas.

19. 1607

DE LAS PINTURAS Y RELICARIOS
DE UNA GALERÍA DEL CARDENAL DON FERNANDO
NIÑO DE GUEVARA

Oh tú, cualquiera que entras, peregrino,
   si mudo admiras, admirado para
   en esta bien por sus cristales clara,
   y clara más por su pincel divino,

Tebaida celestial, sacro Aventino,
   donde hoy te ofrece con grandeza rara
   el cardenal heroico de Guevara
   freno al deseo, término al camino.

Del yermo ves aquí los ciudadanos,
   del galeón de Pedro los pilotos;
   el arca allí, donde hasta el día postrero

sus vestidos conservan, aunque rotos,
   algunos celestiales cortesanos.
   Guarnécelos de flores, forastero.

El epígrafe del códice núm. HS B2362 da más
detalles: en la galería de retratos "estaban pintados
todos los Papas y padres del yermo". Góngora pasó
por Sevilla cuando fue a Lepe, y a la vuelta.

---

1 Véase núm. 21: "Oh peregrino, tú cualquier que llegas".

3-4 Bivalencia en *clara*: los cristales transparentes y las pinturas
ilustres, y *divino*: excelso, y el que retrata a santos.

5 *Tebaida celestial*: según SC, en la región de Tebas tenían su
asiento los ermitaños (p. 201); *Aventino*: metonimia por Roma,
residencia de los Papas.

8 Correlación con v. 5: freno = ermitaños; término = la meta
más alta. SC y Brockhaus ofrecen una interpretación distinta:
satisface el deseo, porque incluso caminando mucho es imposible hallar algo que iguale esta galería (p. 202-3).

10 La Iglesia como nave gobernada por los Sumos Pontífices; véase
núm. 26: "tres ya pilotos del bajel sagrado".

11 El relicario.

11-12 SC hace notar que se refiere no sólo a la ropa, sino a los
cuerpos que están esperando la resurrección (p. 203).

20. 1608

A DON SANCHO DÁVILA, OBISPO DE JAÉN

Sacro pastor de pueblos, que en florida
edad, pastor, gobiernas tu ganado,
más con el silbo que con el cayado,
y más que con el silbo, con la vida,

canten otros tu casa esclarecida,
mas tu Palacio, con razón sagrado,
cante Apolo de rayos coronado,
no humilde Musa de laurel ceñida.

Tienda es gloriosa, donde en lechos de oro
victorïosos duermen los soldados,
que ya despertarán a triunfo y palmas;

milagroso sepulcro, mudo coro
de muertos vivos, de ángeles callados,
cielo de cuerpos, vestüario de almas.

Soneto dedicado a otra colección de relicarios. Comentado detalladamente por A. A. Parker.

1 *florida edad* alude a la madurez. Sancho Dávila nació en 1546.

3-4 El ideal del buen pastor: persuade no castigando, sino predi-
cando, y más aún dando un ejemplo con su propia vida.

6 *con razón sagrado*: a causa de las reliquias que contiene.

9 Nota en CH: "Trata de las reliquias de un oratorio de don
Sancho". Usa metáfora sostenida en términos militares: los santos
son soldados que duermen en una tienda; *lechos de oro*: las
cajas preciosas donde se conservan.

12 *mudo coro de muertos vivos*: cuya presencia habla de sus acciones.

13 Se les ve como ángeles en el cielo, pero su cuerpo, callado,
queda en el relicario; *coro* ofrece también otra acepción: reu-
nión.

14 SC: "Porque estando allí los cuerpos de santos varones, hacían
cielo aquella estancia" y "porque en el último día habían de
revestirse las almas sus santos cuerpos" (Véase el soneto precedente) (p. 46).

21. 1609

DE UNA QUINTA QUE HIZO EL MISMO OBISPO
[DON ANTONIO VENEGAS] EN BURLADA,
LUGAR DE SU DIGNIDAD

Este a Pomona, cuando ya no sea
edificio al silencio dedicado
(que si el cristal le rompe desatado,
suave el ruiseñor le lisonjea),

dulce es refugio, donde se pasea
la quïetud, y donde otro cuidado
despedido, si no digo burlado,
de los términos huye desta aldea.

Aquí la Primavera ofrece flores
al gran pastor de pueblos, que enriquece
de luz a España, y gloria a los Venegas.

¡Oh, peregrino, tú, cualquier que llegas,
paga en admiración las que te ofrece
el huerto frutas, y el jardín, olores!

Se supone que Góngora pasó por Navarra en
1609, en el extenso viaje que también le llevó a Galicia y que le inspiró el soneto siguiente. Dedica al
mismo obispo el núm. 28.

1 *Pomona*: diosa que presidía a los huertos.
2 En todos los poemas de "alabanza del campo" pone énfasis en
el silencio, frente al ruido de la Corte.
7 Juego de palabras con el nombre del lugar: Burlada.
8 *términos*: límites.

22. 1609

AL CONDE DE LEMUS, YÉNDOLE A VISITAR A MONFORTE

Llegué a este Monte fuerte, coronado
de torres convecinas a los cielos,
cuna siempre real de tus abuelos,
del Reino escudo, y silla de tu estado.

El templo vi a Minerva dedicado,
de cuyos geométricos modelos,
si todo lo moderno tiene celos,
tuviera invidia todo lo pasado;

sacra erección de príncipe glorioso,
que ya de mejor púrpura vestido,
rayos ciñe de luz, estrellas pisa.

¡Oh cuánto deste monte imperïoso
descubro! Un mundo veo. Poco ha sido,
que seis orbes se ven en tu divisa.

En 1609 pasó por Galicia y estuvo en Monforte,
probablemente intentando conseguir el nombramiento
de secretario en el virreinato de Nápoles. Dedicó
varios poemas al Conde.

1 Juego de palabras: Monforte.
2 SC indica que la población está situada en la cumbre del monte y señala una analogía con *Soledad* I, 99-100: "al cóncavo ajus-
tando de los cielos / el sublime edificio" (p. 53); véase también
el soneto al Escorial, el núm. 6.
3 Alusión a la descendencia real de los Lemos.
4 Doble sentido: escudo por ser fortaleza y por el valor de sus
dueños; *silla de tu estado*: era el lugar principal de las posesiones del Conde.
5 Nota en CH: "un colegio que fundó don Rodrigo de Castro,
arzobispo de Sevilla" (era tío del Conde de Lemos); *Minerva*:
diosa de las ciencias.
6 Se refiere a su perfecta arquitectura.

9-11 Terceto dedicado al fundador, príncipe de la Iglesia, a quien
alaba también en el "Panegírico al Duque de Lerma".

10 Alusión a su manto cardenalicio; *mejor* indica que ya ha pasado a "otra mejor vida", recurso muy frecuente en Góngora.

11 SC señala que la imagen viene de Virgilio, *Eclogae*, V: "Sub
pedibusque videt nubes et sidera Daphnis" (v. 57); luego se hizo
muy popular entre los poetas renacentistas; es repetida con frecuencia por Góngora.

14 El escudo de los Lemos tiene seis roeles de plata en campo
rojo; SC: "por la semejanza que tienen en lo esférico al mundo
les llama con propiedad orbes" (p. 56).

23. 1610

DE MADRID

Nilo no sufre márgenes, ni muros
  Madrid, oh peregrino, tú que pasas,
  que a su menor inundación de casas
  ni aun los campos del Tajo están seguros.

Emula la verán siglos futuros
  de Menfis no, que el término le tasas;
  del tiempo sí, que sus profundas basas
  no son en vano pedernales duros.

Dosel de reyes, de sus hijos cuna
  ha sido y es; zodíaco luciente
  de la beldad, teatro de Fortuna.

La invidia aquí su venenoso diente
  cebar suele, a privanzas importuna.
  Camina en paz, refiérelo a tu gente.

Es curiosa la mezcla de admiración y de crítica
en el último terceto. Millé señala una analogía con el
primer verso de un soneto de Lupercio Leonardo de
Argensola, publicado en 1605: "No sufre Ibero márgenes ni puentes" ("Llevó tras sí los pámpanos octubre").

1 Nilo es conocido por sus violentas inundaciones.
4 Con fuerte hipérbole, predice que sus límites se extenderán hasta las riberas del Tajo.
6 Menfis está construida sobre suelo arenoso; Madrid, sobre rocas.
7 *basas*: fundamentos.
10 *ha sido y es* alude probablemente al traslado de la corte a
  Valladolid, de 1601 a 1605.
10-11 *zodíaco de la beldad*: las damas que asisten a la Corte.
11 *teatro de Fortuna*: el lugar donde se hacen y deshacen las fortunas.
12 Méndez Plancarte señala que la imagen tiene su origen en Horacio, Oda IV, 3: "jam dente minus mordeor invido".
13 Todo el que consigue favores es envidiado.
14 El recurso de fingir un diálogo con un caminante para conseguir tono más íntimo era corriente ya entre los poetas clásicos.

24. [CH 1611] 1610

DE LA TOMA DE LARACHE

La fuerza que, infestando las ajenas,
    argentó luna de menguante plata,
    puerto hasta aquí del bélgico pirata,
    puerta ya de las líbicas arenas,

a las señas de España sus almenas
    rindió, al fiero león que en escarlata
    altera el mar, y al viento que le trata
    imperïoso aun obedece apenas.

Alta haya de hoy más, volante lino
    al Euro dé, y al seno gaditano
    flacas redes, seguro, humilde pino,

de que, ya deste o de aquel mar, tirano
    leño holandés disturbe su camino,
    prenda su libertad bajel pagano.

Soneto fechado en 1611 por CH, en 1614 por F-D,
probablemente pensando en la toma de La Mamora.
Millé señala que otro soneto, el núm. 111, refiriéndose al mismo acontecimiento, es de 1610, y de este
año debe ser el presente. El mismo año escribió la
canción a la toma de Larache y otras tres décimas.

1 *infestar*: causar daños y estragos; *fuerza*: fortaleza.
2 Media luna, insignia de los moros.
3 La mayor parte de las referencias dicen que los piratas eran
holandeses.
6 *El fiero león*: las armas de Castilla.
9 Alusión al hecho de que desde ahora los navíos españoles po-
drán navegar con menos peligro.
10-11 Las barquillas de pescadores en el mar de Cádiz.
12-14 Seguro de que ni será asaltado por los piratas, ni verá atajado
su camino por los moros.
13 SC hace notar que "disturbe" es un latinismo introducido por
Góngora (p. 185).

25. 1611

A DON FRAY PEDRO GONZÁLEZ DE MENDOZA Y SILVA,
ELECTO ARZOBISPO DE GRANADA MUY MOZO

Consagróse el seráfico Mendoza,
gran dueño mío, y con invidia deja
al bordón flaco, a la capilla vieja,
báculo tan galán, mitra tan moza.

Pastor que una Granada es vuestra choza,
y cada grano suyo vuestra oveja,
pues cada lengua acusa, cada oreja,
la sal que busca, el silbo que no goza,

sílbelas desde allá vuestro apellido,
y al Genil, que esperándoos peina nieve,
no frustréis más sus dulces esperanzas;

que sobre el margen, para vos florido,
al son alternan del cristal que mueve
sus ninfas coros, y sus faunos, danzas.

1 *seráfico*: alusión a su carácter, pero también a la orden de
San Francisco, a la que pertenecía.

2 SC informa que había favorecido mucho a Góngora (p. 197).

3-4 Hace resaltar su juventud; *capilla*: capuchón de monje, pero
también una iglesia humilde.

5 *Granada*: juego de palabras: fruta y ciudad, continuado en el
verso siguiente, siguiendo también la metáfora del pastor.

7-8 Alusión al hecho de que estaba alejado de Granada, en Madrid.

9 Juego de palabras: silbe-Silva.

10 Alusión al nacimiento del Genil en las montañas; posible implicación de que el esperar se hace tan largo que salen canas.

12-14 SC: previenen coros y danzas para celebrar su venida (p. 199).
Es curioso cómo vuelve el ambiente bucólico, enteramente pagano, aun tratándose de un obispo.

26. 1611

PARA LA CUARTA PARTE DE LA "PONTIFICAL"
DEL DOCTOR BABIA

Este que Babia al mundo hoy ha ofrecido
 poema, si no a números atado,
 de la disposición antes limado,
 y de la erudición después lamido,

historia es culta, cuyo encanecido
 estilo, si no métrico, peinado,
 tres ya pilotos del bajel sagrado
 hurta al tiempo, y redime del olvido.

Pluma, pues, que claveros celestiales
 eterniza en los broncas de su historia,
 llave es ya de los tiempos, y no pluma.

Ella a sus nombres puertas inmortales
 abre, no de caduca, no, memoria,
 que sombras sella en túmulos de espuma.

Soneto alabado por Gracián (*Agudeza y arte de ingenio*).

1-6 Discusión sobre la historia y la poesía, que había sido revivificada por los preceptistas del Renacimiento.

3-4 *Limado-lamido*: juego paronomástico usado más de una vez por Góngora; "limado" proviene de Horacio, *Epistolae*, II, 3, 29: "limae labor"; "lamido" de Virgilio, quien decía que había que lamer los versos como la osa a sus cachorros para darles perfección. La originalidad de Góngora estriba en juntarlos.

5 *encanecido*: sabio.

6 *si no métrico*, así como *si no a números atado* del v. 2 insisten en que fue escrito en prosa; *peinado*: esmerado.

7-8 Una nota en el códice núm. 19003 aclara: "escribió las vidas de tres Pontífices", y SC informa que eran Clemente VIII, León XI, Paulo V; *bajel sagrado*: la Iglesia; véase núm. 19: "del galeón de Pedro los pilotos" (p. 158).

9 *claveros*: aquellos que tuvieron las llaves del cielo en la tierra.

10 Alusión al "Exegi monumentum aere perennius" de Horacio (*Odas*, III).

11 Su pluma abre las puertas de la eternidad como las llaves de los Papas las del cielo.

12-14 Este terceto ha suscitado mucha discusión. SC sugiere que es una alusión a la caída de Icaro; en el siglo XVIII, Luzán quería ver una alusión a la imprenta, pero ya Iriarte rechazó tal interpretación. Si nos fijamos en el ritmo dual sostenido a través de todo el soneto, nos inclinamos a percibirlo también en el último terceto y dar razón a SC: la pluma que escribe la historia eterniza la memoria de estos varones por su santidad, y no es la ilusión vana de un ala que llevó a Icaro en sus ambiciones para que luego pereciera (p. 159).

27. [CH 1613] 1611

AL PADRE FRANCISCO DE CASTRO, DE SU LIBRO
DE RETÓRICA

Si ya el griego orador la edad presente,
o el de Arpinas dulcísimo abogado
merecieran gozar, más enseñado
éste quedara, aquél más elocuente,

del bien decir bebiendo en la alta fuente,
que en tantos ríos hoy se ha desatado
cuantos en culto estilo nos ha dado
libros vuestra retórica excelente.

Vos reducís, oh Castro, a breve suma
el difuso canal desta agua viva;
trabajo tal el tiempo no consuma,

pues de laurel ceñido y sacra oliva,
hacéis a cada lengua, a cada pluma,
que hable néctar y que ambrosía escriba.

El libro fue impreso en 1611, con un epigrama
en latín, que es la primera versión del soneto y su
traducción española.

1 *el griego orador*: Demostenes.

2 Cicerón, nacido en Arpinas, conocido por su cadencia melodiosa.

6 SC señala que la expresión existe ya en Petrarca: "D'alta eloquenza si soavi fiumi"; T. Tasso, *Gerusalemme Liberata*, II, 61:
"più che mèl dolci d'eloquenza fiumi" e incluso en Dante, *Inf*,
I, 79: "quella fonte... che spendi di parlar si largo fiume".

9 Elogio de la concisión, que él mismo cultivó con determinación.

12 Los dos son insignias de poeta.

28. 1612

A DON ANTONIO VENEGAS, OBISPO
DE PAMPLONA

¡Oh de alto valor, de virtud rara
sacro esplendor, en toda edad luciente,
cuya fama los términos de Oriente
ecos los hace de su trompa clara!

Vuestro cayado pastoral, hoy vara,
dará flores, y vos gloriosamente
del pellico a la púrpura ascendiente,
subiréis de la mitra a la tïara.

No es voz de fabulosa deidad ésta,
consultada en oráculo profano,
sino de la razón muda respuesta.

Deja su urna el Betis, y lozano
cuantos engendra toros la floresta
por vos fatiga en hábito africano.

Jammes supone que fue escrito en algún certamen
o por encargo oficial para señalar el paso del obispo
por Córdoba cuando fue destinado a Sigüenza (p. 257).
Le dedica también el núm. 21.

1 SC señala analogías con A. Minturno: "O di rara virtù nova
chiarezza" y J. B. Giraldo "O di doppia virtute ardente lume".

5-6 SC: "alude a la vara de Aaron que floreció entre las doce
de las Tribus... en señal de cuán dignamente fue electo" (p. 30).

7 Le pronostica dignidad cardenalicia.

8 La mitra, símbolo del obispo; la tiara, del Papa.

9-10 Alusión al oráculo de Apolo en Delfos.

12 Nota en CH: "Celebró Córdoba la elección del Obispo con
fiestas de toros y cañas"; Betis: metonimia por Andalucía.

14 Era costumbre torear disfrazados de moros; fatiga: usado también con referencia a la caza.

29. 1612

PARA UN RETRATO DE DON JUAN DE ACUÑA,
PRESIDENTE DE CASTILLA, HIJO DEL CONDE
DE BUENDÍA

Éste, que en traje le admiráis togado,
　claro, no a luces hoy de lisonjero
　pincel, sino de claro caballero,
　esplendor del Buendía, que le ha dado;

éste, ya de justicia, ya de estado,
　oráculo en España verdadero,
　a quien por tan legal, por tan entero
　sus balanzas Astrea le ha fiado

(clava serán de Alcides en su diestra,
　que de monstros la edad purgue presente,
　y a los siglos invidia sea futuros);

éste, pues, gloria de la nación nuestra,
　don Juan de Acuña es. Buril valiente
　al tiempo le vincule en bronces duros.

Artigas informa que Góngora le había conocido
como rector de la Universidad de Salamanca
(1574-1577) y condiscípulo (p. 38 y 127).

1 El traje de magistrado.
2-3 El retrato no supera las cualidades verdaderas.
5 Alusión a sus dos oficios: presidente del Consejo de Hacienda y
　del Consejo Real.
6 Era famoso por su rectitud y severidad.
9 *clava*: palo toscamente labrado que llevaba Hércules (Alcides).
　insinuando que no sólo pronunciará la sentencia, sino que vigi-
　lará a que sea ejecutada, lo cual hará perdurar su fama.
13 *buril*: por escultor; pide una imagen más resistente al tiempo
　que un retrato.
14 *vincular*: término jurídico, tomado del latín.

30. 1612

PARA UN LIBRO
DEL LICENCIADO SOTO DE ROJAS

Poco después que su cristal dilata,
    orla el Dauro los márgenes de un Soto,
    cuyas plantas Genil besa devoto,
    Genil, que de las nieves se desata.

Sus corrientes por él cada cual trata
    las escuche el Antípoda remoto,
    y el culto seno de sus minas roto,
    oro al Dauro le preste, al Genil plata.

Él, pues, de rojas flores coronado,
    nobles en nuestra España por ser Rojas,
    como bellas al mundo por ser flores,

con rayos dulces mil de Sol templado
    al mirto peina, y al laurel las hojas,
    monte de musas ya, jardín de amores.

Rojas era ante todo conocido como poeta amoroso. Según Artigas, el soneto confirma una estancia
de Góngora en Madrid en 1612 (p. 127), después de
un encuentro en Granada en 1611. El libro, *Desengaño de amor en rimas,* obtuvo privilegio en 1614,
pero fue publicado sólo en 1623.

2 Juego con el apellido del poeta; SC: "y porque el Darro nace
   poco distante de la ciudad de Granada, dice que orlaba sus
   márgenes poco después que dilata su corriente" (p. 145).

3 Otro juego de palabras: plantas = árboles, pero también el pie
   del monte, y puesto que monte es soto, del poeta.

4 Genil nace en Sierra Nevada; véase Soto de Rojas, *Desengaño
   de amor:* "Saca, Genil, de tu nevada gruta / los corvos cuernos
   de cristal luciente" y el núm. 33.

5 SC: cada cual de los dos ríos trata que mediante el canto del
   Licenciado Soto llegue la noticia al polo opuesto (p. 146); se-

guramente recordaba los versos de Rojas en el poema al Conde de Olivares: "Lozana harás que su verdor levante / al cielo del Antípoda remoto".

7 Alusión al estilo culto de su poesía; *minas*: la inspiración poética, y a la vez las minas de oro y de plata.

8 E. Orozco señala que Góngora usa los dos metales con el mismo sentido de color que se encuentran en obras de orfebrería de la época (*Temas del barroco*, p. 86); la misma imagen está presente en Rojas, "Triunfo de Fénix": "Borde el Dauro gentil su margen de oro".

9 Juego con el apellido; su afición a flores era generalmente conocida.

12-14 SC confiesa que el terceto le parece casi inextricable. Es probable que se haya inspirado en los siguientes versos de Rojas: "Fénix de hoy más a vuestro sol, que inflama / mi amante corazón, pondré la frente, / pues es defensa contra el rayo ardiente / para mis ojos del laurel la rama. / De hoy más el pecho a la amorosa llama / exento llegará de su accidente, / que el soñoliento mirto no consiente / colérico dolor en quien bien ama". Recuérdese, además, que el mirto es árbol consagrado a Venus, o sea, amor; el laurel es árbol de Apolo; esto permite ver una correlación en los últimos versos: laurel-musas, mirto-amores. "Monte" alude al apellido: Soto, indicando que es poeta de versos amorosos.

31. 1614

PARA EL PRINCIPIO DE LA HISTORIA DEL SEÑOR REY
DON FELIPE II, DE LUIS DE CABRERA

Vive en este volumen el que yace
   en aquel mármol, Rey siempre glorioso;
   sus cenizas allí tienen reposo,
   y dellas hoy él mismo aquí renace.

Con vuestra pluma vuela, y ella os hace,
   culto Cabrera, en nuestra edad famoso;
   con las suyas le hacéis victorïoso
   del francés, belga, lusitano, trace.

Plumas de un Fénix tal, y en vuestra mano,
   ¿qué tiempo podrá haber que las consuma,
   y qué invidia ofenderos, sino en vano?

Escriba lo que vieron tan gran pluma,
   de los dos mundos, uno y otro plano,
   de los dos mares, una y otra espuma.

     Nota en varios códices: "Hizo este soneto y el
que sigue a instancia de un amigo suyo, sin haber
visto a Cabrera, ni haber leído sus escritos". No fue
incluido en el libro.

4 Alusión al Fénix; aquí, renace en la fama.

5 Juego de palabras: la pluma de Cabrera con que escribe y la
  de las alas de la fama; la una gana la otra.

7 *las suyas*: la fama de sus hazañas.

8 Alusión a las batallas más famosas: San Quintín, la sumisión
  de los Países Bajos, la anexión de Portugal, Lepanto.

11 Sutil alusión a la suerte de los escritores.

13 *plano*: hemisferio.

14 *los dos mares*: el Atlántico y el Mediterráneo.

32. 1614

PARA LO MISMO

Segundas plumas son, oh lector, cuantas
   letras contiene este volumen grave;
   plumas siempre gloriosas, no del ave
   cuyo túmulo son aromas tantas:

de aquel sí, cuyas hoy cenizas santas
   breve pórfido sella en paz süave;
   que en poco mármol mucho Fénix cabe,
   si altamente negado a nuestras plantas.

De sus hazañas, pues, hoy renacido,
   debe a Cabrera el Fénix, debe el mundo
   cuantas segundas bate plumas bellas.

A Cabrera, español Livio segundo,
   eternizado, cuando no ceñido
   de iguales hojas que Filipo estrellas.

Dedica a Cabrera también unos tercetos fechados
en el mismo año. Es probable que haya escrito este
soneto y el precedente para ponerlos en frente del
volumen cuando se publicara, pero no fueron incluidos.

1-4 Compárese con el primer cuarteto del soneto precedente: la
   misma comparación con el Fénix; el mismo renacer por la fama.

6 *breve pórfido*: pequeña tabla.

8 SC: "porque trasladado a mejor vida" (p. 12).

12 Compara a Cabrera con el gran historiador romano, Livio.

13 Cabrera mismo ha merecido fama eterna con este libro.

14 Cabrera coronado de laurel, Felipe, muerto, de estrellas; es
   curioso que la imagen aparezca también alabando a Juan Rufo,
   pero en presentación distinta: "y ornarte ha, en premio de tu
   dulce canto, / no de verde laurel caduca rama, / sino de estrellas inmortal corona" (núm. 1).

33. 1615

A UN CABALLERO DE CÓRDOBA QUE ESTABA
EN GRANADA

Hojas de inciertos chopos el nevado
cabello, oirá el Genil tu dulce avena,
sin invidiar al Dauro en poca arena
mucho oro de sus piedras mal limado,

y del leño vocal solicitado,
perdonará no el mármol a su vena
ocioso, mas la siempre orilla amena
canoro ceñirá muro animado.

Camina, pues, oh tú, Amfión segundo,
si culto no, revocador süave
aun de los moradores del profundo;

que el Betis hoy, que en menos gruta cabe,
urna suya los términos del mundo
lagrimoso hará en tu ausencia grave.

Varios epígrafes indican que el soneto está dedicado a Pedro de Cárdenas y Angulo, íntimo amigo
cordobés, y SC completa que fue "en ocasión que iba
a cierto pleito a la ciudad de Granada, el año de 1615,
que fue muy seco" (p. 129).

1 Alusión al nacimiento del Genil en Sierra Nevada y a su super-
ficie temblante. Comp. núm. 30.

5 *leño vocal*: la avena.

8 Parece ser una alusión al canto de Anfión; SC: "solicitado el
mármol del sonoro instrumento, no solamente no estaría ocioso
a sus números, pero animado con el canto ceñiría de muros la
orilla siempre amena del Genil" (p. 138). Esta interpretación implica una construcción gramaticalmente poco aceptable: "perdonará no = no perdonará", que también Dámaso Alonso ve como
la única posible.

10-11 Alusión a Orfeo; *culto no* se refiere a *leño vocal*: instrumento humilde.

13-14 SC: "crecerá tanto llorando tu ausencia que será todo el
mundo urna suya" (p. 140).

34. 1615

A DON FRAY DIEGO DE MARDONES, OBISPO
DE CÓRDOBA, DEDICÁNDOLE EL MAESTRO RISCO
UN LIBRO DE MÚSICA

Un culto Risco en venas hoy süaves
   concentüosamente se desata,
   cuyo néctar, no ya líquida plata,
   hace canoras aun las piedras graves.

Tú, pues, que el pastoral cayado sabes
   con mano administrar al cielo grata,
   de vestir, digno, manto de escarlata,
   y de heredar a Pedro en las dos llaves,

éste, si numeroso, dulce escucha
   torrente, que besar desea la playa
   de tus ondas, oh mar, siempre serenas.

Si armonïoso leño silva mucha
   atraer pudo, vocal Risco atraya
   un Mar, dones hoy todo a sus arenas.

Es conocida la afición de Góngora a la música. El
Maestro Risco probablemente puso música a algunas
letrillas y villancicos suyos (Artigas, p. 119). SC señala cierto parecido con T. Tasso, *Gerusalemme Liberata*, XX, XIII: "Come in torrenti da l'alpestri ci-
me / soglion giù derivar le nevi sciolte, / così correan
volubili e veloci / da la sua bocca le canore voci."
La fuente común es Horacio. En 1609 había escrito
dos letrillas implorando la Virgen de Villaviciosa por
la salud del obispo. Hay varias referencias a él en
el epistolario.

1 Juego de palabras con el apellido; *risco*: SC: "peña inculta de
que suele nacer algún arroyo" (p. 165); *venas*: manantial y, según
SC, también el natural suave del obispo. Todas las referencias a
él hablan de un varón modesto, caritativo y piadoso.

---

2 *concentuosamente*: armoniosamente.

4 Alusión al gran poder de la música.

7 Digno de ser elevado a cardenal y de ser elegido Papa (8). Jammes hace notar que es imposible que Góngora mismo haya creído en tal posibilidad: el obispo tenía 87 años y estaba en mala salud, aunque vivió hasta 1624 (p. 258-260).

8 Las armas de los Pontífices son dos llaves cruzadas.

9 Los números de la armonía; recuérdese a Fray Luis de León.

11 Juego con el apellido: mar + dones, al que vuelve en v. 14.

12 Alusión al canto de Orfeo.

14 *a sus arenas*: a su obispado.

35. 1615

[A DON DIEGO PÁEZ DE CASTILLEJO]

No entre las flores, no, señor don Diego,
de vuestros años, áspid duerma breve:
el ocio, salamandria más de nieve
que el vigilante estudio lo es de fuego.

De cuantas os clavó flechas el ciego,
a la que dulce más la sangre os bebe
hurtadle un rato alguna pluma leve,
que el aire vago solicite luego.

Quejaos, señor, o celebrad con ella
del desdén, el favor de vuestra dama,
sirena dulce si no esfinge bella.

Escribid, que a más gloria Apolo os llama:
del cielo la haréis tercero estrella,
y vuestra pluma, vuelo de la Fama.

Varios epígrafes rezan "A don Diego Páez de
Castillejo y Valenzuela, un caballero de Córdoba", a
quien se refiere en varias cartas de 1619.

1 Alusión a su juventud, aprovechando la imagen de la flor de
la edad para la imagen virgiliana "latet anguis in herba" (*Eglogae*, II, 93).

3 *salamandria*: "dicen della ser tan fría que pasando por las
ascuas las mata como si fuese puro hielo" (Covarrubias); contrapone los efectos del ocio, que "hiela", entorpece el ánimo,
y los del estudio cuyo fuego anima.

6 La flecha del Amor, que lleva plumas en un cabo; sobre ello
construye la imagen siguiente: la pluma le servirá para escribir,
y con esto le ganará fama (v. 8).

10 El desdén de vuestra dama os hace un favor, inclinándoos a
escribir.

11 Según SC, la esfinge simboliza el engaño; el "si no" es, pues,
equitativo.

12 Apolo aquí en su acepción del dios de las musas.

13 *el cielo tercero*: el de Venus: escribirá sus amores.

36. 1615

A JUAN DE VILLEGAS, ALCALDE MAYOR DE LUQUE,
POR DON EGAS VENEGAS, SEÑOR DE AQUELLA VILLA

En villa humilde sí, no en vida ociosa
vasallos riges con poder no injusto,
vasallos de tu dueño, si no augusto,
de estirpe en nuestra España generosa.

Del bárbaro rüido a curïosa
dulce lección te hurta tu buen gusto:
tal del muro abrasado hombro robusto
de Anquises redimió la edad dichosa.

No invidies, oh Villegas, del privado
el palacio gentil, digo el convento,
adonde hasta el portero es Presentado.

De la tranquilidad pisas contento
la arena enjuta, cuando en mar turbado
ambicioso bajel da lino al viento.

Artigas señala que Juan de Villegas se interesó
mucho por la poesía de Góngora y por la polémica
que suscitó (p. 137). El soneto desarrolla el tema, caro
a Góngora, de la alabanza de la aldea.

1 Insiste en las ocupaciones que trae su cargo.
3-4 Alusión a los Condes de Luque, Venegas y Córdoba.
5 *bárbaro ruido*: SC: "la ignorancia rústica de sus habitadores"
 (p. 285); también puede ser una referencia a la Corte.
7-8 Alusión a la ruina de Troya (*Eneida*, II, 720-30).
11 Presentado: "Aplícase en algunas órdenes religiosas al teólogo
 que ha seguido su carrera y, acabadas sus lecturas, está esperando el 'grado de maestro'" (*Dicc. Autoridades*); aquí, figuradamente, incluso para el puesto de portero se necesita una
 recomendación.
12-14 Metáfora que frecuentemente aparece en las referencias a la
 Corte.

37. 1616

A DON LUIS DE ULLOA, QUE ENAMORADO
SE AUSENTÓ DE TORO

Generoso esplendor, sino luciente,
    no sólo es ya de cuanto el Duero baña
    Toro, mas del Zodíaco de España,
    y gloria vos de su murada frente.

¿Quién, pues, región os hizo diferente
    pisar amante? Mal la fuga engaña
    mortal saeta, dura en la montaña,
    y en las ondas más dura de la fuente:

de venenosas plumas os lo diga
    corcillo atravesado. Restituya
    sus trofeos el pie a vuestra enemiga.

Tímida fiera, bella ninfa huya;
    espíritu gentil, no sólo siga,
    mas bese en el arpón la mano suya.

SC: "Pasando por Córdoba Don Luis de Ulloa
y Pereira, caballero nobilísimo de la Ciudad de Toro,
...uno de los mejores poetas que hoy tiene España,
...le escribió Don Luis este soneto habiendo enten-
dido que iba huyendo los desdenes de su dama"
(p. 141).

1 *sino*: signo de Zodíaco; juego con el nombre de la ciudad.
2 Toro está situado a orillas del Duero.
3 Fue ciudad muy importante en el Siglo de Oro; SC: de todos
   los términos de España (p. 142).
4 Todos los códices, con excepción de CH, rezan "murada", mientras CH lee "madura"; nos inclinamos por la primera lección:
   referencia a las murallas de Toro y a los cuernos del animal;
   véase *Firmezas de Isabela*, III, 2150: "ese monte murado".

5-6 Brockhaus señala una posible influencia de Propercio, III, 21:
    unum erit auxilium: mutatis Cynthia terris / quantum oculis,
    animo tam procul ibit amor".

6-8 SC: "aun el corcillo, que suele hallar reparo de sus heridas
    en las aguas muere en ellas cuando llega atravesado mortal-
    mente de la flecha que le hirió en la montaña" (p. 142). La
    imagen viene de Virgilio, *Eneida*, IV, 69-73.

9 *venenosas plumas*: saeta.

10-11 Reconozca y acepte la derrota, ofreciéndola como trofeo a la
    dama; el pie implica también que cante sus amores, haciendo
    de sus versos trofeo.

12-14 Sólo tímida fiera huye de una ninfa; el "siervo de Amor" re-
    nacentista agradece la herida.

38. 1617

AL CONDE DE VILLAMEDIANA, DE SU "FAETÓN"

En vez de las Helíades, ahora
coronan las Pïérides el Pado,
y tronco la más culta levantado,
suda electro en los números que llora.

Plumas vestido, ya las aguas mora
Apolo, en vez del pájaro nevado
que a la fatal del joven fulminado
alta rüina, voz debe canora.

¿Quién, pues, verdes cortezas, blanca pluma
les dió? ¿Quién de Faetón el ardimiento,
a cuantos dora el sol, a cuantos baña

términos del océano la espuma,
dulce fía? Tu métrico instrumento,
oh Mercurio del Júpiter de España.

En el mismo año escribió una décima dedicada
al poema del amigo y protector, compuesto en estilo
culto. Le dedica también núm. 48, 129, 148.

1 *Helíades*: hermanas de Faetón que lloraron su muerte.
2 Elogia la obra de Villamediana: el llanto de las hermanas es
superado por el canto de las musas; *coronan*: rodean.
3 SC: "la más culta estaba fuera de sí, arrebatada del dulce
canto del Conde, que infundía en ellas el mismo sentimiento
que en las Helíades el desastrado suceso de Faetón" (p. 21).
4 En las *Metamorfosis* Ovidio refiere que en señal de su tristeza,
los álamos en vez de lágrimas destilaban electro (ámbar amarillo). Brockhaus hace notar la maestría de Góngora en fundir
la metáfora de las lágrimas con la de los versos (números).
5-8 La misma transposición que en el primer cuarteto: según la
fábula, el amigo de Faetón, Cycnus, se dolió tanto de su muerte
que fue transformado en el pájaro de su nombre (cisne) con
el privilegio de cantar una sola vez; pasando a las musas, indica
que el poema del Conde es tan excelso que en él canta ya no
el cisne, sino Apolo mismo convertido en este pájaro.
13 *dulce fía*: transmite en son dulce.
14 El Conde de Villamediana era Correo Mayor del Rey (Júpiter).

39. 1617 (¿1616?)

AL CONDE DE LEMUS VINIENDO
DE SER VIRREY DE NÁPOLES

Florido en años, en prudencia cano,
(riberas del Sebeto, río que apenas
obscurecen sus aguas sus arenas)
gran freno moderó tu cuerda mano,

donde mil veces escuchaste en vano
entre los remos y entre las cadenas,
no ya ligado al árbol, las Sirenas
del lisonjero mar napolitano.

Quede en mármol tu nombre esclarecido,
firme a las ondas, sordo a su armonía,
blasón del tiempo, escollo del olvido,

oh águila de Castro, que algún día
será para escribir tu excelso nido
un cañón de tus alas pluma mía.

El Conde volvió a España en 1616, saliendo de
Nápoles el 15 de junio, lo cual plantea la pregunta
de la exactitud de la fecha de CH.

1 Habiendo nacido en 1576, el Conde estaba en sus cuarenta al
salir de Nápoles; *en prudencia cano*: expresión usada frecuentemente; véase Soto de Rojas, "Fiestas que se hizieron en Granada": "joven de edad, de entendimiento cano". Góngora usa la
definición idéntica en el poema que empezó a escribir al recibir
una falsa noticia de la muerte del Conde: "Moriste en plumas
no, en prudencia cano".

2 *Sebeto*: un río del reino de Nápoles, de poca profundidad.

4 El reinado del Conde de Lemos fue elogiado por su prudencia;
véase 13: "prudente / moderador del freno mexicano".

6 SC: "fatigas y obligaciones del gobierno" (p. 254).

7 Alusión a Ulises, y a la falsedad de la corte en v. 8.

12 *águila*: símbolo de la majestad; *Castro*: apellido del Conde.

13 Para escribir un elogio de la ilustre familia.

14 Juego de palabras repetido frecuentemente en los sonetos elogio-
sos: la pluma con que escribe y la de las alas de la fama; comp.
núm. 35.

40. 1619

A NUESTRA SEÑORA DE ATOCHA, POR LA SALUD
DEL SEÑOR REY DON FELIPE III

En vez, Señora, del cristal luciente,
  licores nabateos espirante,
  los faroles, ya luces de Levante;
  las banderas, ya sombras de Occidente;

las fuerzas litorales, que a la frente
  eran de África gémino diamante;
  tanto disimulado al fin turbante
  con generosidad expulso ardiente,

votos de España son, que hoy os consagra
  sufragios de Filipo: a cuya vida
  aun los siglos del Fénix sean segundos.

Fiebre, pues, tantas veces repetida,
  perdone al que es católica bisagra,
  para más gloria vuestra, de ambos mundos.

La enfermedad de Felipe III ocurrió después de
su vuelta de Portugal, terminando el año. En una
carta de diciembre refiere Góngora que el rey está
levantado ya.

1 *cristal luciente*: lámpara con incienso.

2 *nabateo*: Nabatea es una región de Arabia de donde se traían
perfumes.

3 *faroles*: por navíos, armada que llevaba la religión a las regiones
ocupadas.

4 Juego de luz y sombra; las banderas simbolizan el poder de
España.

5-6 Alusión a Larache y La Mamora, conquistadas; *gémino diamante*:
eran dos fortalezas parecidas en su posición inexpugnable.

7-8 Probablemente alude a la expulsión de los moriscos en 1609.

9 *votos*: ofrendas pidiendo por la salud del rey y una vida inter-
minable para él.

12 La calentura había recurrido más de una vez.

13 *bisagra*: figuradamente, puerta a través de la cual llegan las
glorias a la Virgen.

41. 1619

EN LA MISMA OCASIÓN

Esta de flores, cuando no divina,
  industrïosa unión, que ciento a ciento
  las abejas, con rudo no argumento,
  en ruda sí confunden oficina,

cómplice Prometea en la rapina
  del voraz fue, del lúcido elemento,
  a cuya luz süave es alimento,
  cuya luz su recíproca es rüina.

Ésta, pues, confusión, hoy coronada
  del esplendor que contra sí fomenta,
  por la salud, oh Virgen Madre, erijo

del mayor Rey, cuya invencible espada,
  en cuanto Febo dora o Cintia argenta,
  trompa es siempre gloriosa de tu Hijo.

Nótese la ausencia de sentimiento o de lengua religiosos.
  SC:" Supone que ofrece a la Virgen Nuestra Señora por la salud del Rey un cirio" (p. 293). El soneto está basado en esta imagen.

1-4 La cera recogida y fundida con digna intención, pero trabajosamente.

5-8 El cirio que arde, consumiéndose; *Prometea*: adjetivo derivado de Prometeo.

9 *confusión*: unión.

13 En todo el orbe: donde no alcanza el sol, alumbra la luna (los dos hemisferios).

14 Todas sus hazañas se llevan a cabo en el nombre de la religión.

Retrato de Góngora en el Manuscrito
Chacón

Biblioteca Nacional. Madrid

ESTE PRIMER
TOMO CONTIENE

SONETOS.   SYLVAS.
OCTAVAS.   DEZIMAS.
TERCETOS.   QVINTILLAS.
CANCIONES.   REDONDILLAS
MDRIGALES.

EL SEGUNDO.

LETRILLAS. ROMANCES.
OBRAS AÑADIDAS.

EL TERCERO,

COM.ᴬ DE LAS FIRM.ᴬˢ DE ISABELA
COM.ᴬ DEL DOCTOR CARLINO.

Manuscrito de Chacón. Portada

Biblioteca Nacional. Madrid

42. 1620

AL SERENÍSIMO INFANTE CARDENAL

Purpúreo creced, rayo luciente
del Sol de las Españas, que en dorado
ya trono el Tíber os verá sagrado
leyes dar algún día a su corriente.

De coronas entonces vos la frente,
vuestro padre de orbes coronado,
deba el mundo un redil, deba un cayado
a vuestras llaves, a su espada ardiente.

Cresced a fines tan esclarecidos,
oh vos, a cuyo glorïoso manto
sombra son eritreos esplendores,

y en quien debidamente repetidos
de vuestros dos se ven progenitores
el nombre, lo católico, lo santo.

SC señala que el soneto fue escrito en la ocasión
de haber recibido el Infante el capelo enviado por el
Papa; esto ocurrió el 30 de enero de 1620.

1 *purpúreo*: el color cardenalicio; *rayo del Sol*: hijo del rey.

3 Le predice que llegará a ser Sumo Pontífice (Tíber = Roma).

5 SC: "alude a las tres coronas que tiene la Tiara pontifical"
(p. 267); señala una analogía con T. Tasso: "O de' purpurei
padri, e de'l Impero / sacro di Cristo onore alto e sostegno / che
di seder in Vatican sei degno / di tre corone e del gran manto
adorno".

7 El ideal del imperio cristiano: "unus pastor et unum ovile",
repetido frecuentemente a través del s. XVI.

8 Correlación: redil: comunidad de los fieles — llaves; cayado:
cetro — espada.

11 *eritreos*: el Mar Eritreo es llamado también Rojo.

12-14 El nombre del Infante era Fernando; alusión a Fernando III
el Santo y Fernando el Católico.

43. 1620

AL PADRE MAESTRO HORTENSIO, DE UNA AUDIENCIA
DEL PADRE MAESTRO FRAY LUIS DE ALIAGA,
CONFESOR DEL SEÑOR REY DON FELIPE III

Al que de la consciencia es del Tercero
    Filipo digno oráculo prudente,
    de una y otra saeta impertinente
    si mártir no le vi, le vi terrero.

Tanto, pues, le ceñía ballestero,
    cuanta le estaba coronando gente,
    dejándole el concurso el despidiente
    hecho pedazos, pero siempre entero.

Hortensio mío, si ésta llamo audiencia,
    ¿cuál llamaré robusta montería,
    donde·cient flechas cosen un venado?

Ponderé en nuestro dueño una paciencia,
    que en la atención modesta fue alegría,
    y en la resolución, sucinto agrado.

Varios epígrafes dan más detalles: "diciéndole del
sufrimiento y tolerancia con que despachaba los muchos negocios que tenía". Es de suponer que conoce-
ría a Aliaga a través de Paravicino.

1-2 Alusión a su oficio de confesor del rey.

4 *terrero*: el blanco; la metáfora de la caza es continuada a través
del soneto.

5-6 Está siempre asediado por obtener favores; *coronando*: rodeando;
véase núm. 38.

8 Alusión a su entereza.

12 *nuestro dueño* se refiere al confesor.

44. 1620

DE DON FRANCISCO DE PADILLA, CASTELLANO DE MILÁN

A éste que admiramos en luciente,
  émulo del diamante, limpio acero,
  igual nos le dió España caballero,
  que de la guerra Flandes rayo ardiente.

Laurel ceñido, pues, debidamente,
  las coyundas le fían del severo
  süave yugo, que al lombardo fiero
  le impidió sí, no le oprimió la frente.

¿Qué mucho, si frustró su lanza arneses,
  si fulminó escuadrones ya su espada,
  si conculcó estandartes su caballo?

Del Cambresí lo digan los franceses;
  mas no lo digan, no, que en trompa alada
  musa aun no sabrá heroica celebrallo.

SC indica que está dedicado al Conde de Fuentes, quien fue gobernador de Milán desde 1600 a 1610, lo cual haría cambiar la fecha. Hay que recordar, además, que Góngora se trasladó a la corte sólo en 1617. Las alusiones a las hazañas y las batallas se podrían fácilmente aplicar al Conde de Fuentes así como a Padilla, quien fue nombrado gobernador en 1620. En una carta de 1620 refiere su nombramiento

2 *émulo de diamante* se puede aplicar al acero (la armadura), pero también a la persona, firme y resplandeciente por su valor. En estos años no es imposible una interposición violenta.

6-8 Alusión a su nombramiento como gobernador de Milán; *coyundas*: correa con que se atan los bueyes (Covarrubias); *severo suave* correlacionado con *impidió, no oprimió*: firme, pero justo.

11 Nota en CH: "Dura hasta hoy en Flandes la memoria de un encuentro de lanza de don Francisco de Padilla". También el Conde de Fuentes estuvo en Flandes (1590-1596).

45. 1620

A UN PINTOR FLAMENCO, HACIENDO EL RETRATO
DE DONDE SE COPIÓ EL QUE VA AL PRINCIPIO
DESTE LIBRO

Hurtas mi vulto, y cuanto más le debe
a tu pincel, dos veces peregrino,
de espíritu vivaz el breve lino
en las colores que sediento bebe;

vanas cenizas temo al lino breve,
que émulo del barro le imagino,
a quien (ya etéreo fuese, ya divino)
vida le fio muda esplendor leve.

Belga gentil, prosigue al hurto noble;
que a su materia perdonará el fuego,
y el tiempo ignorará su contextura.

Los siglos que en sus hojas cuenta un roble,
árbol los cuenta sordo, tronco ciego;
quien más ve, quien más oye, menos dura.

El códice CH tiene un retrato de Góngora al principio, cuyo autor es desconocido.

1 *vulto*: en la acepción latina "vultus" = cara.
2 *dos veces peregrino*: por la exquisitez y por ser extranjero.
5 La misma transitoriedad que la del hombre. Jammes propone una
interpretación distinta, con coma al final del v. 4: "cuanto más
espíritu le das, tanto más temo que el lino quede hecho cenizas".
6 Según SC, alude al mito de Prometeo, quien formó de barro al
primer hombre y luego lo animó con el fuego que trajo del cielo
(p. 246); Brockhaus señala una semejanza con un poema de Paravicino a El Greco, de 1609: "Émulo de Prometeo en un retrato
/ no afectes lumbre, el hurto vital deja".
7 El hombre es barro (polvo), sea animado con el fuego de Prometeo, sea obra de dioses o de Dios.
8 La vida que vive en el retrato.
10-11 Predice una vida más larga al retrato.
12 *los siglos*: SC: "que son tantos como sus hojas" (p. 252).
13 Insistencia en lo inanimado en confrontación con el hombre, que
termina en una queja implícita en el último verso.

46. 1621

[EN LA ENFERMEDAD DE QUE MURIÓ EL SEÑOR
REY DON FELIPE III]

Los rayos que a tu padre son cabello,
  barba, Esculapio, a ti, peinas en oro;
  tu facultad en lira humilde imploro,
  dicte números Clío para ello.

Asiste al que dos mundos, garzón bello,
  veneran Rey, y yo deidad adoro;
  purpureará tus aras blanco toro
  que ignore el yugo su lozano cuello.

Piedras lavó ya el Ganges, yerbas Ida
  escondió a otros, la de tu serpiente,
  o más limada hoy, o más lamida;

en polvo, en jugo virtüosamente
  soliciten salud, produzcan vida;
  humano primer Fénix siglos cuente.

El epígrafe de CH parece equivocado. Los otros
códices dicen que se refiere a la enfermedad de Felipe IV, lo cual parece ser comprobado por "garzón
bello" en el v. 5. Además, en la carta del 8 junio
1621, dice Góngora: "Su Majestad está ya con la
salud del achaque que avisé a V. M.... No saldrá
a la procesión del Sacramento".

1 Alusión al "rubio Febo" = Apolo, padre de Esculapio y protector
  de la medicina.
4 *Clío*: musa a quien le correspondía la historia; *números*: versos.
7-8 Véase 3.
9 El Ganges, río sacro de la India, es conocido por sus supuestas
  virtudes de curar a los enfermos; también alude al poder medi-
  cinal de algunas piedras preciosas; *Ida*: el monte Ida en Creta
  era famoso por sus hierbas medicinales.
10 Alusión a la hierba que una serpiente trajo a Esculapio para
  que resucitara a los moribundos.
11 Por el estudio o por la experiencia; véase núm. 26.

47. 1621

DE UN JABALÍ QUE MATÓ EN EL PARDO
EL REY NUESTRO SEÑOR

Teatro espacïoso su ribera
el Manzanares hizo, verde muro
su corvo margen, y su cristal puro
undosa puente a Calidonia fiera.

En un hijo del Céfiro la espera
garzón real, vibrando un fresno duro,
de quien aun no estará Marte seguro,
mintiendo cerdas en su quinta esfera.

Ambiciosa la fiera colmilluda,
admitió la asta, y su más alta gloria
en la deidad solicitó de España.

Muera feliz mil veces, que sin duda
siglos ha de lograr más su memoria
que frutos ha heredado la montaña.

Jammes supone que el tema fue propuesto por
una academia literaria (p. 323). En una carta del 7
septiembre 1621 dice Góngora: "La reina Nuestra
Señora se ha levantado hoy. Su marido mata jabalíes
a lanzadas". El soneto debe de ser de este mes.

1 *teatro*: escenario.

4 *Calidonia fiera*: reminiscencia de Ovidio, *Metamorphosis* VIII.
270-300. donde refiere que un jabalí devastaba la región de Calidonia por orden de Diana; *undosa puente*: el jabalí atravesaba
el río nadando.

5 *hijo del Céfiro*: un caballo andaluz; véase núm. 154: "los caballos, favonios andaluces".

6 *garzón real*: el rey tenía sólo 16 años; *fresno*: lanza.

---

7 Alusión a la transformación de Marte en un jabalí para matar a Adonis.

8 *quinta esfera*: la esfera correspondiente a Marte.

9 SC señala una reminiscencia de Garcilaso, *Égloga* I: "La colmilluda testa ora clavando / del puerco jabalí".

10-11 Adquiere gloria por ser matado de tan noble mano.

12 El jabalí será recordado por haber permitido al rey mostrar su valentía y destreza.

14 Según SC, los antiguos poetas contaban los años por cosechas.

48. 1621

AL CONDE DE VILLAMEDIANA, CELEBRANDO
EL GUSTO QUE TUVO EN DIAMANTES,
PINTURAS Y CABALLOS

Las que a otros negó piedras Oriente,
émulas brutas del mayor lucero,
te las expone, en plomo su venero,
si ya al metal no atadas más luciente;

cuanto en tu camarín pincel valiente,
bien sea natural, bien extranjero,
afecta mudo voces, y parlero
silencio en sus vocales tintas miente.

Miembros apenas dio al soplo más puro
del viento su fecunda madre bella;
Iris, pompa del Betis, sus colores;

que fuego él espirando, humo ella,
oro te muerden en su freno duro,
oh esplendor generoso de señores.

Refiriéndose a la afición de coleccionista del Conde, dice E. Cotarelo y Mori *(El Conde de Villamediana):* "En su viaje de Italia tuvo ocasión de adquirir
muchos objetos preciosos, artísticos y de lujo, como
joyas, cuadros, armas y varias antigüedades, a cuyos
objetos era en extremo aficionado. Su gusto por los
diamantes le llevaba al punto de hacerlos engastar en
plomo para aumentar el brillo de la piedra y el luci-
miento de la talla. Entusiasta decidido por la pintura,
llegó a formar, a costa de sumas exorbitantes, una
galería de cuadros de las más ricas de la corte en
originales de artistas españoles y extranjeros... Como
buen *Correo* cuidaba de tener siempre en sus cuadras
soberbios caballos, a los que profesaba tal cariño que

nunca vendió ninguno, sino que cuando no servían,
los regalaba o dejaba que muriesen en las caba-
llerizas" (p. 55-6).

2 *émulas brutas*: aún sin labrar; *el mayor lucero*: el sol.

4 Según Dámaso Alonso (p. 120), Villamediana había contribuido
mucho en poner de moda la costumbre de engastar las piedras
preciosas en plomo. Compárese con núm. 20.

5-8 Brockhaus propone considerarlo como una oración exclamativa;
D. Alonso señala que no existe ningún segundo cuarteto exclamativo en los sonetos de Góngora. Es exclamativo en CH. SC: "Valiente pincel... te ofrece cuanto en tu camarín afecta mudo voces
y miente parlero silencio en sus vocales tintas" (p. 239).

7-8 Los retratos son tan vivos que parecen poder hablar; sin embargo, sólo hablan sus colores.

9-11 Alusión a la creencia de que los caballos andaluces eran engen-
drados por el viento en las yeguas; véase núm. 47.

12 SC señala una analogía con Virgilio, *Eneida*, VII, 280-1: "gemi-
nosque iugalis / semine ab aetherio spirantis naribus ignem", y
Claudiano, *De VI consulatu Honorii*: "Spumosis morsibus aurum /
fumat"; *que*: cuando.

13 Véase Virgilio, *Eneida*, VII, 279: "tecti auro fulvum mandunt
sub dentibus aurum".

49. 1623

AL MARQUÉS DE VELADA, HERIDO DE UN TORO
QUE MATÓ LUEGO A CUCHILLADAS

Con razón, gloria excelsa de Velada,
 te admira Europa, y tanto, que celoso
 su robador mentido pisa el coso,
 piel este día, forma no, alterada.

Buscó tu fresno, y extinguió tu espada
 en su sangre su espíritu fogoso,
 si de tus venas ya lo generoso
 poca arena dejó calificada.

Lloró su muerte el sol, y del segundo
 lunado signo su esplendor vistiendo,
 a la satisfacción se disponía,

cuando el Monarca deste y de aquel mundo
 dejar te mandó el circo, previniendo
 no acabes dos planetas en un día.

En nota a una carta de Quevedo al Marqués de
Velada (BAE, XLVIII, *Obras de Quevedo*, p. 48),
Fernández Guerra y Orbe da los detalles siguientes:
"en las fiestas reales de toros, que a 4 de mayo de
1623 hubo en la Plaza Mayor, entró con veinticuatro
lacayos, de azul y plata, y plumas azules y blancas,
pero al romper el quinto rejón, tan furiosamente le
embistió el toro, que con el un cuerno le hizo peda-
zos el estribo y con el otro le hirió el muslo derecho.
Cobró el Marqués el caballo sin caer; y herido y
sin estribo partió tras el fiero animal, y le dio biza-
rras cuchilladas hasta matarlo. Como pretendiese quedarse en la plaza, el Rey le mandó retirar y que se
curase".

2-4 Alusión al rapto de Europa por Júpiter transformado en toro;
 sentido bivalente de Europa: la ninfa y el continente.

3 *mentido*: disfrazado.

4 Ovidio, *Metamorphosis*, II, 852, refiere que el toro en que se transformó era blanco.

5 *fresno*: lanza.

7-8 Alusión a la herida del Marqués.

9 Nota CH: "Llovió mientras las fiestas, y fueron a primeros de Mayo, asistiendo Su Majestad a ellas"; aquí se refiere al toro como signo del Zodíaco.

10 *segundo lunado signo*: a fines de abril el sol entra en el signo de toro, el segundo en la serie del Zodíaco; a la vez, referencia al segundo toro de la corrida; *lunado*: los cuernos del toro.

11 *a la satisfacción*: buscando el desquite.

13 *circo*: referencia a los juegos romanos y la arena.

50.   1623 (¿1625?)

AL EXCELENTÍSIMO SEÑOR EL CONDE DUQUE

En la capilla estoy, y condenado
    a partir sin remedio desta vida;
    siento la causa aun más que la partida,
    por hambre expulso como sitïado.

Culpa sin duda es ser desdichado;
    mayor, de condición ser encogida.
    De ellas me acuso en esta despedida,
    y partiré a lo menos confesado.

Examine mi suerte el hierro agudo,
    que a pesar de sus filos me prometo
    alta piedad de vuestra excelsa mano.

Ya que el encogimiento ha sido mudo,
    los números, Señor, deste soneto
    lenguas sean y lágrimas no en vano.

Dámaso Alonso califica el soneto de "impresionante" por la miseria que descubre, evidente también
en el epistolario de estos años, y propone cambiar
la fecha a 1625: en dos cartas se encuentran expresiones casi literalmente iguales (p. 197-98).

1 SC: En la metáfora de la capilla de la cárcel, donde están los
condenados a muerte, alude a la Capilla Real, donde era Capellán,
y a la determinación con que estaba de partirse a Córdoba
(p. 688). Ya en una carta del 6 marzo 1623 a Cristóbal de Heredia dice: "Vuestra merced me espere sin duda para octubre en
esa casa".

2 *desta vida*: ambivalente: de Madrid, pero también alude a la
muerte próxima.

3 También doble sentido: le pesa, pero también siente el hambre,
según se ve en el verso siguiente.

5 D. Alonso prefiere la lección de Hoces y SC: "Culpa ha sido el
ser yo tan desdichado"; también E. M. Wilson opta por ella.

6 Cierta exageración: él también sabía "corteggiar", como consta de su epistolario y de varios favores obtenidos; sí era muy retraído en los últimos años. D. Alonso prefiere la lección de Hoces y SC: "culpa ha sido el ser yo tan desdichado"; conservamos la de CH, que muestra más continuidad.

8 Véase Garcilaso, *Canción* IV, v. 6: "y moriré por lo menos confesado".

9 Alusión a la cuchilla del cadalso, con la esperanza de que llegue el perdón en el último momento.

51. 1624

DE LA JORNADA, QUE SU MAJESTAD
HIZO A ANDALUCÍA

Los días de Noé bien recelara
si no hubiera, Señor, jurado el cielo
en su arco tu piedad, o hubiera el hielo
dejado al arca ondas que surcara.

Denso es mármol la que era fuente clara
a ninfa que peinaba undoso pelo;
montes coronan de cristal el suelo;
atado el Betis a su margen para.

A inclemencias, pues, tantas no perdona
el Fénix de Austria, al mar fiando, al viento,
no aromáticos leños, sino alados.

Aun a tu Iglesia más que a su corona
importan sus progresos acertados:
serena aquel, aplaca este elemento.

SC: "Llegó a Sevilla, y habiendo estado en ella
algunos días, pasó a San Lúcar, y después quiso ir
por mar a la ciudad de Cádiz" (p. 273). CH: "Fue riguroso de aguas y hielos el tiempo desta jornada".

2 *Señor*: Dios.

3-4 Juego de palabras con arco: arco iris, y arca: barco, con referencia al primer verso; *piedad*: compasión.

5-8 SC señala la procedencia clásica de estas imágenes; *montes de
cristal*: nieve.

9 *no perdona*: no se deja desanimar.

11 *aromáticos leños*: la hoguera del Fénix; *alado*: barco con velas.

12-13 Insistencia en el papel del rey como propagador de la fe.

52. 1624

DEL CASAMIENTO QUE PRETENDIÓ EL PRÍNCIPE DE
GALES CON LA SERENÍSIMA INFANTA MARÍA,
Y DE SU VENIDA

Undosa tumba da al farol del día
quien ya cuna le dió a la hermosura,
al Sol que admirará la edad futura,
al esplendor augusto de María.

Real, pues, ave, que la región fría
del Arcturo corona, esta luz pura
solicita no sólo, mas segura
a tanta lumbre vista y pluma fía.

Bebiendo rayos en tan dulce esfera,
querrá el Amor, querrá el cielo, que cuando
el luminoso objeto sea consorte,

entre castos afectos verdadera
divina luz su ánimo inflamando,
Fénix renazca a Dios, si águila al Norte.

Jammes señala este soneto como uno de los más
bellos de Góngora (p. 327).

1-2 El mar, donde se pone el sol y donde nació Venus.

3-4 La Infanta como reina futura; el mar se relaciona probablemente con el hecho de que el príncipe llegó por el mar.

5 *ave real*: águila.

6 *región del Arcturo*: SC: "porque se llama así la estrella que
está en la imagen septentrional Bootes" (p. 467): Inglaterra;
también es probable que se refiera al rey Arturo y el ciclo de
sus leyendas y epopeyas.

8 Alusión a la propiedad del águila de examinar a la luz del sol
su vista, así como elevarse más cerca del sol volando.

9 *dulce esfera*: la cara de la Infanta.

12-14 Deseo de que se convierta al catolicismo y llegue a ser rey
de Inglaterra.

AMOROSOS

53. 1582

De pura honestidad templo sagrado,
  cuyo bello cimiento y gentil muro
  de blanco nácar y alabastro duro
  fue por divina mano fabricado;

pequeña puerta de coral preciado,
  claras lumbreras de mirar seguro,
  que a la esmeralda fina el verde puro
  habéis para viriles usurpado;

soberbio techo, cuyas cimbrias de oro
  al claro Sol, en cuanto en torno gira,
  ornan de luz, coronan de belleza;

ídolo bello, a quien humilde adoro,
  oye piadoso al que por ti suspira,
  tus himnos canta, y tus virtudes reza.

Soneto condenado por el Padre Pineda: "Loca
exageración de profanos poetas, que en boca de un
sacerdote, y junto con otras demasías, se hace más
intolerable, y menos digna de disimularse."
  Se le atribuyen varias fuentes: Minturno "In sì
bel tempio di memorie adorno"; Garcilaso, *Égloga* I:
"¿Dó la coluna que el dorado techo / con presunción
graciosa sostenía?"; la canción de Petrarca "Tacer
non posso". Como todos los sonetos de esta época,
es muy petrarquista y convencional, aunque D. Alonso lo califique como "uno de los más emocionados y
tiernos de nuestro poeta" (p. 132).

1 En la tradición petrarquista es muy corriente comparar a la dama
con un templo y luego proceder a la descripción de sus partes.
2 Las piernas y el cuerpo.
5 Típica metáfora renacentista para designar la boca.
8 *viril*: "hoja de vidrio muy claro y transparente" (Cov.), usada
para relicarios.
9 Metáfora común para designar la cabeza y los cabellos de la
dama.

118

54. 1582

Tras la bermeja Aurora el Sol dorado
  por las puertas salía del Oriente,
  ella de flores la rosada frente,
  él de encendidos rayos coronado.

Sembraban su contento o su cuidado,
  cuál con voz dulce, cuál con voz doliente,
  las tiernas aves con la luz presente
  en el fresco aire y en el verde prado,

cuando salió bastante a dar Leonora
  cuerpo a los vientos y a las piedras alma,
  cantando de su rico albergue, y luego

ni oí las aves más, ni vi la Aurora;
  porque al salir, o todo quedó en calma,
  o yo (que es lo más cierto), sordo y ciego.

1 El epíteto "bermeja" para designar la aurora aparece ya en Ovidio, *Metamorphosis*, II, 112, Virgilio y Bernardo Tasso: "inghirlandata la purpurea Aurora / dalle porte del cielo usciva fora".

10 Alusión al canto de Anfión; SC señala que se creía que los vientos se formaban del calor que provenía del sol; Leonor, comparada con éste, produciría el mismo efecto (p. 351).

55.   1582

Al tramontar del sol, la ninfa mía,
de flores despojando el verde llano,
cuantas troncaba la hermosa mano,
tantas el blanco pie crecer hacía.

Ondeábale el viento que corría
el oro fino con error galano,
cual verde hoja de álamo lozano
se mueve al rojo despuntar del día.

Mas luego que ciñó sus sienes bellas
de los varios despojos de su falda
(término puesto al oro y a la nieve),

juraré que lució más su guirnalda
con ser de flores, la otra ser de estrellas,
que la que ilustra el cielo en luces nueve.

2 SC señala la fuente en Claudiano, *De raptu Proserpinae*, II:
"Pratorum spoliatur honos".

3-4 Estrecho parentesco con Torcuato Tasso, *Rime*, I, IV: "ma non
tanti la man cogliea di loro / quanti fra l'erbe il bianco pie
n'apriva".

5-6 T. Tasso: "Ondeggiavano sparsi i bei crin d'oro". SC señala
versos semejantes en Bernardo Tasso y sugiere una fuente común,
Horacio, *Epod* 15, u Ovidio, *Metamorphosis*, I. Es imagen muy
frecuente en la poesía renacentista, recogida ya por Garcilaso.

9-10 Según SC, continúa la imagen de Claudiano, de v. 2.

11 *término*: límite que dividía el cabello de la frente.

13-14 Alusión a la corona de Ariadna. Torquato Tasso.

56. 1582

¡Oh claro honor del líquido elemento,
  dulce arroyuelo de corriente plata,
  cuya agua entre la yerba se dilata
  con regalado son, con paso lento!,

pues la por quien helar y arder me siento
  (mientras en ti se mira), Amor retrata
  de su rostro la nieve y la escarlata
  en tu tranquilo y blando movimiento,

vete como te vas; no dejes floja
  la undosa rienda al cristalino freno
  con que gobiernas tu veloz corriente;

que no es bien que confusamente acoja
  tanta belleza en su profundo seno
  el gran Señor del húmido tridente.

Los cuartetos tienen parecido con el soneto número 37 de Bernardo Tasso: "O puro, o dolce, o fiumicel d'argento", pero el final es completamente distinto. El primer cuarteto sigue fielmente la tradición pastoril.

5 Compárese con XLVII: "a vista ya de quien lo abrasa o hiela".

5-8 Hipérbaton violento; SC lo parafrasea así: "pues el amor retrata en tu sosegado y blando movimiento la nieve y púrpura del rostro de aquella por quien me siento helar y arder mientras se mira en ti" (p. 380).

12 Para que la imagen reflejada no resulte turbia por un correr desenfrenado del agua.

14 Alusión a Neptuno.

57. 1582

Raya, dorado Sol, orna y colora
   del alto monte la lozana cumbre;
   sigue con agradable mansedumbre
   el rojo paso de la blanca Aurora;

suelta las riendas a Favonio y Flora,
   y usando, al esparcir tu nueva lumbre,
   tu generoso oficio y real costumbre,
   el mar argenta, las campañas dora,

para que desta vega el campo raso
   borde saliendo Flérida de flores;
   mas si no hubiere de salir acaso,

ni el monte rayes, ornes, ni colores,
   ni sigas de la Aurora el rojo paso,
   ni el mar argentes, ni los campos dores.

    Según SC, es una imitación de Fr. M. Molza:
"Scopri le chiome d'oro". Crawford ve más parecido
con otro soneto de B. Tasso: "Allor che d'amaranti
e di viole". Hay, por fin, parecido con el soneto
núm. 8 de Medrano, quien probablemente (es de
1600) se inspiró en éste: "Mas si uno y otro mira
con desvío, / ni las ninfas de Tormes viertan flores,
/ ni rosas hurte Flora a la mañana, / ni su orilla de
perlas borde el río". Encontramos la misma construcción en Pedro Soto de Rojas, "Triunfo de Fénix".
Comentado por J. L. Borges.

---

1 La expresión "orna y colora" está ya en Herrera, elegía VII y
soneto LXXI.

58. 1582

Cual parece al romper de la mañana
   aljófar blanco sobre frescas rosas,
   o cual por manos hecha, artificiosas,
   bordadura de perlas sobre grana,

tales de mi pastora soberana
   parecían las lágrimas hermosas
   sobre las dos mejillas milagrosas,
   de quien mezcladas leche y sangre mana.

Lanzando a vueltas de su tierno llanto
   un ardiente suspiro de su pecho,
   tal que el más duro canto enterneciera,

si enternecer bastara un duro canto,
   mirad qué habrá con un corazón hecho,
   que al llanto y al suspiro fue de cera.

    Han sido señaladas varias semejanzas con Torqua-
to Tasso, F. M. Molza, Propercio y Ovidio, ninguna
muy directa. Como en muchos sonetos de esta época,
se inspira en los modelos petrarquistas, pero logra
una unidad original.

59. 1582

Suspiros tristes, lágrimas cansadas,
　que lanza el corazón, los ojos llueven,
　los troncos bañan y las ramas mueven
　de estas plantas, a Alcides consagradas;

mas del viento las fuerzas conjuradas
　los suspiros desatan y remueven,
　y los troncos las lágrimas se beben,
　mal ellos y peor ellas derramadas.

Hasta en mi tierno rostro aquel tributo
　que dan mis ojos, invisible mano
　de sombra o de aire me. le deja enjuto,

porque aquel ángel fieramente humano
　no crea mi dolor, y así es mi fruto
　llorar sin premio y suspirar en vano.

Buen ejemplo de correlación a través de todo el soneto.

1 O. Frattoni indica que la expresión "lágrimas cansadas" tiene su origen en Lucrecio, *De rerum naturae*, I, 126. Góngora la repite más de una vez, véase núms. 79 y 130.

4 Las plantas consagradas a Alcides: álamos; véase núm 77.

12 *ángel fieramente humano* pasa a ser título de un libro de poesías de Blas de Otero.

60. 1582

Ya besando unas manos cristalinas,
   ya anudándome a un blanco y liso cuello,
   ya esparciendo por él aquel cabello
   que Amor sacó entre el oro de sus minas,

ya quebrando en aquellas perlas finas
   palabras dulces mil sin merecello,
   ya cogiendo de cada labio bello
   purpúreas rosas sin temor de espinas,

estaba, oh claro sol invidïoso,
   cuando tu luz, hiriéndome los ojos,
   mató mi gloria y acabó mi suerte.

Si el cielo ya no es menos poderoso,
   porque no den los tuyos más enojos,
   rayos, como a tu hijo, te den muerte.

Denunciado por el Padre Pineda: "Es indecente como lo es el título" (en Vicuña: "Al sol porque salió estando con una dama y le fue forzoso dexarla"). El tema es también tratado por Ovidio, y Ariosto le dedica casi un capítulo entero en *Orlando Furioso*. Había sido incluido en *Flores* de Espinosa (1605) y luego fue quitado, probablemente a causa de la censura.

5 *perlas finas*: los dientes.

7-8 SC señala una analogía con Ariosto: "mirar le rose in su le labra sparse / porvi la bocca, e non temer de' spini" (p. 462).

14 Alusión a Faetón.

61. 1582

Oh piadosa pared, merecedora
 de que el tiempo os reserve de sus daños,
 pues sois tela do justan mis engaños
 con el fiero desdén de mi señora,

cubra esas nobles faltas desde ahora,
 no estofa humilde de flamencos paños
 (do el tiempo puede más), sino, en mil años,
 verde tapiz de yedra vividora;

y vos, aunque pequeño, fiel resquicio
 (porque del carro del cruel destino
 no pendan mis amores por trofeos),

ya que secreto, sedme más propicio
 que aquel que fue en la gran ciudad de Nino
 barco de vistas, puente de deseos.

SC: "Parece que D. Luis escribió este soneto con
ocasión de que en la casa donde vivía su dama, alguna pared gastada con el tiempo, dio lugar a que por
alguna raja pudiese hablarla, o verla desde su casa,
con quien por ventura confinaba, o con la de algún
amigo de quien se valía para ese fin" (p. 430).

1 *piadosa*: llena de compasión.

3 *tela*: SC: "pared que se hace de tablas, de poco más de una
 vara de alto, para ejercitarse los caballeros en las justas; sirve
 para que no choquen los caballos" (p. 431).

6 Llama humilde el paño porque no resiste al tiempo.

10 *cruel destino* viene explicado en v. 13: alusión a Píramo y
 Tisbe; en el romance "Píramo y Tisbe" se vale de la misma imagen: "barco de vistas"; "carro" y "trofeos" continúan la metáfora
 de la justa.

⟨SONE⟩
TOS

<table>
<tr><td>SACROS.</td><td>IV.</td></tr>
<tr><td>HEROICOS.</td><td>XLVI.</td></tr>
<tr><td>MORALES.</td><td>IV.</td></tr>
<tr><td>FUNEBRES.</td><td>XVIII.</td></tr>
<tr><td>AMOROSOS.</td><td>XLVIII.</td></tr>
<tr><td>SATYRICOS.</td><td>V.</td></tr>
<tr><td>BURLESCOS.</td><td>XXVII.</td></tr>
<tr><td>VARIOS.</td><td>XV.</td></tr>
</table>

SON. CLXVII.

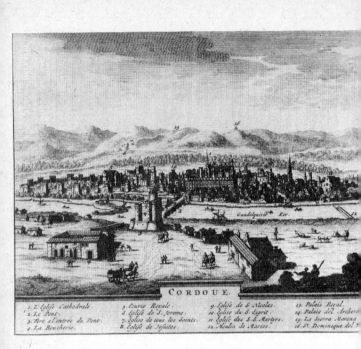

CORDOUE.

1. L. Eglise Cathedrale.	5. Ecurie Royale.	9. Eglise de S. Nicolas.	13. Palais Royal.
2. Le Pont.	6. Eglise de S. Jerome.	10. Eglise du S. Esprit.	14. Palais del Archeve...
3. Fort a l'entrée du Pont.	7. Eglise de tous les Saints.	11. Eglise des S.S. Martyrs.	15. La Sierra Morena.
4. La Boucherie.	8. Eglise de Jesuites.	12. Moulin de Martos.	16. S. Dominique del ...

62. 1582

Rey de los otros, río caudaloso,
  que en fama claro, en ondas cristalino,
  tosca guirnalda de robusto pino
  ciñe tu frente, tu cabello undoso,

pues, dejando tu nido cavernoso
  de Segura en el monte más vecino,
  por el suelo andaluz tu real camino
  tuerces soberbio, raudo y espumoso,

a mí, que de tus fértiles orillas
  piso, aunque ilustremente enamorado,
  tu noble arena con humilde planta,

dime si entre las rubias pastorcillas
  has visto, que en tus aguas se han mirado,
  beldad cual la de Clori, o gracia tanta.

Han sido señaladas analogías con Torquato Tasso
(*Rime*, I, 18), Bernardo Tasso ("O puro, o dolce, o
fiumicel d'argento"), Herrera (Canción V) y Juan de
Arguijo ("Rey de los ríos"). Según Brockhaus, **todos**
proceden de un verso de Virgilio más tarde incorpo-
rado a un poema de Petrarca: "Re degli altri, su-
perbo, altero fiume" (*Canzoniere*, núm. 180).

3 SC refiere que siempre se pintaron los ríos coronados **según la**
  tierra; el Betis, de los pinos de Segura (p. 434-5).
14 *Clori*: nombre poético.

63. 1582

¡Oh niebla del estado más sereno,
    furia infernal, serpiente mal nacida!
    ¡Oh ponzoñosa víbora, escondida
de verde prado en oloroso seno!

¡Oh entre el néctar de Amor mortal veneno
    que en vaso de cristal quitas la vida!
    ¡Oh espada sobre mí de un pelo asida,
de la amorosa espuela duro freno!

¡Oh celo, del favor verdugo eterno!,
    vuélvete al lugar triste donde estabas,
    o al reino (si allá cabes) del espanto;

mas no cabrás allá, que pues ha tanto
    que comes de ti mesmo y no te acabas,
    mayor debes de ser que el mismo infierno.

Tiene parentesco estrecho con el soneto XXIII de
Sannazaro: "O gelosia, d'amanti orribil freno" tra-
ducido por varios autores al español, aunque no es
necesariamente una imitación directa: fue uno de los
temas más populares en aquella época (Crawford, pá-
gina 126). En Góngora, el final es mucho más inten-
so y sombrío.

3-4 La consabida imagen de Virgilio "latet anguis in herba" (*Eclogae*, II, 93).
7 Alusión a la espada de Damocles.

64. 1583

Ya que con más regalo el campo mira
    (pues del hórrido manto se desnuda)
    purpúreo el sol, y, aunque con lengua muda,
    suave Filomena ya suspira,

templa, noble garzón, la noble lira,
    honren tu dulce plectro y mano aguda
    lo que al son torpe de mi avena ruda
    me dicta Amor, Calíope me inspira.

Ayúdame a cantar los dos extremos
    de mi pastora, y cual parleras aves
    que a saludar al sol a otros convidan,

yo ronco, tú sonoro, despertemos
    cuantos en nuestra orilla cisnes graves
    sus blancas plumas bañan y se anidan.

SC: "A algún caballero de Córdoba, amigo suyo
y poeta" (p. 336). Según 19003, a Luis Gaytán de Ayala, poeta toledano ligado a Antequera.

1-2 SC: "ya que había pasado el invierno y llegado la primavera,
    a cuya causa el sol regalaba con más favorables rayos el campo"
    (p. 336-7).
3-4 Según el mito, Tereo cortó la lengua a Filomena para que no
    pudiera contar el mal que le había hecho; luego fue transformada
    en ruiseñor.
8 Calíope presidía a los versos heroicos.
9 *los dos extremos*: hermosura y crueldad.
12-14 Correlación con v. 5-7; SC: "para que a ejemplo suyo lo hagan
    los demás poetas del Betis" (p. 336).

65. 1583

Verdes hermanas del audaz mozuelo
 por quien orilla el Po dejastes presos
 en verdes ramas ya y en troncos gruesos
 el delicado pie, el dorado pelo,

pues entre las rüinas de su vuelo
 sus cenizas bajar en vez de huesos,
 y sus errores largamente impresos
 de ardientes llamas vistes en el cielo,

acabad con mi loco pensamiento,
 que gobernar tal carro no presuma,
 antes que le desate por el viento

con rayos de desdén la beldad suma,
 y las reliquias de su atrevimiento
 esconda el desengaño en poca espuma.

El mismo tema se repite en núm. 74. Lupercio
Leonardo Argensola dedicó también un soneto a este
tema: "Las tristes de Faetón bellas hermanas". Nótese la estructura de este soneto: es una sola oración.

3-4 El proceso de transformación (Dafne en laurel) fue tratado también por Garcilaso (Soneto XIII), más dinámicamente.

7-8 Quemó todo lo que tocaba el carro del sol.

10 *tal carro* alude a su ambición amorosa; comparación muy frecuente en la poesía amorosa de los siglos XVI y XVII.

11 SC: "antes que lo convierta en cenizas" (p. 343).

66. 1583

Ni en este monte, este aire, ni este río
  corre fiera, vuela ave, pece nada,
  de quien con atención no sea escuchada
  la triste voz del triste llanto mío;

y aunque en la fuerza sea del estío
  al viento mi querella encomendada,
  cuando a cada cual de ellos más le agrada
  fresca cueva, árbol verde, arroyo frío,

a compasión movidos de mi llanto,
  dejan la sombra, el ramo y la hondura,
  cual ya por escuchar el dulce canto

de aquel que, de Strimón en la espesura,
  los suspendía cien mil veces. ¡Tanto
  puede mi mal, y pudo su dulzura!

SC señala que es una imitación de Luigi Groto:
"Non move, erge, apre il capo, i piedi, l'ale / nel
mondo pesce, fiera, augel, che tanto...", pero Crawford hace notar que el desarrollo es completamente
distinto (p. 127). El de Groto es un soneto laudato-
rio. Excelente uso de la correlación a través del soneto. Comentado por P. Cabañas.

12 Alusión a Orfeo, cuyo llanto por la pérdida de Eurídice, en
   las riberas de Estrimón (río que divide Macedonia y Tracia)
   conmovió a las fieras, las plantas y las peñas que le oían.

67. 1583

¿Cuál del Ganges marfil, o cuál de Paro
blanco mármol, cuál ébano luciente,
cuál ámbar rubio, o cuál oro excelente,
cuál fina plata, o cuál cristal tan claro,

cuál tan menudo aljófar, cuál tan caro
oriental safir, cuál rubí ardiente,
o cuál, en la dichosa edad presente,
mano tan docta de escultor tan raro

bulto de ellos formara, aunque hiciera
ultraje milagroso a la hermosura
su labor bella, su gentil fatiga,

que no fuera figura al sol de cera,
delante de tus ojos, su figura,
oh bella Clori, oh dulce mi enemiga?

Los cuartetos son muy parecidos al soneto de
Ariosto "Qual avorio di Gange", aunque luego el
desarrollo es original, como en casi todos los casos
de inspiración ajena.

1-8 Enumeración de las partes del cuerpo de la dama; el marfil
traído de la India era el más famoso; el mármol de Paro es
elogiado ya por Horacio, *Oda* I, 19, v. 6: "splendentis Pario
marmore purius".

68. 1583

Culto Jurado, si mi bella dama,
    —en cuyo generoso mortal manto
    arde, como en cristal de templo santo,
    de un limpio amor la más ilustre llama—

tu Musa inspira, vivirá tu fama
    sin invidiar tu noble patria a Manto,
    y ornarte ha, en premio de tu dulce canto,
    no de verde laurel caduca rama,

sino de estrellas inmortal corona.
    Haga, pues, tu dulcísimo instrumento
    bellos efectos, pues la causa es bella;

que no habrá piedra, planta, ni persona,
    que suspensa no siga el tierno acento,
    siendo tuya la voz, y el canto de ella.

---

1 Se dirige a Juan Rufo, jurado de Córdoba.

2 *mortal manto*: el cuerpo.

6 *Manto*: Mantova, patria de Virgilio.

7-9 SC señala una analogía con Bernardo Tasso: "Maggior trofei,
    e più pregiati honori / aspetta il crine tuo: che fronde e fiori /
    son poco pregio a così degna soma. / Ma veggio il cielo al tuo
    valor cortese / coronarti di stelle". T. Tasso, *Gerusalemme Liberata*,
    I, 2 usa la misma imagen.

12-13 Alusión al canto de Orfeo.

14 *el canto*: según SC, el asunto.

69. 1584

Con diferencia tal, con gracia tanta
aquel ruiseñor llora, que sospecho
que tiene otros cien mil dentro del pecho
que alternan su dolor por su garganta;

y aun creo que el espíritu levanta
—como en información de su derecho—
a escribir del cuñado el atroz hecho
en las hojas de aquella verde planta.

Ponga, pues, fin a las querellas que usa,
pues ni quejarse, ni mudar estanza
por pico ni por pluma se le veda;

y llore sólo aquel que su Medusa
en piedra convirtió, porque no pueda
ni publicar su mal, ni hacer mudanza.

El primer cuarteto tiene mucho parecido con un
soneto de Marino: "Il canto soavissimo scioglea".
Siendo éste más joven que Góngora, es imposible hablar de una imitación (véase Crawford, p. 127).

1-2 La imagen se halla ya en la *Odisea*, XIX, 521, así como en
Virgilio, *Geórgicas*, IV, v. 1511-1515, y luego aparece en Garcilaso,
Égloga 1: "aquel dolor que siente / con diferencia tanta / por la
dulce garganta / despide".

5-8 Alusión a Filomena y su ingeniosidad en comunicar lo sucedido
después de haberle sido cortada la lengua; *información de su
derecho*: término jurídico que es desarrollado en el primer
terceto.

8 *hojas*: sentido ambiguo: la del árbol y la de papel.

10-11 Según SC, los modos de defender las causas son dos: por palabra o por escrito. Así "pluma" adquiere valor ambivalente y
a la vez se refiere a una expresión popular: "tener buen pico
y buena pluma"; *mudar estanza*: según SC, audiencia o tribunal
donde se escucha el caso (p. 354).

12-14 Alusión al poder de la Medusa de convertir a todo el que la
mire en piedra.

70. 1584

La dulce boca que a gustar convida
   un humor entre perlas distilado,
   y a no invidiar aquel licor sagrado
   que a Júpiter ministra el garzón de Ida,

amantes, no toquéis, si queréis vida;
   porque entre un labio y otro colorado
   Amor está, de su veneno armado,
   cual entre flor y flor sierpe escondida.

No os engañen las rosas, que a la Aurora
   diréis que, aljofaradas y olorosas,
   se le cayeron del purpúreo seno;

manzanas son de Tántalo, y no rosas,
   que después huyen del que incitan ahora,
   y sólo del Amor queda el veneno.

     Imitación de T. Tasso: "Quel labbro che le rose
han colorito". N. Gross defiende la originalidad de
Góngora en la imitación. Comentado también por
Doddis Miranda y Rossi.

3-4 Alusión a Ganimedes; véase núms. 143, 155 y *Soledad II*, 7-8.
 8 "latet anguis in herba", Virgilio, *Eclogae*, II, 93.

9-11 Muy parecidos son los versos de Pedro de Espinosa, publicados
   en *Flores* en 1605: "Estas purpúreas rosas, que a la Aurora /
   se le cayeron hoy del blanco seno"; la fuente común es B. Tasso.

12 Tántalo estaba condenado a ver alejarse las ramas con las frutas
   cada vez que extendiera la mano.

71. 1584

No destrozada nave en roca dura
  tocó la playa más arrepentida,
  ni pajarillo de la red tendida
  voló más temeroso a la espesura;

bella ninfa la planta mal segura
  no tan alborotada ni afligida
  hurtó de verde prado, que escondida
  víbora regalaba en su verdura,

como yo, Amor, la condición airada,
  las rubias trenzas y la vista bella
  huyendo voy, con pie ya desatado,

de mi enemiga en vano celebrada.
  Adiós, ninfa crüel; quedaos con ella,
  dura roca, red de oro, alegre prado.

SC señala analogías con varios sonetos de Giovanni della Casa: núm. 17 en v. 1, núms. 19 y 39·
en v. 3.

5-8 Imagen que sigue repitiéndose desde Homero y a través de Virgilio, *Eneida*, II llega a Ariosto, *Orlando Furioso* I, 11. La encontramos también en Barahona de Soto: "Doncella temerosa / no
huye el pie de víbora pisada / con tanta ligereza" (BAE, XLII,
23).

9 *airada*: altiva.

14 Típico final de los sonetos de esta época: recolección. Jammes
hace notar que el tratamiento del tema ya es distinto: no se
declara esclavo perpetuo, sino huye (p. 362).

72. 1584

Varia imaginación que, en mil intentos,
 a pesar gastas de tu triste dueño
 la dulce munición del blando sueño,
 alimentando vanos pensamientos,

pues traes los espíritus atentos
 sólo a representarme el grave ceño
 del rostro dulcemente zahareño
 (gloriosa suspensión de mis tormentos),

el sueño (autor de representaciones),
 en su teatro, sobre el viento armado,
 sombras suele vestir de bulto bello.

Síguele; mostraráte el rostro amado,
 y engañarán un rato tus pasiones
 dos bienes, que serán dormir y vello.

SC señala que es imitación directa de T. Tasso
"Pensier che mentre di formarmi tenti" (*Rime*, XVIII),
pero según lo observa Crawford, hay muchas diferencias entre los dos (p. 128).

11 *sobre el viento armado* se relaciona con el pensamiento que
vuela.

73. 1584

No enfrene tu gallardo pensamiento
del animoso joven mal logrado
el loco fin, de cuyo vuelo osado
fue ilustre tumba el húmido elemento.

Las dulces alas tiende al blando viento,
y sin que el torpe mar del miedo helado
tus plumas moje, toca levantado
la encendida región del ardimiento.

Corona en puntas la dorada esfera
do el pájaro real su vista afina,
y al noble ardor desátese la cera;

que al mar, do tu sepulcro se destina,
gran honra le será, y a su ribera,
que le hurte su nombre tu rüina.

Varios epígrafes indican que está dedicado a Don
Luis Gaytán de Ayala, señor de Villafranca de Gaytán, que era también poeta.

2-4 Alusión a Ícaro. SC señala una semejanza con Sannazaro: "Ícaro
cadde qui" y con otro soneto de Tansillo: "Poi che spiegate ho
l'ale al bel desio", pero éste es muy distinto (p. 405).

 5 *dulces*: según SC, se refiere a la ocasión; no es imposible que
esté implícita una transposición de valores cera-miel, ya que
lo emplea de una manera semejante en núm. 161: "la que dulcemente huesa le ha prevenido abeja breve".

6-7 Contrapone el miedo —helado— y la pasión amorosa — la encendida región.

 9 *corona en puntas*: elévate hasta el sol; véase *Comedia Venatoria*,
64-5: "La raridad del aire en puntas ciento / halcones solicitan
y coronan", y décimas al Marqués de Guadalcázar: "No os diremos, como al Cid", v. 39.

10 Según SC, es una alusión a la creencia que el águila examina
a sus hijos haciéndoles mirar el sol; véase núm. 13.

11 Predice el único fin posible, funesto.

14 El mar será honrado al recibir sus restos y su nombre; véase
Pedro Soto de Rojas, *Desengaño de amor*: "Que si muerto cual
Ícaro bajares, / nombre darás al mar de mis tormentos". y Gar-
cilaso, soneto XII.

74. 1584

Gallardas plantas, que con voz doliente
al osado Faetón llorastes vivas,
y ya, sin invidiar palmas ni olivas,
muertas podéis ceñir cualquiera frente,

así del sol estivo al rayo ardiente
blanco coro de náyades lascivas
precie más vuestras sombras fugitivas
que verde margen de escondida fuente,

y así bese (a pesar del seco estío)
vuestros troncos (ya un tiempo pies humanos)
el raudo curso deste undoso río;

que lloréis (pues llorar sólo a vos toca
locas empresas, ardimientos vanos)
mi ardimiento en amar, mi empresa loca.

El mismo tema que en núm. 65.
El tema fue tratado por varios poetas, entre ellos,
Francisco de Aldana y el Conde de Villamediana. El
soneto tiene parecido con "Qui, dove meste il loro
caro Fetonte" de B. Tasso (Crawford, p. 129).

3-4 SC explica que las coronas de palmas se usaban para celebrar
la victoria; las de oliva para la victoria, los mensajeros y la
paz; y los álamos para denotar la fortaleza del ánimo, para
coronar a los atletas y a los amantes (p. 411).

75. 1584

Del color noble que a la piel vellosa
de aquel animal dio naturaleza,
que de corona ciñe su cabeza,
rey de las otras, fiera generosa,

vestida vi a la bella desdeñosa,
tal, que juzgué, no viendo su belleza,
(según decía el color con su fiereza)
que la engendró la Libia ponzoñosa;

mas viéndola, que Alcides muy ufano
por ella en tales paños bien podía
mentir su natural, seguir su antojo,

cual ya en Lidia torció con torpe mano
el huso, y presumir que se vestía
del nemeo león el gran despojo.

Varios códices llevan el epígrafe "A una dama
vestida de leonado".

1 Véase Virgilio, *Eneida*, VIII, 127: "villosi pelle leonis"; *color
noble*: color de oro.

4 *generosa*: noble.

8 SC señala un parentesco con Garcilaso, *Elegía* II, v. 176-177: "En
la arenosa Libia, engendradora / de toda cosa ponzoñosa y fiera,
y añade que según las creencias de su tiempo, en Libia se cria-
ban más fieras ponzoñosas que en alguna otra parte (p. 420).

9 Construcción elíptica: viéndola, pensé que...

9-14 Alusión a Hércules.

76. 1585

Tres veces de Aquilón el soplo airado
del verde honor privó las verdes plantas,
y al animal de Colcos otras tantas
ilustró Febo su vellón dorado,

después que sigo (el pecho traspasado
de aguda flecha) con humildes plantas,
¡oh bella Clori!, tus pisadas sanctas
por las floridas señas que da el prado.

A vista voy (tiñendo los alcores
en roja sangre) de tu dulce vuelo,
que el cielo pinta de cient mil colores,

tanto, que ya nos siguen los pastores
por los extraños rastros que en el suelo
dejamos, yo de sangre, tú de flores.

SC: "Describe el tiempo que había que estaba
enamorado de su dama" (p. 363). Millé hace notar
que los otros sonetos a Cloris son de 1582, lo cual
parece confirmar la fecha en que dice que se había
enamorado.

1-2 Alusión al invierno; *Aquilón*: viento del Norte.

3-4 El principio de la primavera está bajo el signo de Aries. SC cita
a varios autores clásicos que refieren la fábula: Frixo y Heles,
huyendo de su madrastra, pasaron el mar en un carnero que su
madre Heifele había tomado de Mercurio. Frixo llegó montán-
dolo a Colcos, donde lo consagró a Marte; luego fue colocado
en el cielo como uno de los signos del Zodíaco.

8 La imagen petrarquista de la dama cuyo pie hace brotar flores
donde pisa; véase núm. 55 y *Firmezas de Isabela*, II, 1060-1.

11 El cielo señala su paso con un arco iris.

77. 1585

Sacra planta de Alcides, cuya rama
    fue toldo de la yerba; fértil soto,
    que al tiempo mil libreas le habéis roto
    de frescas hojas, de menuda grama:

sed hoy testigos destas que derrama
    lágrimas Licio, y deste humilde voto
    que al rubio Febo hace, viendo a Cloto
    de su Clori romper la vital trama.

Ardiente morador del sacro coro,
    si libre a Clori por tus manos deja
    de alguna yerba algún secreto jugo,

tus aras teñirá este blanco toro,
    cuya cerviz así desprecia el yugo
    como el de Amor la enferma zagaleja.

El soneto representa un mundo enteramente pagano.

1 *Alcides*: Hércules, cuyo árbol es el álamo; véase núm. 59: "estas plantas, a Alcides consagradas".

3-4 Alusión al cambio de las estaciones.

6 *Licio*: él mismo.

7 *rubio Febo*: Apolo, no sólo dios de las musas y sol, sino también protector de la medicina, a quien solían hacer ofrendas rogando que sanara al enfermo.

9 Invoca a Apolo bajo su segundo nombre: el dios de las musas; "ardiente" recuerda que es sol.

11 Referencia a su sabiduría en la medicina.

12 El sacrificio pagano, que aparece también en núm. 46: "purpureará tus aras blanco toro / que ignore el yugo su lozano cuello" y en núm. 3.

78. 1585

Aunque a rocas de fe ligada vea
  con lazos de oro la hermosa nave
  mientras en calma humilde, en paz süave
  sereno el mar la vista lisonjea;

y aunque el céfiro esté (porque le crea)
  tasando el viento que en las velas cabe,
  y el fin dichoso del camino grave
  en el aspecto celestial se lea,

he visto blanqueando las arenas
  de tantos nunca sepultados huesos,
  que el mar de Amor tuvieron por seguro,

que dél no fío, si sus flujos gruesos
  con el timón o con la voz no enfrenas,
  ¡oh dulce Arión, oh sabio Palinuro!

Construido sobre una metáfora sostenida: el
Amor = mar agitado. SC señala que es una imitación
de T. Tasso, *Rime*, II, 4: "Ben veggio avvinta al
lido ornata nave", que probablemente inspiró también
a Herrera, soneto VI, y a Francisco de Trillo y Figueroa, "A una desgracia de amor", a no ser que éste
imitara directamente a Góngora. Gates señala semejanzas con Horacio, *Carmina*, I, 5, 15 y con Garcilaso, soneto VII.

5 *céfiro*: viento suave; SC: "el gusto o cualquier otro afecto mo-
  derado que no perturbe el ánimo" (p. 464).

8 *aspecto celestial*: SC: "el hermoso rostro". Creemos más bien
  que se refiere a la calma general, que está presente también en
  Tasso: "altri, seguendo il lusingar fallace, / per notturno seren
  già sciolse audace".

9 Imitación directa de Tasso: "veggio... biancheggiar le arene d'ossa
  insepolte".

12 *flujos gruesos*: aguas tempestuosas.

79. 1594

Si ya la vista, de llorar cansada,
    de cosa puede prometer certeza,
    bellísima es aquella fortaleza
    y generosamente edificada.

Palacio es de mi bella celebrada,
    templo de Amor, alcázar de nobleza,
    nido del Fénix de mayor belleza
    que bate en nuestra edad pluma dorada.

Muro que sojuzgáis el verde llano,
    torres que defendéis el noble muro,
    almenas que a las torres sois corona,

cuando de vuestro dueño soberano
    merezcáis ver la celestial persona,
    representadle mi destierro duro.

SC: "Infiérese deste soneto que le compuso Don Luis en nombre de algún señor amigo suyo a un castillo o casa de placer donde asistía la dama que celebra. Supone el poeta que la reconoce desde lejos, después de larga ausencia" (p. 357).

1 Véase Ausías March, en la traducción de Jorge de Montemayor, canto XXXII: "Los ojos tristes, de llorar cansados". SC señala que es común la expresión "tiene la vista cansada" para el que ve poco, y que se dice de los que lloran mucho que han de cegar.

7 SC refiere a Petrarca, soneto 185: "Questa fenice de l'aurata piuma", soneto 281: "e questo 'l nido, in che la mia Fenice / mise l'aurate e le purpuree penne", así como F. M. Molza: "Alma Fenice che dal sacro nido / al ciel v'alzate con sì salde penne".

9-11 Nótese el movimiento de ascensión en construcción paralelística encadenada.

80. 1594

DE UN CAMINANTE ENFERMO
QUE SE ENAMORÓ DONDE FUE HOSPEDADO

Descaminando, enfermo, peregrino
en tenebrosa noche, con pie incierto
la confusión pisando del desierto,
voces en vano dio, pasos sin tino.

Repetido latir, si no vecino,
distincto oyó de can siempre despierto,
y en pastoral albergue mal cubierto
piedad halló, si no halló camino.

Salió el sol, y entre armiños escondida,
soñolienta beldad con dulce saña
salteó al no bien sano pasajero.

Pagará el hospedaje con la vida;
más le valiera errar en la montaña,
que morir de la suerte que yo muero.

SC sugiere que "casi parece el mesmo argumento
del de las *Soledades*" (p. 300).

R. O. Jones y D. Alonso suponen que pudo ser
inspirado por una experiencia real, al volver de Salamanca después de su grave enfermedad.

2-3- SC indica una posible imitación de Giovanni della Casa, *Rime*,
Canz. IV, 1-3: "Errai gran tempo; e del cammino incerto, / misero
peregrin, molti anni andai / con dubbio pie...".

5 *latir*: D. Alonso señala que aun hoy en algunas regiones se usa
"latir" por ladrar (p. 150).

11 SC: "aún no bien sano de las memorias de su ingrato dueño"
(p. 302).

81. 1595

Herido el blanco pie del hierro breve,
saludable si agudo, amiga mía,
mi rostro tiñes de melancolía,
mientras de rosicler tiñes la nieve.

Temo (que quien bien ama, temer debe)
el triste fin de la que perdió el día,
en roja sangre y en ponzoña fría
bañado el pie que descuidado mueve.

Temo aquel fin, porque el remedio para,
si no me presta el sonoroso Orfeo
con su instrumento dulce su voz clara.

¡Mas ay, que cuando no mi lira, creo
que mil veces mi voz te revocara,
y otras mil te perdiera mi deseo!

Varios epígrafes rezan "A una sangría de un pie".

1 *hierro breve*: la lanceta.

5 SC señala que es una reminiscencia de Ovidio. *Metamorphosis* VII,
719: "sed cuncta timemus amantes", y *Epistolae*, I, 12: "res est
solliciti plena timoris Amor".

6-8 Alusión a Eurídice; *ponzoña fría*: el veneno del áspid; la alusión a Orfeo es continuada hasta el último verso.

82. 1596

Cosas, Celalba mía, he visto extrañas:
cascarse nubes, desbocarse vientos,
altas torres besar sus fundamentos,
y vomitar la tierra sus entrañas;

duras puentes romper, cual tiernas cañas;
arroyos prodigiosos, ríos violentos,
mal vadeados de los pensamientos,
y enfrenados peor de las montañas;

los días de Noé, gentes subidas
en los más altos pinos levantados,
en las robustas hayas más crecidas.

Pastores, perros, chozas y ganados
sobre las aguas vi, sin forma y vidas,
y nada temí más que mis cuidados.

D. Alonso hace notar el paisaje con toda la violencia del barroco. Una nota en CH reza: "Hubo
este año una gran creciente en el Betis". SC señala
semejanzas en la descripción de la tempestad con Virgilio, *Geórgicas* I, 323 y Ovidio, *Metamorphosis* I,
v. 269-287, pero Góngora mismo indica que se parecen al Diluvio (*Génesis*, VII: "Aquel día fueron
rompidas todas las fuentes del grande abismo, y las
ventanas de los cielos fueron abiertas. Y las aguas
prevalecieron mucho en gran manera sobre la tierra;
y fueron cubiertos todos los montes altos, que había debajo de todos los cielos"). El efecto de sorpre-
sa se consigue con aludir a su propio estado de ánimo sólo en el último verso, insistiendo en que es
peor que la tempestad.

1 Acerca de Celalba no existen noticias exactas. Jammes supone
que podría ser la protagonista de "Despuntado he mil agujas"
(p. 115); D. Alonso señala que aparece en el romancero morisco
(p. 150).

7 SC: "Ni aun con el pensamiento se podrían vadear" (p. 416).

83.   1596

Cuantas al Duero le he negado ausente,
    tantas al Betis lágrimas le fío,
    y, de centellas coronado, el río
    fuego tributa al mar de urna ya ardiente.

Volcán desta agua y destas llamas fuente
    es, ingrata señora, el pecho mío;
    los suspiros lo digan que os envío,
    si la selva lo calla, que lo siente.

Cenefas de este Erídano segundo
    cenizas son; igual mi llanto tierno
    a la de Faetón loca experiencia.

Arde el río, arde el mar, humea el mundo;
    si del carro del Sol no es mal gobierno,
    lágrimas y suspiros son de ausencia.

Según SC, escrito a su vuelta a Córdoba, suspi-
rando por una dama que habría conocido en Castilla. Jammes admite la posibilidad de que sea la queja
por la infidelidad de la dama dejada en Córdoba
cuando salía para Castilla (SC, 454; J. 115).

3 *de centellas coronado*: por la grande pasión.
4 Las lágrimas apasionadas convierten en fuego el agua del río.
5 Brockhaus señala la posible fuente en T. Tasso, *Gerusalemme
    Liberata*, II, 60: "Io fontana saró di vivo foco"; es imagen muy
    frecuente en la tradición petrarquista.
9 *cenefa*: "todo lo que sirve de orla" (*Dicc. Aut.*); aquí, las
    riberas del río.

84. 1600

Las tablas del bajel despedazadas
(signum naufragii pium et crudele),
del tempio sacro, con le rotte vele,
ficaraon nas paredes penduradas.

Del tiempo las injurias perdonadas,
et Orionis vi nimbosae strellae,
raccoglio le smarrite pecorelle
nas ribeiras do Betis espalhadas.

Volveré a ser pastor, pues marinero
quel dio non vuol, che col suo strale sprona
do Austro os assopros e do Oceám as agoas,

haciendo al triste son, aunque grosero,
di questa canna, già selvaggia donna,
saudade a as feras, e aos penedos magoas.

Es el único soneto cuatrilingüe de Góngora; según SC, "fatiga inútil". Otros elogian la compenetra-
ción con el espíritu de cada lengua.

1-4 Se refiere a la costumbre de ofrecer al templo las tablas en
que se salvaban los náufragos en señal de agradecimiento; compárese con el segundo cuarteto del núm. 166.
5-6 Ablativo absoluto; SC señala una analogía con Virgilio, *Eneida*,
I, 1, 535: "Cum subito adsurgens fluctu nimbosus Orion".
10 *quel dio*: según SC, el Amor (p. 309); creemos más bien que
se trata de Neptuno.
12 El tópico de la "ruda" avena pastoril.
13 Alusión a la transformación de la ninfa Siringa; véase *Soledad
segunda*: "Rebelde ninfa, humilde ahora caña" (v. 831) y XXXVIII.
14 Compara su dolor con el de Orfeo.

85. 1600

DE UNOS PAPELES QUE UNA DAMA LE HABÍA ESCRITO,
RESTITUYÉNDOSELOS EN UNA CAJA

Yacen aquí los huesos sepultados
de una amistad que al mundo será una,
o ya para experiencia de fortuna,
o ya para escarmiento de cuidados.

Nació entre pensamientos, aunque honrados,
grave al amor, a muchos importuna;
tanto que la mataron en la cuna
ojos de invidia y de ponzoña armados.

Breve urna los sella como huesos,
al fin, de malograda criatura,
pero versos los honran inmortales,

que vivirán en el sepulcro impresos,
siendo la piedra Felixmena dura,
Daliso el escultor, cincel sus males.

Metáfora sostenida de la caja que contiene las
cartas y una urna sepulcral, y del amor naciente y
un infante. Gates señala que entre los poetas latinos
era frecuente sugerir que la muerte había sido cau-
sada por la envidia; SC se inclina a ver un mal de
ojo.

11 La soberanía de la poesía por encima del amor; es a la vez una
   insinuación acerca del valor de sus propios versos.
13 *Felixmena*: nombre que aparece en *La Diana* de Montemayor, al
   que corresponde, en el verso siguiente, otro nombre pastoril.
14 *sus males*: su inspiración poética.

86. 1602

Verdes juncos del Duero a mi pastora
   tejieron dulce generosa cuna;
   blancas palmas, si el Tajo tiene alguna,
   cubren su pastoral albergue ahora.

Los montes mide y las campañas mora,
   flechando una dorada media luna,
   cual dicen que a las fieras fue importuna
   del Eurota la casta cazadora.

De un blanco armiño el esplendor vestida,
   los blancos pies distinguen de la nieve
   los coturnos que calza esta homicida;

bien tal, pues montaraz y endurecida,
   contra las fieras sólo un arco mueve,
   y dos arcos tendió contra mi vida.

SC: "Parece que don Luis escribió este soneto por alguna dama que nació en una de las ciudades que baña el Duero y al presente residía en Toledo, o otro lugar cerca del Tajo, donde se entretenía cazando" (p. 346).

5 *los montes mide*: anda por los montes cazando.

6 *dorada media luna*: el arco.

8 Alusión a Diana. SC señala una analogía con Virgilio, *Eneida,* I, 498: "Qualis in Eurotae ripis aut per iuga Cynthi / exercet Diana choros"; véase "No os diremos, como al Cid", v. 117.

9-11 Véase núm. 10: "calzada coturnos de oro el pie, armiños vestida".

14 Los ojos cuya mirada hiere como flechas.

87. 1603

DE LOS SEÑORES REYES DON FELIPE III
Y DOÑA MARGARITA, EN UNA MONTERÍA

Clavar victorïoso y fatigado
al español Adonis vio la aurora
al tronco de una encina vividora
las prodigiosas armas de un venado.

Conducida llegó a pisar el prado,
del blanco cisne que en las aguas mora,
su Venus alemana, y fue a tal hora
que en sus brazos depuso su cuidado.

"Este trofeo", dijo, "a tu infinita
beldad consagro"; y la lisonja creo
que en ambos labios se la dejó escrita.

Silbó el aire, y la voz de algún deseo,
"¡Viva Filipo, viva Margarita",
dijo, "los años de tan gran trofeo!"

Es de suponer que se refiere a la caza del rey
en Ventosilla, en octubre de 1603 (Jammes, p. 269).

1-4 SC: "Fue costumbre de los cazadores dar parte de la caza a
Diana, clavando en algún árbol... la cabeza o el pie de la fiera
que mataban". La misma imagen aparece en núm. 37; *Adonis*:
SC: "por lo galán y la inclinación que tuvo a la caza" (p. 296);
Aurora: para indicar que era de mañana.

4 *las armas prodigiosas*: los cuernos.

7 Según la tradición, desde Horacio, el carro de Venus era conducido por cisnes.

12 *de algún deseo*: el suyo.

14 SC: "Alude a lo que refieren los naturales del ciervo, en cuyos
ramos de los cuernos dicen que se conoce la edad que tienen,
que suele ser larguísima" (p. 297); según Brockhaus, se refiere
a la encina.

88. 1603

Si Amor entre las plumas de su nido
  prendió mi libertad, ¿qué hará ahora,
  que en tus ojos, dulcísima señora,
  armado vuela, ya que no vestido?

Entre las vïoletas fui herido
  del áspid que hoy entre los lilios mora;
  igual fuerza tenías siendo aurora,
  que ya como sol tienes bien nacido.

Saludaré tu luz con voz doliente,
  cual tierno ruiseñor en prisión dura
  despide quejas, pero dulcemente.

Diré como de rayos vi tu frente
  coronada, y que hace tu hermosura
  cantar las aves, y llorar la gente.

Varios epígrafes rezan "A una dama que conoció niña y después vio mujer muy hermosa"

---

1 Alude a la infancia de la dama, y luego, desarrollando la imagen
  de Amor recién nacido a Cupido que tira flechas, a su madurez;
  SC señala un parecido con T. Tasso, *Gerusalemme Liberata*, I,
  47: "¡Oh maraviglia! Amor ch'à pena è nato, / già grande vola
  e già trionfa armato."
5 Según SC, usa para la comparación la violeta como flor pequeña
  e inadvertida; el lilio del v. 6 simboliza el esplendor de la
  juventud (p. 319).
6 El virgiliano "latet anguis in herba" (*Eclogae*, II, 93).

89. 1607

A DOÑA BRIANDA DE LA CERDA

Al Sol peinaba Clori sus cabellos
con peine de marfil, con mano bella;
mas no se parecía el peine en ella
como se obscurecía el Sol en ellos.

Cogió sus lazos de oro, y al cogellos,
segunda mayor luz descubrió, aquella
delante quien el Sol es una estrella,
y esfera España de sus rayos bellos:

divinos ojos, que en su dulce Oriente
dan luz al mundo, quitan luz al cielo,
y espera idolatrallos Occidente.

Esto Amor solicita con su vuelo,
que en tanto mar será un arpón luciente
de la Cerda inmortal mortal anzuelo.

Vuelve a elaborar el soneto en 1620: véase núm.
94. Fucilla señala una posible fuente en Camoens:
"A la margen del Tajo".

1 *Clori*: nombre pastoril, que también aparece como Flora, a veces
asociado, en el caso de Góngora, con doña Catalina de la Cerda;
aquí, la hija del Marqués de Ayamonte, preparando su ida a
Méjico. Una dama peinándose los cabellos es tema frecuentísimo
en la poesía de tradición petrarquista.

3 El peine de marfil parecía más oscuro comparado con su mano.

6 La luz de sus ojos; fuerte hipérbole en los versos siguientes;
SC: "Fue esta ilustrísima señora no menos famosa por su admirable hermosura que por su virtud y generosa sangre" (p. 298).

9 *en su dulce Oriente*: al descubrirse, o al abrirse.

11 CH: "Entendiose que el Marqués de Ayamonte, padre de doña
Brianda, pasara a Nueva España".

13 El arpón como arma de Amor aparece con frecuencia, aquí muy
apropiadamente por tratarse del mar y por dar origen a la segunda imagen del anzuelo, donde juega con el apellido y la acepción
de cerda = crin: cabello y la cuerda que sujeta el anzuelo.

90. 1609

AL DUQUE DE FERIA, DE LA SEÑORA DOÑA CATALINA
DE ACUÑA

Oh marinero, tú que, cortesano,
  al Palacio le fías tus entenas,
  al Palacio Real, que de Sirenas
  es un segundo mar napolitano,

los remos deja, y una y otra mano
  de las orejas las desvía apenas;
  que escollo es, cuando no sirte de arenas,
  la dulce voz de un serafín humano.

Cual su acento, tu muerte será clara,
  si espira suavidad, si gloria espira
  su armonía mortal, su beldad rara.

Huye de la que, armada de una lira,
  si rocas mueve, si bajeles para,
  cantando mata al que matando mira.

Soneto de metáfora sostenida: vida en la corte =
navegación en mar peligroso.

2 *entenas*: metonimia: navío.

4 Nápoles se considera patria de las sirenas.

7 *sirte*: bajío de arenas.

8 *serafín humano*: Catalina de Acuña.

9 bivalencia de *clara*: voz sonora y muerte cierta.

11 *armonía mortal*: canto que lleva a la muerte.

12 SC señala cierta analogía con Marino: "Fuggite incauti amanti /
la canora homicida" (*Rime*, II).

91. 1609

En el cristal de tu divina mano
    de Amor bebí el dulcísimo veneno,
    néctar ardiente que me abrasa el seno,
    y templar con la ausencia pensé en vano.

Tal, Claudia bella, del rapaz tirano
    es arpón de oro tu mirar sereno,
    que cuanto más ausente dél, más peno,
    de sus golpes el pecho menos sano.

Tus cadenas al pie, lloro al rüido
    de un eslabón y otro mi destierro,
    más desviado, pero más perdido.

¿Cuándo será aquel día que por yerro,
    oh serafín, desates, bien nacido,
    con mano de cristal nudos de hierro?

Soneto muy petrarquista aún, con las imágenes
de las cadenas de amor y el arpón.

1 *cristal*: copa tallada, pero también la blancura de la mano.

6 *Claudia*: otro nombre poético, sin identificación concreta.

9-10 Imagen-tópico en el Renacimiento: el siervo de Amor.

12-14 Se refiere a la creencia de que Amor tiraba dos géneros distintos de flechas: las doradas para el amor, y las de hierro (plomo en Ovidio, *Metamorphosis*, I, 469) para desprecio.

92. 1609

Los blancos lilios que de ciento en ciento,
    hijos del Sol, nos da la Primavera,
    a quien del Tajo son en la ribera
    oro su cuna, perlas su alimento;

las frescas rosas, que ambicioso el viento
    con pluma solicita lisonjera,
    como quien de una y otra hoja espera
    purpúreas alas, si lascivo aliento,

a vuestro hermoso pie cada cual debe
    su beldad toda. ¿Qué hará la mano,
    si tanto puede el pie, que ostenta flores,

porque vuestro esplendor venza la nieve,
    venza su rosicler, y porque en vano,
    hablando vos, expiren sus olores?

---

4 *oro su cuna*: referencia al oro que se suponía en las arenas del
   Tajo; SC señala que Pompeyo Melo atribuye al Tajo también
   perlas; creemos más bien que aquí se trata del agua que riega los
   lilios.

6 Según SC, alude a las alas que los antiguos atribuían a los
   vientos, pero también al que solicita favores escribiendo lisonjas
   (p. 408).

9 Véase núm. 55: donde pisa la dama, crecen flores. La imagen
   viene de Petrarca, *Canzoniere*, CLXV.

12 La nieve de los lilios.

13 El rosicler de las rosas.

93. 1620

DEL REY Y REINA NUESTROS SEÑORES
EN EL PARDO, ANTES DE REINAR

Dulce arroyuelo de la nieve fría
  bajaba mudamente desatado,
  y del silencio que guardaba helado
  en labios de claveles se reía.

Con sus floridos márgenes partía
  si no su amor Fileno, su cuidado;
  no ha visto a su Belisa, y ha dorado
  el sol casi los términos del día.

Con lágrimas turbando la corriente,
  el llanto en perlas coronó las flores,
  que ya bebieron en cristal la risa.

Llegó en esto Belisa,
  la alba en los blancos lilios de su frente,
  y en sus divinos ojos los amores,

que de un casto veneno
  la esperanza alimentan de Fileno.

Uno de los raros sonetos estrambóticos de Góngora, el único serio. Se refiere al hecho de que Felipe IV, aunque casado desde 1615, no consumó el matrimonio hasta noviembre de 1620. Trata el mismo tema en núm. 94. Sigue fielmente la tradición pastoril, con nombres típicos, aunque Belisa a la vez representa un anagrama de Isabel. Nótese la belleza del primer cuarteto en su paso al sonido.

11 *la risa de cristal* eran las gotas del agua corriente que salpicaban las flores.

94. 1620

DE LOS MISMOS

Peinaba al sol Belisa sus cabellos
  con peine de marfil, con mano bella;
  mas no se parecía el peine en ella
  como se escurecía el sol en ellos.

En cuanto, pues, estuvo sin cogellos,
  el cristal sólo, cuyo margen huella,
  bebía de una y otra dulce estrella
  en tinieblas de oro rayos bellos.

Fileno en tanto, no sin armonía,
  las horas acusando, así invocaba
  la segunda deidad del tercer cielo:

"Ociosa, amor, será la dicha mía,
  si lo que debo a plumas de tu aljaba
  no lo fomentan plumas de tu vuelo."

Compárese con núm. 89. El primer cuarteto es
casi idéntico.

6 SC se pregunta si se refiere a la fuente o a un espejo (p. 450);
tratándose de un poema de tradición pastoril, más probable parece lo primero, también por el uso de "huella".

7 Los ojos.

11 *la segunda deidad*: Amor, hijo de Venus, cuyo reino es el tercer
cielo.

14 Brockhaus interpreta *plumas* como ruego al Amor que proteja
este amor bajo sus alas. Creemos más acertada la opinión de SC:
se refiere a la impaciencia del rey por consumar el matrimonio
(p. 450).

95. 1620

DE UNA DAMA QUE, QUITÁNDOSE UNA SORTIJA,
SE PICÓ CON UN ALFILER

Prisión del nácar era articulado
   de mi firmeza un émulo luciente,
   un dïamante, ingeniosamente
   en oro también él aprisionado.

Clori, pues, que su dedo apremïado
   de metal aun precioso no consiente,
   gallarda un día, sobre impacïente,
   le redimió del vínculo dorado.

Mas ay, que insidïoso latón breve
   en los cristales de su bella mano
   sacrílego divina sangre bebe:

púrpura ilustró menos indïano
   marfil; invidïosa, sobre nieve
   claveles deshojó la Aurora en vano.

Soneto que se destaca por el frecuente uso de
diéresis. Jammes hace notar que seguramente fue escrito en nombre de algún galán, ya que en este año
Góngora mismo tendría pocas ganas de galanteo,
con sus 59 años, sus deudas, y el sentimiento de desengaño cada vez más fuerte (p. 317). D. Alonso subraya que los hiatos sirven para hacer resaltar el carácter de una joya preciosamente labrada (p. 178). Lo
comenta detenidamente J. M. Blecua.

1 *nácar articulado*: el dedo. Violento hipérbaton: un diamante,
   émulo luciente de mi firmeza, era la prisión del dedo, siendo él
   mismo aprisionado en oro.
4 *oro*: ambivalencia: de la sortija y del cabello.
5-6 El dedo aprisionado sólo como un término de comparación con
   el temperamento de Cloris.
8 *redimió*: latinismo: rescató.
9 *latón breve*: un alfiler.
10 *los cristales*: para subrayar su blancura.
11 *ilustró*: coloreó.

96. 1621

Al tronco Filis de un laurel sagrado
   reclinada, el convexo de su cuello
   lamía en ondas rubias el cabello,
   lascivamente al aire encomendado.

Las hojas del clavel, que había juntado
   el silencio en un labio y otro bello,
   violar intentaba, y pudo hacello,
   sátiro mal de hiedras coronado;

mas la invidia interpuesta de una abeja,
   dulce libando púrpura, al instante
   previno la dormida zagaleja.

El semidiós, burlado, petulante,
   en atenciones tímidas la deja
   de cuanto bella, tanto vigilante.

Varios epígrafes rezan: "A una dama que estando dormida la picó una abeja en la boca". Es curioso observar cómo, después de haber dejado los
temas petrarquescos durante varios años, en 1620 el
poeta vuelve a ellos en una serie de sonetos. Brockhaus señala que el tema era popular en XVI y XVII.
El principio de "Mentre Madonna s'appoggiò pen-
sosa" de T. Tasso es muy semejante, pero luego los
dos se desarrollan muy distintamente.

1 *Filis*: nombre poético convencional.

2-3 Típica construcción de los años maduros de Góngora: el complemento precede al sujeto.

8 Los sátiros acompañaban frecuentemente a Dionisio. Eurípides
presenta a éste, acompañado por un grupo de jóvenes bacantes
que llevan guirnaldas de hiedra, entrando en Tebas; "mal" po-
siblemente se refiere al hecho de que los sátiros generalmente no
llevan coronas sino cuernos.

10 *dulce libando púrpura*: picando el rojo labio.

13 *en atenciones tímidas*: precavida y asustada.

97. 1623

Oro no rayó así flamante grana
    como vuestra purpúrea edad ahora
    las dos que admitió estrellas vuestra aurora,
    y soles expondrá vuestra mañana.

Ave (aunque muda yo) émula vana
    de la más culta, de la más canora,
    en este, en aquel sauce que decora
    verdura sí, bien que verdura cana,

insinuaré vuestra hermosura: cuanta
    contiene vuestro albor, y dulce espera
    en horas no caducas vuestro día.

Responda, pues, mi voz a beldad tanta;
    mas no responderá, aunque Apolo quiera,
    que la beldad es vuestra, la voz mía.

1-2 SC señala que Virgilio llama luz purpúrea a la juventud; la
reluciente grana no brilla al sol cuanto vuestra florida edad
hace brillar vuestros ojos, estrellas en vuestra niñez y promesa
de soles en vuestra juventud; véase núm. 88.

5 Jammes prefiere la lección de algunos códices: "muda ya" aludiendo a la edad del poeta (p. 340). Creemos que se refiere al
canto del ruiseñor.

8 Los dos colores de la hoja, el haz y el envés.

10-11 Correlación con v. 3-4.

13 Siente que ni siquiera la ayuda del dios de las musas le permi-
tirá cantar adecuadamente la belleza de la dama.

SATÍRICOS Y BURLESCOS

98. 1588

Por niñear, un picarillo tierno,
  hurón de faltriqueras, subtil caza,
  a la cola de un perro ató por maza
  (con perdón de los clérigos) un cuerno.

El triste perrinchón en el gobierno
  de una tan gran carroza se embaraza;
  grítale el pueblo, haciendo de la plaza
  (si allá se alegran) un alegre infierno.

Llegó en esto una viuda mesurada,
  que entre los signos, ya que no en la gloria,
  tiene a su esposo, y dijo: "Es gran bajeza

que un gozque arrastre así una ejecutoria
  que ha obedecido tanta gente honrada,
  y se la ha puesto sobre su cabeza."

SC: "Contra una dama que en vida de su marido
vivió licensiosamente" (p. 585).

1-2 Recuérdese *Rinconete y Cortadillo*; "subtil caza" modifica sus
  acciones.
3 SC indica que atar una maza (palo, hueso u otra cosa) a la cola
  de un perro era una costumbre practicada sobre todo en Car-
  nestolendas (p. 586); a la vez, maza es símbolo de dignidad
  civil o eclesiástica.
4 SC se pregunta por qué asocia a los clérigos con los cuernos;
  no es éste el único caso: véase núm. XXIII y 121.
10 SC: "vulgarmente solemos decir del que padece por culpa de su
  mujer esta desdicha que le ha puesto entre los signos" (p. 587).
  Dos signos del Zodíaco, Aries y Tauro, tienen cuernos. E. M. Wilson sugiere una posible alusión a Capricornio. La segunda parte
  del verso recuerda el dicho: "Téngale Dios en su gloria", y
  juega con la otra acepción de la expresión: ni muerto, ni vivo
  está en la gloria.
12 *ejecutoria* se refiere a la maza: símbolo de dignidad.
13-14 Alusión al estado de la moral en sus tiempos, con doble
  sentido. SC explica que "las executorias y provisiones **Reales**
  cuando se notifican a los Ministros, en señal de que las obe-
  decen, las besan, y ponen sobre sus cabezas" (p. 589).

99. 1588

Grandes, más que elefantes y que abadas,
    títulos liberales como rocas,
    gentiles hombres, sólo de sus bocas,
    illustri cavaglier, llaves doradas;

hábitos, capas digo remendadas,
    damas de haz y envés, viudas sin tocas,
    carrozas de ocho bestias, y aun son pocas
    con las que tiran y que son tiradas;

catarriberas, ánimas en pena,
    con Bártulos y Abades la milicia,
    y los derechos con espada y daga;

casas y pechos, todo a la malicia;
    lodos con perejil y yerbabuena:
    esto es la Corte. ¡Buena pro les haga!

Buen ejemplo de la enumeración caótica; escrito
como consecuencia de su primer contacto con Madrid. Brockhaus señala un soneto muy parecido de
Tassoni, también criticando Madrid; G. Lanson hace
notar que otro de Scarron, sobre París, se inspira en
éste.
    D. Alonso duda si la fecha es 1588 ó 1589-1590;
según él, el de Tassoni está inspirado en éste, que juz-
ga como sigue: "Ciertamente la condensadísima descripción es de mano maestra" (p. 144-148).

1 En 1581 Felipe II había recibido del gobernador de Java el regalo de un elefante y un rinoceronte (abada); los dos tienen
   doble sentido: los Grandes y los abades y abadas.
2-3 SC: "para ponderar la avaricia y cortedad de alguno en el
   dar, se suele decir que es como una roca" (p. 552); *gentil* tiene
   dos acepciones: gentilhombre del rey, que es un cargo, y gentil:
   amable; SC indica que ser gentilhombre de la boca del Rey
   es uno de los oficios más honrosos; a la vez, implica que sólo
   proveen a su propia boca, y a nadie más.

4 Se burla de la tendencia a usar títulos italianos; *llaves dora-das*: SC: "los gentiles hombres de la cámara del rey traen como insignia de su oficio llaves doradas pendientes en la pre-tina" (p. 552).

5 Los caballeros de las órdenes militares llevan en la capa la insignia de su orden; a la vez, alude a su pobreza.

6 Según SC, las nota de infieles, con dos caras; *con tocas*: las mu-jeres y las viudas llevaban tocas largas; con esto alude a que se comportaban como si no lo fuesen; (D. Alonso prefiere la lec-ción de varios códices: "dueñas con tocas", señalando que las dueñas eran "objeto odioso para tantos escritores de entonces") (p. 147).

7 D. Alonso indica que las carrozas corrientes solían tener dos caballos, y las mejores, cuatro; Góngora califica a los que van dentro de iguales.

9 *catarriberas*: abogados, alcaldes mayores y corregidores que se empleaban en pesquisas.

10-11 Trastrueca los atributos; *Bártulos y Abades*: los jurisconsul-tos que representan derecho civil y derecho canónico (Wilson).

12 SC: "llámanse casas a la malicia las que se fabrican en las Cortes para librarse de la obligación de dar aposento a los criados del Rey y Ministros suyos" (p. 554); se les señala que el dueño, teniendo solamente esta vivienda, ha menester de ella para sí. [Camillo Borghese, en su diario describiendo las im-presiones del viaje a España, refiere con extrañeza el hecho de que haya en la Corte tantas casas pequeñas]; *pechos a la ma-licia*: con malas intenciones.

13 SC: Suelen arrojar las inmundicias en las calles (p. 554); *perejil* por excremento. Este verso se hizo tan famoso que lo hace re-petir Lope de Vega a Julio en *La Dorotea* (III, VII).

100. 1588

—Téngoos, señora tela, gran mancilla.
  —Dios la tenga de vos, señor soldado.
  —¿Cómo estáis acá afuera?—Hoy me han echado,
por vagabunda, fuera de la Villa.

—¿Dónde están los galanes de Castilla?
  —¿Dónde pueden estar, sino en el Prado?
  —¿Muchas lanzas habrán en vos quebrado?
  —Más respeto me tienen: ¡ni una astilla!

—Pues ¿qué hacéis ahí?—Lo que esa puente,
puente de anillo, tela de cedazo:
desear hombres, como ríos ella,

hombres de duro pecho y fuerte brazo.
  —Adiós, tela, que sois muy maldiciente,
y ésas no son palabras de doncella.

Nota en CH: "Estaba en Madrid la tela en la
vega de Manzanares, junto a la puente segoviana".

1 *tela*: valla que se hace de tablas para que los caballeros se ejerciten.

6 El Paseo del Prado era muy famoso ya en esa época; allí se iba para "hacerse ver".

10 SC refiere que los obispos de anillo eran aquellos que no tenían Iglesia donde residir; además, es una representación plástica: cuando no hay agua, el cauce seco con el arco del puente forma un anillo casi perfecto; *tela de cedazo*: SC: "respeto de no servir para lo que fue hecha" (p. 570); el cedazo sirve para separar lo sutil de lo grueso; figuradamente, aquí permite distinguir a hombres verdaderos, que faltan.

14 SC: "En esta metáfora muerde el ocio y olvido de los caballeros, llamando a la tela doncella, por no haber justado en ella ninguno. Frasi es vulgar nuestra decir que está virgen cualquiera cosa que no ha servido de aquello para que se hizo" (p. 570).

101. 1588

Duélete de esa puente, Manzanares;
  mira que dice por ahí la gente
  que no eres río para media puente,
  y que ella es puente para muchos mares.

Hoy, arrogante, te ha brotado a pares
  húmedas crestas tu soberbia frente,
  y ayer me dijo humilde tu corriente
  que eran en marzo los caniculares.

Por el alma de aquel que ha pretendido
  con cuatro onzas de agua de chicoria
  purgar la villa y darte lo purgado,

me dí ¿cómo has menguado y has crecido?
  ¿cómo ayer te vi en pena y hoy en gloria?
  —Bebióme un asno ayer, y hoy me ha meado.

Tema muy parecido al del soneto precedente: se burla del puente de Segovia, monumental, construido sobre un río casi inexistente. La misma burla se encuentra en Lope de Vega, en *El diablo cojuelo* de Vélez de Guevara y en otros poemas de Góngora, así como en Quevedo ("Manzanares, Manzanares, / arroyo aprendiz de río"). En *La Dorotea* (II, II), Lope de Vega se refiere al último verso de este soneto. Brockhaus señala que el tema desarrollado en el segundo cuarteto, el súbito crecimiento del río, se encuentra ya en Ovidio.

3-4 Con la misma intención escribe: "Manzanares, Manzanares, enano sois de una puente".

5-6 Según SC, alude al adagio latino "tollere cristas" para señalar el ensoberbecerse arrogante; sentido ambivalente: se habla también de las crestas de las olas cuando son grandes.

 8 Se refiere al hecho de que no sólo en el verano, durante la época seca, acarrea poca agua, sino incluso en la primavera, cuando los ríos suelen correr más caudalosos.

9-11 Debe de ser una alusión a algún suceso local; *agua de chicoria* se refiere al color del río y, junto con *purgado*, probablemente al hecho de que era maloliente, como se puede colegir del último verso.

102. 1594 (¿1593?)

Muerto me lloró el Tormes en su orilla,
en un parasismal sueño profundo,
en cuanto don Apolo el rubicundo
tres veces sus caballos desensilla.

Fue mi resurrección la maravilla
que de Lázaro fue la vuelta al mundo,
de suerte que ya soy otro segundo
Lazarillo de Tormes en Castilla.

Entré a servir a un ciego, que me envía,
sin alma vivo, y en un dulce fuego,
que ceniza hará la vida mía.

¡Oh qué dichoso que sería yo luego,
si a Lazarillo le imitase un día
en la venganza que tomó del ciego!

Varios epígrafes rezan: "A una enfermedad que
tuvo en Salamanca, de que fue tenido por muerto
tres días". Esto ocurrió en 1593, cuando, enviado por
el Cabildo, fue a presentar la obediencia al obispo
nuevamente electo, quien se ocupó de él muy cari-
ñosamente, como consta en núm. IV. A la misma
enfermedad se refiere también en núm. 80. Comentado por A. García Boiza.

2 *parasismo*: "los accidentes del que está mortal cuando se tras-
pone" (Cov.).

6-8 Juego de palabras con Lázaro-Lazarillo, cuya significación se
aclara sólo en el primer terceto; el "que" del v. 6 equivale a
"igual que".

9 Juego con Lazarillo, criado de un ciego, y siervo de Amor
ciego.

10-11 Imaginería típica petrarquista.

14 Permite dos interpretaciones: venganza que se refiere literalmente al último acto de Lazarillo; y el hecho de liberarse.

103. 1598

BURLÁNDOSE DE UN CABALLERO PREVENIDO
PARA UNAS FIESTAS

Sea bien matizada la librea,
  las plumas de un color, negro el bonete,
  la manga blanca, no muy de roquete,
  y atada al brazo prenda de Niquea;

cifra que hable, mote que se lea,
  bien guarnecida espada de jinete,
  borceguí nuevo, plata y tafilete,
  jaez propio, bozal no de Guinea;

caballo valenzuela bien tratado,
  lanza que junte el cuento con el hierro,
  y sin veleta al Amadís, que espera

entrar cuidosamente descuidado,
  firme en la silla, atento en la carrera...
  y quiera Dios que se atraviese un perro.

Buen ejemplo de enumeración burlesca.

---

3 *roquete*: "vestidura de olanda o otra tela delgada de que los
  obispos y prelados usan sobre la sotana... Hace unas arrugas
  muy menudas" (Cov.).

4 Se aclara esta alusión en v. 11, donde se menciona a Amadís,
  su caballero.

7 Borceguí nuevo con una hebilla de plata; *borceguí*: "bota mo-
  risca con soletilla de cuero" (Cov.).

8 *jaez propio*: alude al hecho de que no todos los que se presen-
  taban lucían galas suyas; *bozal*: "el adorno que suelen poner
  a los caballos sobre el bozo con campanillas de plata" (Cov.);
  de Guinea, según Brockhaus, es ambivalente: negro, pero también el que conoce sólo su propia lengua.

9 *caballo valenzuela*: caballo cordobés de ligereza proverbial, llamado así del nombre del caballerizo de la casa de Sessa que
  crió esta raza.

10 "En la lanza hallamos dos extremos, y al uno llamamos hierro
   de la lanza, y al otro, cuento" (Cov.).

11 *veleta*: adorno que llevan los soldados en las lanzas; la mayoría
   de los códices rezan "el Amadís"; el verso es difícil de inter-
   pretar.

12 Recuérdese una recomendación de *El Cortesano*: el perfecto caballero procura no parecer demasiado atento a su apariencia,
   pero la cuida.

14 E. Churton, II, 297 refiere que uno de los capitanes del ejército
   de Xerxes montaba a caballo muy ufano cuando de repente se
   le atravesó al caballo entre las piernas un perro, provocando la
   caída del caballero.

104. 1603

Llegué a Valladolid; registré luego
desde el bonete al clavo de la mula;
guardo el registro, que será mi bula
contra el cuidado del señor don Diego.

Busqué la Corte en él, y yo estoy ciego,
o en la ciudad no está, o se disimula.
Celebrando dïetas vi a la gula,
que Platón para todos está en griego.

La lisonja hallé y la ceremonia
con luto, idolatrados los caciques,
amor sin fe, interés con sus virotes.

Todo se halla en esta Babilonia,
como en botica, grandes alambiques,
y más en ella títulos que botes.

Su visita a Valladolid, en 1603, motivó toda una
serie de sonetos burlescos. El tema no es original:
según Artigas, la mala fama de la ciudad era un
tópico literario (p. 87).

1-4 Nota en ms. 19003: "Estando la Corte en Valladolid salió un
decreto que cualquiera que llegase a Valladolid se registrase
ante don Diego de Ayala y tomase cédula de los días que
pedía de licencia para estar allí"; juega con las palabras cédula-
bula.

7 Continúa la terminología eclesiástica; alusión a la pobreza de
la corte.

8 *Platón*: filósofo griego y plato grande; implica que nadie come
allí según sus ganas; "estar en griego": desconocido.

9-10 *con luto*: porque no sirven para conseguir lo que se quiere;
caciques: SC: "llama caciques los Consejeros o Ministros supe-
riores a quien sigue la ambiciosa o necesitada turba de pleitean-
tes y pretendientes" (p. 559); *idolatrados* refuerza la impresión
de que todo está al revés allí.

---

11 En vez de amor ideal, sólo se ve el amor al dinero; el interés
   le ha arrebatado las saetas a Amor. SC ve, además, una alusión
   a la grande abundancia de cortesanas.

12 *Babilonia*: según SC, implica la grandeza (p. 564). Era una de
   las Cortes más fastuosas de Europa.

13 Se sirve del refrán "haber de todo, como en botica"; los alambiques aluden al hecho de que los favores vienen destilados gota a
   gota; *grandes* es ambivalente: tamaño, pero también la clase
   noble.

14 Bivalente también: la etiqueta que se pega sobre un bote, y la
   insinuación de que hay allá más gente con aspiraciones a noble
   que ciudadanos corrientes. Todas las historias refieren que en
   tiempos de Felipe III y Felipe IV el número de los nobles iba
   creciendo prodigiosamente.

105. 1603

Jura Pisuerga a fe de caballero
   que de vergüenza corre colorado
   sólo en ver que de Esgueva acompañado
   ha de entrar a besar la mano a Duero.

Es sucio Esgueva para compañero
   (culpa de la mujer de algún privado),
   y perezoso para dalle el lado,
   y así ha corrido siempre muy trasero.

Llegados a la puente de Simancas,
   teme Pisuerga, que una estrecha puente
   temella puede el mar sin cobardía.

No se le da a Esguevilla cuatro blancas;
   mas ¿qué mucho, si pasa su corriente
   por más estrechos ojos cada día?

Escribió al mismo asunto la letrilla "Qué lleva
el señor Esgueva", y luego el soneto núm. 106. Del
mismo grupo es el núm. IX. SC: "Contra Esgueva
río pequeño que atraviesa por medio de Valladolid,
en el cual se echan todas las inmundicias de la ciudad. Mézclase después con Pisuerga, río caudaloso,
...y pasando juntos por la puente de Simancas van a
desaguar en el famoso río Duero" (p. 636).

2 Ambiguo: sonrojado de vergüenza, y de color turbio.

4 Los dos son afluentes del Duero.

6 Servía para verter en él todas las inmundicias; *privada* (mujer
de privado): "la plasta grande, de suciedad o excremento" (*Dicc.
Aut.*); según SC, letrina.

8 Ambigüedad en *trasero*: el que va retrasado, y la parte del cuerpo que sirve para sentarse.

12 Dicho popular: "no se me da cuatro blancas".

14 Ambigüedad: ojo del puente, y ano; véase núm. 106, v. 14 y
núm. 107, v. 14.

106. 1603

¡Oh qué malquisto con Esgueva quedo,
con su agua turbia y con su verde puente!
Miedo le tengo: hallará la gente
en mis calzas los títulos del miedo.

¿Quiere ser río? Yo se lo concedo;
corra, que necesaria es su corriente,
con orden y rüido, el que consiente
Antonio en su reglilla *de ordo pedo.*

Camine ya con estos pliegos míos,
peón particular, quitado el parte,
y ejecute en mis versos sus enojos;

que le confesaré de cualquier arte
que, como el más notable de los ríos,
tiene llenos los márgenes de ojos.

Como el precedente, construido casi enteramente
sobre equívocos.

8 *Antonio*: Nebrija y sus reglas para la lengua; *de ordo pedo*.
según Brockhaus, la regla del orden en que se ha de echar
pedos.

10 Juego de palabras: particular, al quitar "parte", deja "cular".

11 Posible alusión al uso al que serán condenadas las hojas que
llevan sus versos.

14 Alusión a las letrinas que daban al río.

107. 1603

¿Vos sois Valladolid? ¿Vos sois el valle
de olor? ¡Oh fragrantísima ironía!
A rosa oléis, y sois de Alejandría,
que pide al cuerpo más que puede dalle.

Serenísimas damas de buen talle,
no os andéis cocheando todo el día,
que en dos mulas mejores que la mía
se pasea el estiércol por la calle.

Los que en esquinas vuestros corazones
asáis por quien, alguna noche clara,
os vertió el pebre y os mechó sin clavos,

¿pasáis por tal que sirvan los balcones,
los días a los ojos de la cara,
las noches a los ojos de los rabos?

Farinelli señala una semejanza extraordinaria de
este soneto con otro de Tassoni, que se supone
de 1602. Según Dámaso Alonso, el de Tassoni es una
imitación.

1-2 Era aficionado a descomponer las palabras; véase Monte Fuerte,
Medina del Cielo; SC da la nomenclatura latina de Valladolid:
valle oletanus; señala la ironía del nombre, puesto que es una
ciudad maloliente. CH usa la ortografía latinizante, "fragrante" =
fragante.
  3 SC: "Rosa de Alexandría llamamos vulgarmente aquella con que
los médicos suelen purgar los enfermos" (p. 567). Brockhaus señala versos de Juan de Salinas con uso análogo: "La receta que
os parece / que ha de ponerme osadía / es rosa de Alejandría
/ que me estraga y enflaquece".
  6 cocheando: andar en coche, pero también andar defecando;
continúa el juego en los versos siguientes.
9-11 Uso de terminología culinaria para descubrir a los suspiran-
tes; SC refiere que era costumbre estar asando en las esquinas
algunas tajadas de carne para la gente pobre; Góngora trans-
fiere el asar al corazón.
 11 Doble sentido, según SC: "aludiendo a la misma inmundicia
que tal vez en la corte suelen a la hora peligrosa verter sobre
los que asisten al galanteo" (p. 568); pebre: una salsa que se
hace con vinagre y varias especias.
 12 pasáis por tal: toleráis.
 14 Compárese con 105 y 106.

108. 1603

Valladolid, de lágrimas sois valle,
  y no quiero deciros quién las llora,
  valle de Josafat, sin que en vos hora,
  cuanto más día de jüicio se halle.

Pisado he vuestros muros calle a calle,
  donde el engaño con la corte mora,
  y cortesano sucio os hallo ahora,
  siendo villano un tiempo de buen talle.

Todo sois Condes, no sin nuestro daño;
  dígalo el andaluz, que en un infierno
  debajo de una tabla escrita posa.

No encuentra al de Buendía en todo el año;
  al de Chinchón sí ahora, y el invierno
  al de Niebla, al de Nieva, al de Lodosa.

Todos los cronistas se refieren al clima intolerable de Valladolid, al que alude este soneto en un ingenioso juego con los apellidos de los Grandes de
España.

2 Alude a sí mismo.

3 *valle de Josafat*: Véase *Libro de Joel*, III: "Juntaré todas las
naciones, y las haré descender en el valle de Josaphat, y allí
entraré en juicio con ellos a causa de mi pueblo". En Valladolid
concurría gente de diversos países. Permite una ambigüedad: no
se trata del día de Juicio Final, ya que es imposible encontrar
allí una persona con juicio durante una sola hora.

5 *vuestros muros*: lo que encierran vuestros muros.

8 Nota en CH: "Antes que Valladolid tuviese título de ciudad,
era refrán vulgar: 'Villa por villa, Valladolid en Castilla'";
permite, además, un juego de palabras: villa-villano.

9 Alude al exceso de títulos en la ciudad; cf. 104, v. 14.

10 *el andaluz*: él mismo; *infierno debajo de una tabla*: juego de
palabras y conceptos: debajo de una losa del sepulcro; infierno
por el calor que hace; la tabla se refiere a la costumbre de
ponerla en las puertas de las casas de huéspedes.

109. 1608

Mientras Corinto, en lágrimas deshecho,
la sangre de su pecho vierte en vano,
vende Lice a un decrépito indïano
por cient escudos la mitad del lecho.

¿Quién, pues, se maravilla deste hecho,
sabiendo que halla ya paso más llano,
la bolsa abierta, el rico pelicano,
que el pelicano pobre, abierto el pecho?

Interés, ojos de oro como gato,
y gato de doblones, no Amor ciego,
que leña y plumas gasta, cient arpones

le flechó de la aljaba de un talego.
¿Qué Tremecén no desmantela un trato,
arrimándole al trato cient cañones?

Según SC, es uno de los mejores sonetos burlescos de Góngora (p. 525).

1 SC: alude a la sentencia de Publio Siro: "Muneribus non
lacrymis meretrix est misericors"; hábil unión de los dos términos de la imagen: lágrimas y sangre, con el verbo "verter".

3 *Lice*: nombre que aparece con frecuencia en los poemas satíricos
en el siglo XVII.

7 *pelicano*: el del pelo cano, y el ave que se abre el pecho para
dar de comer a sus crías.

9 Oro como color de los ojos y por lo que vale, lo que lleva al
juego de palabras: gato de doblones es una bolsa llena de
doblones; doblones: monedas, pero a la vez implicación de la
doblez de la mujer.

11 *leña y plumas*: flechas, que en este caso se convierten en escudos y salen no de la aljaba, sino del talego.

13 *Tremecén*: una fortaleza fuerte en Berbería; Brockhaus señala
un uso semejante en un poema de Quevedo, hablando de una
dama: "serás de los valientes Tremecén".

110. 1608

A UN FRAILE FRANCISCO, EN AGRADECIMIENTO
DE UNA CAJA DE JALEA

Gracias os quiero dar sin cumplimiento,
   dulce fray Diego, por la dulce caja;
   tal sea el ataúd de mi mortaja,
   y de mis guerras tal el instrumento.

Consagrad, Musas, hoy vuestro talento
   a la monja que almíbar tal le baja,
   pues quien acabar suele en una paja
   sella ahora el estómago contento.

Cualquier regalo de durazno o pera
   acoto suyo, si podrá un amigo
   escotar un discípulo de Scoto.

Confieso que de sangre entendí que era
   cámara aquella, y si lo fue, yo digo
   que servidor seáis, y no devoto.

Era costumbre corriente enviar conservas o frutas; hay varias referencias a ello en el epistolario
de Góngora.

2 Juego de palabras, transfiriendo lo dulce de la caja de jalea
a la que contendrá sus restos mortales (v. 3) y al tambor (v. 4).

7 La fruta, para conservarla, se suele guardar en paja. Compárese
con *Polifemo*, v. 78: "la perla, de quien fue cuna dorada / la
rubia paja".

10 *acoto*: acepto.

11 *escotar*: "recoger, cercenando alguna cosa" (Cov.); *Escoto* fue
seguido principalmente por los franciscanos, o sea, una orden de
pobres. SC: "Si acaso podrá un amigo quitar algo a quien quita
a otros" (p. 685).

12-14 Doble sentido: *cámara*: "fluxo de vientre" (Cov.); *servidor*:
bacín, y el que corteja una dama; *devoto*: "de las beatas y
monjales, los que acuden a consolarlas y animarlas con pláticas
espirituales" (Cov.); juega con la posibilidad de descomponer
la palabra: de voto.

111.   1608 [¿1609?]

DE LA JORNADA DE LARACHE

—¿De dónde bueno, Juan, con pedorreras?
—Señora tía, de Cagalarache,
—Sobrino, ¿y cuántos fuistes a Alfarache?
—Treinta soldados en tres mil galeras.

—¿Tanta gente?—Tomámoslo de veras.
—¿Desembarcastes, Juan? — ¡Tarde   piache!,
que al dar un Santïago de azabache,
dio la playa más moros que veneras.

—¿Luego es de moros?—Sí, señora tía;
mucha algazara, pero poca ropa.
—¿Hicieron os los perros algún daño?

—No, que en ladrando con su artillería,
a todos nos dio cámaras de popa.
—¡Salud serían para todo el año!

La fecha y el aludido presentan problemas: Juan
era el nombre del Marqués de Santa Cruz así como
del Marqués de San Germán, que hicieron sendas
tentativas de desembarcar en Larache, entre 1608 y
la ocupación en 1610, sin éxito las dos. Los críticos se
inclinan en favor de la segunda por el Marqués de
San Germán, en 1609.

1 *pedorreras*: calzones ajustados, y "para significar la enfermedad
que padecieron,... que fue cierta destemplanza que ocasionó un
desconcierto de vientre" (SC) (p. 708).

3 Alfarache: SC informa que está a media legua de Sevilla.

6 *tarde piache*: SC: "es proverbio nuestro, díjose por el que no
habló o hizo alguna cosa en tiempo" (p. 709).

7 SC: los peregrinos que vienen de Santiago traen en el sombrero
una imagen pequeña de azabache así como veneras; alusión a
esta costumbre y a la de invocar el nombre de Santiago en los
encuentros.

11 *perro* por infiel.

12-13 *cámaras de popa*: camarotes en la popa del barco, y descom-
posición de vientre.

14 Se refiere al adagio: "Cagaleras por mayo, salud para todo el año".

112. 1609

Señora doña puente segoviana,
  cuyos ojos están llorando arena,
  si es por el río, muy enhorabuena,
  aunque estáis para viuda muy galana.

De estangurria murió. No hay castellana
  lavandera que no llore de pena,
  y fulano sotillo se condena
  de olmos negros a loba luterana.

Bien es verdad que dicen los doctores
  que no es muerto, sino que del estío
  le causan parasismos los calores;

que a los primeros del diciembre frío,
  de sus mulas harán estos señores
  que los orines den salud al río.

---

2 *Ambivalencia*: los ojos que lloran, y los arcos del puente que están anhelando agua que corra por debajo de ellos.

4 Alusión a la desproporción entre el río y el puente; véase núm. 101.

5 *estangurria*: enfermedad de la orina.

6 Alusión a la costumbre de lavar en el río.

7 SC: "Hay en el río de Madrid una pequeña isleta que llaman Sotillo, insigne por su frondosa amenidad y por ser frecuentada en el verano de la mayor parte de la gente de Madrid"; según él, antepone fulano para implicar que "sotillo" es nombre de familia, pero también para significar que es tan pequeño que su nombre no es conocido (p. 574).

8 Los olmos negros parecen estar vestidos de luto; *loba luterana*: SC: "cierta vestidura que se hace para los primeros días de luto, cerrada por delante. Por estar los que visten este traje como metidos en una vaina, o bolsa, la llamaron loba" (p. 575); *luterana*: doble significación: derivado de luto y de Lutero; la imagen de luto reanuda con el v. 4.

11 *parasismos*: accidente en el que el paciente pierde el sentido.

13-14 Véase núm. 101: "bebiome un asno ayer, y hoy me ha meado".

113. 1609

De chinches y de mulas voy comido,
las unas culpa de una cama vieja,
las otras de un Señor que me las deja
veinte días y más, y se ha partido.

De vos, madera anciana, me despido,
miembros de algún navío de vendeja,
patria común de la nación bermeja,
que un mes sin deudo de mi sangre ha sido.

Venid, mulas, con cuyos pies me ha dado
tal coz el que quizá tendrá mancilla
de ver que me coméis el otro lado.

A Dios, Corte envainada en una villa,
a Dios, toril de los que has sido prado,
que en mi rincón me espera una morcilla.

Una nota en ms. 19003 refiere que Góngora estaba en Valladolid, lo cual impondría un cambio
de fecha de 1609 a 1603. En su hechura y en las
alusiones se parece a la serie de sonetos burlescos
dedicados a Valladolid en 1603. Una nota en CH
aclara el asunto: "Teniendo alquiladas mulas para
irse a Córdoba, se las pidió un señor para hacer
un viaje de pocos días; detúvose muchos, y pagó
don Luis los alquileres". En 1609 consta una estancia más larga de Góngora en Madrid.

5-6 Crea un efecto cómico al usar el adjetivo "anciana" para designar la madera carcomida de una cama que antes probablemente
había sido parte de un navío que luego se vendió en venta
pública (vendeja).

8 Juego de conceptos con "deudo": sin ser deudo de sangre:
pariente, le han chupado la sangre.

11 Alusión al alquiler que va pagando por las mulas.

12 Parecida descripción de la corte da en núm. 108: "y cortesano
sucio os hallo ahora, / siendo villano un tiempo de buen talle".

13 Contiene muchas implicaciones: los que eran bueyes corrientes
ahora son toros nobles; antes estaban libres en el prado, ahora
están encerrados en un toril.

114. 1609

¿Son de Tolú, o son de Puertorrico,
ilustre y hermosísima María,
o son de las montañas de Bujía
la fiera mona y el disforme mico?

Gracioso está el balcón, yo os certifico;
desnudadle de hoy más de celosía.
Goce Cuenca una y otra monería,
den a unos de cola, a otros de hocico.

Un papagayo os dejaré, señora
(pues ya tan mal se corresponde a ruegos
y a cartas de señoras principales),

que os repita el parlero cada hora
como es ya mejor Cuenca para ciegos,
habiéndose de ver fierezas tales.

Impresiones de su paso por Cuenca, probablemente en 1609 (Estuvo allí también en 1603). En la misma
fecha habrá escrito núm. XV.

1 De Tolú, en Nueva Granada, se traían los monos.
2 Verso de Garcilaso, con el que empieza otro soneto, el 150.
3 *Bujía*: parte de África opuesta a la costa, con grande abundancia de monos.
4 SC: "cuando queremos encarecer la fealdad de alguna mujer,
solemos decir que es un mico o que tiene cara de mona" (p. 538).
8 SC: "desdeñando a unos, o favoreciendo a otros" (p. 538).
10-11 Nota en CH: "Fue don Luis a Cuenca, habiendo escrito una
señora de Madrid a otra de aquella ciudad pidiéndola le feste-
jase, y el agasajo que le hizo, una vez sola que se dejó visitar,
fue hacer que saliesen a entretenerle dos criadas suyas muy
feas".
13 Según SC, alude al adagio castellano "Hecha es Cuenca para
ciegos", que se refiere a lo empinado de sus calles; en este
caso, porque hay mujeres tan feas.

115. 1609

DE UN CABALLERO QUE LLAMÓ SONETO
A UN ROMANCE

Música le pidió ayer su albedrío
a un descendiente de don Peranzules;
templáronle al momento dos baúles
con más cuerdas que jarcias un navío.

Cantáronle de cierto amigo mío
un desafío campal de dos Gazules,
que en ser por unos ojos entre azules,
fue peor que gatesco el desafío.

Romance fue el cantado, y que no pudo
dejarle de entender, si el muy discreto
no era sordo, o el músico era mudo.

Y de que le entendió yo os lo prometo,
pues envió a decir con don Bermudo:
"Que vuelvan a cantar aquel soneto."

La nota en un códice dice que se refiere al Marqués de Almenara.

---

2 *Peranzules*: Pedro Asures, señor de Valladolid, que siguió al
rey Alfonso VI cuando éste se refugió en Toledo. SC señala
que se suele llamar así a los que son muy nobles o lo presu-
men (p. 583).

3-4 SC explica que usa esta metáfora por la semejanza entre un
laúd o una tiorba y un baúl.

5-8 Millé supone que ataca a Lope de Vega y sus elogios a los
ojos azules de Camila Lucinda; el tema de Gazul aparece en
varios romances de Lope; a la vez, es una alusión al sonido
desafinado.

13 Otro juego de palabras: Bermudo = Pero Mudo.

116. 1610

Señores Corteggiantes, ¿quién sus días
de cudicioso gasta o lisonjero
con todos estos príncipes de acero,
que me han desempedrado las encías?

Nunca yo tope con Sus Señorías,
sino con media libra de carnero,
tope manso, alimento verdadero
de Jesuitas sanctas Compañías.

Con nadie hablo, todos son mis amos;
quien no me da, no quiero que me cueste,
que un árbol grande tiene gruesos ramos.

No me pidan que fíe ni que preste,
sino que algunas veces nos veamos,
y sea el fin de mi soneto éste.

Varios epígrafes rezan: "A lo poco que hay que
fiar de los favores de los cortesanos".

1 *corteggiante*: derivado del verbo italiano "corteggiare", que también usa Góngora: hacer la corte.

3 *príncipes de acero*: alusión a su dureza.

4 SC: "advertido de que suele ser de más costa que provecho
cualquier señor" (p. 609).

8 Alusión a la buena vida que se daban los eclesiásticos.

11 Vuelve a lo insinuado en el primer cuarteto: cuanto más grande
el señor, tanto más cuesta lisonjearle.

12 Verso que refleja sus experiencias personales expresadas en núm.
113. Brockhaus señala que probablemente se inspiró en el refrán
que dice "dar, prestar y fiar, todo es dar".

117. [CH 1611] 1610

EN LA PARTIDA DEL CONDE DE LEMUS Y DEL DUQUE
DE FERIA A NÁPOLES Y A FRANCIA

El Conde mi señor se fue a Napoles;
el Duque mi señor se fue a Francía:
príncipes, buen viaje, que este día
pesadumbre daré a unos caracoles.

Como sobran tan doctos españoles,
a ninguno ofrecí la Musa mía;
a un pobre albergue sí, de Andalucía,
que ha resistido a grandes, digo Soles.

Con pocos libros libres (libres digo
de expurgaciones) paso y me paseo,
ya que el tiempo me pasa como higo.

No espero en mi verdad lo que no creo;
espero en mi consciencia lo que sigo:
mi salvación, que es lo que más deseo.

El Conde de Lemos partió como Virrey de Nápoles; el Duque de Feria, para dar el pésame por
la muerte de Enrique IV. El soneto refleja el estado
de ánimo de un hombre desengañado que trata de
esconder su desanimación bajo una capa burlesca.
Nótese la acentuación de Napoles y Francía para
intensificar el efecto burlesco. Aunque CH indica
1611, probablemente es de 1610.

4 SC señala que se refiere a un dicho popular: "se nos da dos
caracoles por ello" (p. 580); en verdad había pretendido acompañar al Conde de Lemos y le pesaría el no haber sido invitado.

5-6 D. Alonso hace notar la ironía de estos versos: había quejas
acerca de la escasa calidad de algunos de los literatos escogidos para el viaje; el puesto de secretario fue ofrecido a Lupercio Leonardo Argensola (p. 163).

7 Es de recordar que aún residía en Córdoba.

8 Ambigüedad: la choza resiste al sol, así como él no se rebaja a lisonjear a los Grandes.

9-11 Terceto notable por el uso de paronomasia, aludiendo al estado de la censura y empleando una expresión vulgar en v. 11.

12 *en mi verdad*: según SC, es un juramento que se suele hacer; por extensión, significaría que no cree en promesas (p. 582); en los versos siguientes, el esperar toma una significación más elevada, que aparecerá con más fuerza sólo en sus últimos años: la salvación de su alma.

13 Varios códices concuerdan en la lectura "sigo" en vez de "digo", que trae CH. Parece preferible ésta: es probable que se trate de una corrección del autor para evitar la repetición. Véase D. Alonso, p. 161-164.

118.   1614 [¿1610?]

A DON PEDRO DE CÁRDENAS, EN UN ENCIERRO
DE TOROS

Salí, señor don Pedro, esta mañana
a ver un toro que en un Nacimiento
con mi mula estuviera más contento
que alborotando a Córdoba la llana.

Romper la tierra he visto en su abesana
mis prójimos con paso menos lento,
que él se entró en la ciudad tan sin aliento,
y aún más, que me dejó en la barbacana.

No desherréis vuestro Zagal, que un clavo
no ha de valer la causa, si no miente
quien de la cuerda apela para el rabo.

Perdonadme el hablar tan cortésmente
de quien, ya que no alcalde por lo Bravo,
podrá ser, por lo Manso, presidente.

Dedicó al mismo amigo el núm. 33 y una décima, donde también aparece como toreador. Este soneto fue denunciado por el P. Pineda por "no hablar
bien" del Presidente Manso y del Alcalde Bravo.
Aunque CH lo fecha en 1614, lo más probable es
que sea anterior a 1611. Pedro Manso fue hecho Presidente de la Cancillería de Valladolid en 1606 y
Presidente de Castilla en 1608; en octubre 1608, Patriarca de las Indias. Murió en 1610 (Cabrera, p. 426).

1-4 Varios epígrafes señalan el hecho de que el toro era muy
manso.

5 *abesana*: yunta de bueyes de labor (*Dicc. Aut.*). CH: "el surco
derecho que el arado va rompiendo en la tierra".

6 SC: "llamó próximos suyos a los bueyes con jocosa malicia
cuando por su estado vivía seguro de esta nota"; véase núm.
98 (p. 696).

---

8 Juego de palabras: anduvo tan lentamente que al poeta, mi-
rándole, le salieron canas en la barba; la otra acepción de
barbacana: muro con que se suele rodear las plazas.

9 *Zagal*: según una nota en CH, un caballo de don Pedro.

11 SC: "no solamente le trababan de la cuerda con que le traían
los que venían en su seguimiento, sino que también le asían de
la cola" (p. 696).

13-14 Nota en CH: "Fue alcalde de Corte don Pedro Bravo de Sotomayor, y Presidente de Castilla don Pedro Manso". Según las
relaciones de Córdoba, "el patriarca don Pedro Manso" murió en
1610. El 29 octubre 1610 el rey le dispensó de sus cargos por
falta de salud. Es muy probable, pues, que el soneto sea anterior a 1611. La décima que dedica a Cárdenas y Angulo es de
1611.

119. [CH 1612] ¿1611?

¡Oh bien haya Jaén, que en lienzo prieto,
  de luces mil de sebo salpicado,
  su túmbulo paró, y de pie quebrado
  en dos antiguas trovas sin conceto.

Écija se ha esmerado, yo os prometo,
  que en bultos de papel y pan mascado
  gastó gran suma, aunque no han acabado
  entre catorce abades un soneto.

Todo es obras de araña con Baeza,
  donde, fiel vasallo, el Regimiento
  pinos corta, bayetas solicita;

hallaron dos, y toman una pieza
  para el tumbo real, o monimento.
  ¡Nunca muriera doña Margarita!

Trata del mismo asunto que el precedente, y
como él, fue denunciado por el P. Pineda. SC señala
el uso de voces rústicas a través del soneto para
conseguir el efecto burlesco y para insinuar la sim-
pleza de los ciudadanos y la "rústica disposición
de los artífices": prieto por negro; sebo por cera;
túmbulo, tumbo, monimento (p. 714). A esto se añade
la implicación de que los letrados son incapaces de
componer ni siquiera un soneto. Alude al uso de pro-
veer el túmulo con varios epitafios compuestos para
la ocasión. Debe de ser del mismo año.

3 *parar*: latinismo: ornar.
6 *bulto*: según Covarrubias, es la efigie puesta sobre la sepultura
  de algún príncipe; *de papel y pan mascado*: alude a la pobreza: hecho de papel pegado con goma.
9 Todo esto no es nada en comparación con lo que hizo Baeza
  (*obras de araña*: lo que es inútil y sin provecho).
13 *tumbo* significa también caída.

120. 1612

VOLVIÉNDOSE A FRANCIA EL DUQUE DE HUMENA

Despidióse el francés con grasa buena,
(con buena gracia digo, señor Momo),
hizo España el deber con el Vandomo,
y al pagar le hará con el de Pena.

Reales fiestas le impidió al de Humena
la ya engastada Margarita en plomo,
aunque no hay toros para Francia como
los de Guisando, su comida y cena.

Estrellóse la gala de diamantes
tan al tope, que alguno fue topacio,
y aun don Cristalïán mintió finezas.

Partióse al fin, y tan brindadas antes
nos dejó las saludes de Palacio,
que otro día enfermaron Sus Altezas.

Tanto el P. Pineda como el P. Horio lo censuran por impertinente.

El Duque de Humena vino para dar el pésame por la muerte de la reina y fue agasajado muy generosamente. Puesto que aún duraba el luto, no hubo fiestas grandes.

---

1 *grasa*: juego de palabras: en portugués, "graça" significa gracia; en español, alude a la apariencia descuidada o al hecho de que era grueso.

2 *Momo*: "Fingieron los poetas que de la Noche y el Sueño nació un hijo, que llamaron Momo. Éste no hace cosa alguna, y sólo sirve de reprehender todo lo que los demás hacen" (Cov.).

3 *el Vandomo*: Duc de Vendôme, hijo natural de Enrique IV; lo usa aquí como referencia general al rey de Francia; SC señala doble sentido también en este verso: "deber" se refiere a las deudas que se contrajeron para recibir al embajador; el nombre Pena indica claramente las consecuencias (p. 701).

6 Cf. otros sonetos a la muerte de la reina: en todos menciona el origen de su nombre: la perla; *engastada en plomo*: en un ataúd de plomo; *reales fiestas* del verso precedente implican toros y cañas.

7-8 Insinuación que a los franceses sólo les interesa la comida.

9 Se adornaron de diamantes tan lucientes como estrellas; el segundo sentido de "estrellarse": chocar.

10 *tan al tope*: SC: "cuando junta el artífice unos diamantes con otros tan ajustadamente que parecen ser uno mismo, se dice que están al tope" (p. 704); tope significa también tropiezo; *alguno fue topacio*: se descubrió que eran diamantes falsos, hecho al que alude también Quevedo en su poema "A la venida del Duque de Humena".

11 Aun cristal fue pasado por piedra preciosa.

121. 1611

AL TÚMULO DE ÉCIJA, EN LAS HONRAS DE LA SEÑORA
REINA DOÑA MARGARITA

Icaro de bayeta, si de pino
Cíclope no, tamaño como el rollo,
¿volar quieres con alas a lo pollo,
estando en cuatro pies a lo pollino?

¿Qué Dédalo te induce peregrino
a coronar de nubes el meollo,
si las ondas, que el Betis de su escollo
desata, ha de infamar tu desatino?

No des más cera al sol, que es bobería,
funeral avestruz, máquina alada,
ni alimentes gacetas en Europa.

Aguarda a la ciudad, que a mediodía,
si masse Duelo no en capirotada,
la servirá masse Bochorno en sopa.

Después de la serie de sonetos serios a la muerte
de la reina, escribió éste y el siguiente, que por
muchos fueron interpretados erróneamente como crítica del túmulo de Córdoba. Los dos fueron censu-
rados por el P. Pineda.

1 Probablemente alude a la forma del túmulo, y a la vez a su
pobreza: de bayeta en vez de brocado, y hecho de pino, no de
mármol.

2 Se refiere a su tamaño; el rollo de Ecija era una grande columna
de granito universalmente conocida.

3 Sigue la alusión a Icaro y a la desproporción del cuerpo y las
alas, a la que junta el juego paronomástico pollo-pollino.

6 meollo: aquí, la parte superior, donde estaban los cirios que
producían humo; a la vez, alusión a su pretensión de elevarse
hacia las nubes.

8 El Betis tendría vergüenza de recibir tal cuerpo; a la vez, es probable que se refiera a la cera que se va derritiendo.

11 Todos los que lo habrán visto escribirán sátiras.

12 CH anota: "Ecija es de los más calurosos lugares de Andalucía".

13 *Masse*: título que se daba a los cocineros; *capirotada*: SC "cierta manera de guisado que se hace de especias, huevos, yerbas,... la cual se echa sobre otro guisado... y porque lo cubre a modo de capirote se dijo capirotado"; juega con este término culinario y la significación de capirote: "capucha que se suele poner por luto con lobas de bayeta" (p. 716).

13-14 SC: "En estos equívocos declara el traje de la justicia y Regidores de la ciudad de Córdoba en semejante día, y el afán y calor que por esta razón tendrían" (p. 716).

14 Alusión al dicho "viene hecho una sopa": calado; efecto que produciría el hecho de llevar el hábito de luto en tal calor.

122. 1614

—¡A la Mamora, militares cruces!
¡Galanes de la Corte, a la Mamora!
Sed capitanes en latín ahora
los que en romance ha tanto que sois duces.

¡Arma, arma, ensilla, carga!—¿Qué? ¿Arcabuces?
—No, gofo, sino aquesa cantimplora.
Las plumas riza, las espuelas dora.
—¿Armase España ya contra avestruces?

—Pica, Bufón. ¡Oh tú, mi dulce dueño!
Partiendo me quedé, y quedando paso
a acumularte en África despojos.

—¡Oh tú, cualquier que la agua pisas leño!
¡Escuche la vitoria yo, o el fracaso
a la lengua del agua de mis ojos!

SC: "El año de 1614 se apoderó el Armada Real...
del río de la Mamora que... está poco más adelante
del Puerto y Castillo de Larache en la costa de África.... Poco después de haberse apoderado los nuestros
de aquel sitio, vino nueva a la corte de que lo
había sitiado con grande multitud de gente el enemigo.... No hubo caballero ni señor que no desam-
parase la corte bajando a la Andalucía para pasar
al socorro.... Mas don Luis... describe la partida de
algunos, introduciendo cuatro personajes que hablan
en él: uno que da la nueva y exhorta al socorro;
otro que manda prevenir algunas cosas para el viaje; un criado Bufón que le pregunta y responde, y
una dama que queda llorosa" (p. 531-2).

1 *militares cruces*: caballeros de las órdenes militares.

3-4 SC: "En latín se dice *dux* el capitán. La ley 16 de la Partida
II lo declara...: 'en algunas tierras los llaman Duques.'... Quiere
decir... volved a serlo de donde se originó vuestro título" (p. 532).

6 *gofo*: necio; *cantimplora*: "una garrafa de cobre, con el cuello muy largo, para enfriar en ella el agua o el vino, metiéndola y enterrándola en la nieve... Díjose cantimplora, porque al dar el agua o el vino que tiene dentro, por razón del aire que se encuentra en el dicho cuello, suena con muchas diferencias" (Cov.).

7 Se burla de la preocupación por las apariencias más que por el valor.

8 Insiste en que los preparativos no parecen para una guerra.

9 *picar*: andar de prisa (*Dicc. Aut.*); la segunda parte del verso está dirigida a la dama.

10 Recuérdese el soneto de Lope de Vega: "Ir y quedarse".

11 Se burla de la motivación de la partida: no por defender a la patria, sino por provecho material.

12 Metonimia por navío.

14 Doble sentido en *lengua del agua*: orilla del mar y llanto, que también admite doble interpretación: lágrimas de gozo si la noticia es buena; de dolor, si mala.

123. 1614

Llegué, señora tía, a la Mamora,
   donde entre nieblas vi la otra mañana,
   desde el seguro de una partesana,
   confusa multitud de gente mora.

Pluma acudiendo va tremoladora
   andaluza, extremeña y castellana,
   pidiendo, si vitela no mongana,
   cualque fresco rumor de cantimplora.

Allanó alguno la enemiga tierra
   echándose a dormir; otro soldado,
   gastador vigilante, con su pico

biscocho labra. Al fin, en esta guerra
   no vi más fuerte, sino el levantado.
   De la Mamora. Hoy miércoles. Juanico.

---

2 Agustín de Horozco (BAE, XXXVI, p. 214) refiere que en esa
costa por la mañana hay casi siempre una neblina.

3 Juego doble: el seguro de un arma (partesana) y la seguridad
que le da el estar emplazado en una "parte sana".

4 El 15 de agosto de 1614 atacaron la Mamora 4.000 moros.

5 *pluma*: soldado; *tremoladora*: ambiguo: pluma agitada por el
viento, pero muy probablemente alude también al poco ánimo
de los soldados.

6 Se habían reunido los caballeros de toda España.

7 SC: "A la ternera llaman los italianos vitela, y la mejor que
se gasta en Roma es la que dicen mongana" (p. 712).

9 SC: "Alude al adagio español: 'Cobra buena fama y échate a
dormir'" (p. 713); *allanar* tiene significado bivalente: sojuzgar
y hacer llano.

11 SC: "gastador se dice en la guerra el que trabaja con la pala
y el azadón o el pico" (p. 713); en acepción corriente, el que
disipa; bivalencia también en "pico": azadón y boca.

12 *bizcocho*: pan cocido dos veces, provisión de base para los soldados.

13 *fuerte*: la fortaleza y el soldado fuerte y valiente.

14 Es imposible determinar si alude a un personaje concreto con
"Juanico".

124. 1615

DE LOS QUE CENSURARON SU "POLIFEMO"

Pisó las calles de Madrid el fiero
monóculo galán de Galatea,
y cual suele tejer bárbara aldea
soga de gozques contra forastero,

rígido un bachiller, otro severo
(crítica turba al fin, si no pigmea)
su diente afila y su veneno emplea
en el disforme cíclope cabrero.

A pesar del lucero de su frente,
le hacen oscuro, y él en dos razones,
que en dos truenos libró de su Occidente:

"Si quieren", respondió, "los pedantones
luz nueva en hemisferio diferente,
den su memorïal a mis calzones".

Denunciado por el P. Pineda por sucio y personal. *Polifemo* es de 1613. Góngora estaba aún en
Córdoba.

2 *monóculo*: Polifemo tenía un solo ojo; también el monóculo
que usan los presumidos para leer.

3-4 Compara a los críticos que no admiten novedades de estilo con
campesinos atrasados que sueltan los perros al ver llegar a un
forastero.

6 *pigmea* alude a su tamaño espiritual y les opone al gigante
Polifemo.

9 Continúa el juego con la alusión al ojo; aquí, lucero significa
también que el poema está lleno de luz.

11-14 Brockhaus: con dos truenos de su trasero les ofreció servirse
de sus memoriales como de papel higiénico para crearles nueva
luz en las nalgas (p. 158).

125. 1619

A FRAY ESTEBAN IZQUIERDO, FRAILE FRANCISCO, EN
AGRADECIMIENTO DE UNA BOTA DE AGUA
DE AZAHAR Y UNAS PASAS

La Aurora, de azahares coronada,
sus lágrimas partió con vuestra bota,
ni de las peregrinaciones rota,
ni de los conductores esquilmada.

De sus risueños ojos desatada,
fragrante perla cada breve gota,
por seráfica abeja fue, devota,
a bota peregrina trasladada.

Uvas os debe Clío, mas ceciales;
mínimas en el hábito, mas pasas,
a pesar del perífrasis absurdo.

Las manos de Alejandro hacéis escasas,
segunda la capilla del de Ales,
Izquierdo Esteban sí, no Esteban zurdo.

---

2 El rocío, que frecuentemente aparece como perlas, y éstas son
metáforas corrientes para lágrimas, como en v. 6.

7 *seráfica*: alada, y alusión a los frailes franciscanos, padres será-
ficos; *devota*: juego de palabras con el verso siguiente: de bota.

9 *Clío*: SC: "mi musa"; *cecial*: SC: "pescado que se cura y
seca al sol y al aire, y de la misma suerte se hacen las pasas"
(p. 679).

10 SC: uvas que por su color se asemejan al del hábito de los
religiosos mínimos, o sea a los de la orden de San Francisco
de Paula; "pasas" repite la noción de "ceciales".

13 Alejandro de Hales; SC: "éste fue de nación inglés, y religioso
de la Orden del Seráfico Padre San Francisco, varón doctísimo y
maestro de los santos doctores Buenaventura y Tomás de Aquino"
(p. 680).

14 SC: "Cuando queremos declarar que alguno sabe lo que le
importa y que no es desatento, solemos decir que no es zurdo"
(p. 680).

126. 1619

EN LA JORNADA DE PORTUGAL

¿En año quieres que plural cometa
  infausto corta a las coronas luto,
  los vestigios pisar del griego astuto?
  Por cuerdo te juzgaba, aunque poeta.

Salga a otro con lanza y con trompeta
  mosquito antonïano resoluto,
  y aun a pesar del tiempo más enjuto,
  Amor con botas, Venus con bayeta;

fresco verano, clavos y canela,
  nieve mal de una Estrella dispensada,
  aposento en las gabias el más baio;

el primer día folïón y pela,
  el segundo, en cualquier encrucijada,
  inundaciones del nocturno Tajo.

Según SC, lo dedica a un amigo. Jammes sugiere
que se dirige a sí mismo, lo cual parece más acertado
(p. 123).

1-2 En noviembre de 1618 se vieron dos cometas en el cielo; CH
refiere que poco después fallecieron el Emperador Matías y Ana,
su mujer.

3 Existe una tradición según la cual Lisboa fue fundada por Ulises.

5-6 Alusión a los mosquitos que abundaban en Lisboa, y a Antonio,
Prior de Crato, pretendiente al trono de Portugal; implica que
los portugueses reciben a los españoles con poca amistad.

8 SC: "Alude a lo enamorado y al traje de los portugueses que
ordinariamente se visten de bayeta, y los más usan botas" (p.
676).

9 Según SC, "fresco" se usa irónicamente: clavos y canela se usan
en los días más calurosos; añade que las dos especies aluden
al comercio con el Oriente que florecía en Lisboa.

10 Alusión a la Sierra de Estrella y a la escasez de la nieve para
   enfriar las bebidas.

11 SC refiere que las casas de Lisboa eran muy altas; probablemente es una alusión al hecho de que a los huéspedes, se les
   ofrece sólo buhardillas, donde hace más calor.

12 *folión*: baile ruidoso; *pela*: otro baile, de disfraz.

14 Sentido equívoco: había inundaciones del Tajo, pero aún más
   frecuentes eran las arremetidas y las cuchilladas nocturnas.

127. 1620

AL DOCTOR NARBONA, PIDIÉNDOLE UNOS
ALBARCOQUES QUE HABÍA OFRECIDO
ENVIARLE DESDE TOLEDO

Mis albarcoques sean de Toledo,
    cultísimo doctor; lo damasquino
    a un alfanje se quede sarracino,
    que en albarcoques aun le tengo miedo.

Vengan (aunque es la voz antigua) cedo,
    no a manos del señor don Bernardino,
    que por negarle un cuesco al más vecino,
    degollará sin cadahalso un pedo.

Si espiró el cigarral, barbo luciente
    supla las frutas de que se corona,
    cuando no anguila que sus tactos miente:

de parte de don Luis se les perdona
    la calidad de entre una y otra puente,
    como sean del golfo de Narbona.

---

2 Los albaricoques de Damasco se consideraban como los mejores;
  eran injertados sobre un almendro; también eran famosos los
  cuchillos cortos hechos en Damasco: alfanjes; *sarracino* se refiere a los habitantes de Damasco.

6 Una nota en B2360 aclara: Don Bernardino de Ayala, Conde
  de Villalba.

7 Brockhaus señala el doble sentido de "cuesco": hueso de la
  fruta y pedo ruidoso; alusión que continúa en v. 8.

9 *espiró*: si se acabaron los albaricoques.

11 *que sus tactos miente*: que se desliza de entre las manos.

128. 1621

TARDÁNDOSE EL CONDE DE VILLAFLOR EN VOLVER
A DON LUIS UNOS DINEROS QUE LE HABÍA PRESTADO
EN EL JUEGO

El Conde mi señor se fue a Cherela,
  lio el volumen, y picó el bagaje;
  segovianos de a ocho, buen viaje,
  que no os pienso ver más en mi escarcela.

En lebrel convertidos, o en lebrela,
  os llevará de la traílla un paje,
  que en este ya canicular linaje
  gasta lo que a presbíteros repela.

Perros vivos al hombre, perros muertos
  concede a la mujer Su Señoría;
  bobo he sido en prestarle mi dinero.

Bien que si los refranes salen ciertos,
  cuanto más bobo he sido, más espero
  se me aparecerá Sancta María.

Nota en CH: "Faltó el Conde de casa de don
Luis algunos días, y fuese en casa del Marqués de
Cherela (donde también se jugaba), y aunque solía
hacer esto algunas veces, quiso don Luis (por bur-
larse con él) atribuir ésta a su emprestido". A su
vez, la pasión por el juego de Góngora mismo le ha
merecido varias sátiras.

2 *volumen*: equipaje; *bagaje*: mula que lo transporta.
3 *segovianos de a ocho*: reales segovianos (moneda).
4 *escarcela*: una especie de bolsa larga.
5 SC indica que le había prestado el dinero para "feriar un
lebrel" (p. 602).

---

8 Probablemente alusión al hecho de que no es generoso para con la Iglesia; a la vez, puede ser alusión a su propio estado, y juego con "repelar": le ha pelado.

9 *Concederle perro a uno*: hacerle esperar mucho tiempo (Alemany); dar perro muerto: "Dícese en la corte cuando engañan a una dama dándole a entender que uno es gran señor" (Cejador y Frauca, *Fraseología o estilística castellana*).

13-14 Nota en CH: "Llamábase Sancta María un criado del Conde de Villaflor, por cuya mano pagaba todo lo que debía del juego". Alude al refrán "A los bobos se aparece Santa María".: "cuando a una persona poco activa y encogida le sucede una buena fortuna, sin que la busque" (Cov.).

129. 1622

DEL CONDE DE VILLAMEDIANA, PREVENIDO PARA IR
A NÁPOLES CON EL DUQUE DE ALBA

El Conde mi señor se va a Napoles
con el gran Duque. Príncipes, a Dío;
de acémilas de haya no me fío,
fanales sean sus ojos o faroles.

Los más carirredondos girasoles
imitará siguiéndoos mi albedrío,
y en vuestra ausencia, en el puchero mío
será un torrezno la Alba entre las coles.

En sus brazos Parténope festiva,
de aplausos coronado Castilnovo,
en clarines de pólvora os reciba;

de las orejas yo teniendo al lobo,
incluso esperaré en cualque misiva
beneficio tan simple, que sea bobo.

El Duque de Alba fue Virrey de Nápoles de
1623 a 1629; el Conde de Villamediana fue asesinado en 1622. El soneto debió de escribirse apenas se
conoció el nombramiento (era frecuente hacerlo incluso varios años antes de que quedara vacante el
puesto).

3 *acémila de haya*: mula de cargo hecha de madera: galera.

8 SC refiere un proverbio castellano: "No es sino el Alba que
anda entre las coles", que se aplica en ocasiones en que hay
duda (p. 670).

9 *Parténope*: Nápoles; *Castilnovo*: el castillo más importante de
Nápoles; alusión a la acogida brillante que se les prepara.

12 SC señala un adagio latino: "lupum auribus tenere", que se
aplica a una persona que duda y no sabe escoger entre dos
posibilidades.

13-14 SC informa que le habían prometido algún beneficio de allá
(p. 671).

FÚNEBRES

130. 1582

EN LA MUERTE DE DOS SEÑORAS MOZAS, HERMANAS,
NATURALES DE CÓRDOBA

Sobre dos urnas de cristal labradas,
de vidrio en pedestales sostenidas,
llorando está dos ninfas ya sin vidas
el Betis en sus húmidas moradas,

tanto por su hermosura dél amadas,
que, aunque las demás ninfas doloridas
se muestran, de su tierno fin sentidas,
él, derramando lágrimas cansadas:

"Almas", les dice, "vuestro vuelo santo
seguir pienso hasta aquesos sacros nidos,
do el bien se goza sin temer contrario;

que, vista esa belleza y mi gran llanto,
por el cielo seremos convertidos,
en Géminis vosotras, yo en Acuario".

Es el primer soneto de Góngora. Los cuartetos
muestran parentesco con el soneto XI de Garcilaso:
"Hermosas ninfas, que en el río metidas, / conten-
tas habitáis en las moradas / de relucientes piedras
fabricadas / y en colunas de vidrio sostenidas...".
El segundo terceto demuestra ya ingeniosidad original, así como la transición insólita entre el segundo
cuarteto y el primer terceto, mediante la interposición de "les dice".

1 Herrera, en las *Anotaciones* a las obras de Garcilaso, señala que
  era muy frecuente pintar a los ríos como dioses con una urna
  debajo del brazo (p. 412). Aquí, las urnas sirven como recipientes
  para las lágrimas del Betis personificado, pero también contienen
  la connotación de la muerte: las urnas acogen los restos mortales.

8 Véase el núm. 59.

10 *nidos*: como consecuencia del verso precedente.

14 Juego de palabras con los signos del Zodíaco y la aceptación
   común: las dos hermanas iguales en hermosura; el río, consis-
   tente de agua y acrecentándola con su llanto.

131. 1583

EN LA MUERTE DE UNA SEÑORA QUE MURIÓ MOZA
EN CÓRDOBA

Fragoso monte, en cuyo basto seno
  duras cortezas de robustas plantas
  contienen aquel nombre en partes tantas
  de quien pagó a la tierra lo terreno,

así cubra de hoy más cielo sereno
  la siempre verde cumbre que levantas,
  que me escondas aquellas letras santas
  de que a pesar del tiempo has de estar lleno.

La corteza, do están, desnuda, o viste
  su villano troncón de yerba verde,
  de suerte que mis ojos no las vean.

Quédense en tu arboleda, ella se acuerde
  de fin tan tierno, y su memoria triste,
  pues en troncos está, troncos la lean.

1-3 Vaga reminiscencia de *Orlando Furioso*, de L. Ariosto, XIX, 36.
  4 "Porque polvo eres, y al polvo serás tornado" (*Génesis*, III, 19).
 13 *fin tan tierno*: de persona tan joven; véase el soneto precedente, v. 7.

132. 1603

EN EL SEPULCRO DE LA DUQUESA DE LERMA

¡Ayer deidad humana, hoy poca tierra;
aras ayer, hoy túmulo, oh mortales!
Plumas, aunque de águilas reales,
plumas son; quien lo ignora, mucho yerra.

Los huesos que hoy este sepulcro encierra,
a no estar entre aromas orientales,
mortales señas dieran de mortales;
la razón abra lo que el mármol cierra.

La Fénix que ayer Lerma fue su Arabia
es hoy entre cenizas un gusano,
y de consciencia a la persona sabia.

Si una urca se traga el oceano,
¿qué espera un bajel luces en la gabia?
Tome tierra, que es tierra el ser humano.

R. Jammes señala que existe toda una serie de
poemas escritos en esta ocasión y que probablemente son la consecuencia de una academia literaria
(p. 268). El soneto entero está basado en el tema "polvo eres, y al polvo serás tornado", muy evidente en
el último verso. También el de la Danza de la
Muerte.

2 *aras ayer*: adorada y lisonjeada por todos; véase el núm. 15:
"si ya a sus aras no les di terneros".

3 *plumas*: SC: metafóricamente, poder y grandeza; *reales*: alude
al origen de la casa, derivada de los reyes de Castilla y
Francia.

8 Entienda la razón la caducidad de la vida humana. La misma
invitación se repite en el segundo cuarteto del núm. 157.

9 Sintaxis enrevesada: La Fénix cuya Arabia ayer fue Lerma.

10 Contrariamente a lo que acontece con el ave, el cuerpo de la
   Duquesa ya empieza a pudrirse; "gusano" se asocia a la vez
   con "conciencia", que, reconociendo la vanidad de la vida, debería renunciar a su gloria exterior; véase la *Comedia del
   Doctor Carlino*, v. 36-38: "Porque la honra, Carlino, / cual la
   conciencia imagino / que labra con su gusano".

11 *persona sabia*: el que es capaz de razonar.

12 *urca*: embarcación grande.

13 SC: "Alude a la estrella que los antiguos llamaron Helena, la
   cual anuncia tempestad cuando se ve en la gabia" (p. 745). La
   metáfora de la vida humana como navegación, proveniente de
   Horacio, es muy corriente en la poesía de este siglo.

14 Bivalente: continúa la metáfora de la nave, y a la vez vuelve
   al tema de "al polvo serás tornado".

133. 1603

PARA LO MISMO

Lilio siempre real, nascí en Medina
del Cielo, con razón, pues nascí en ella;
ceñí de un Duque excelso, aunque flor bella,
de rayos más que flores frente digna.

Lo caduco esta urna peregrina,
oh peregrino, con majestad sella;
lo fragrante, entre una y otra estrella
vista no fabulosa determina.

Estrellas son de la guirnalda griega
lisonjas luminosas, de la mía
señas obscuras, pues ya el Sol corona.

La suavidad que expira el mármol (llega)
del muerto lilio es, que aun no perdona
el santo olor a la ceniza fría.

1 Alusión a su descendencia: la casa real de Francia; véase el
  "Panegírico al Duque de Lerma": "abeja de los tres lilios reales", v. 109.

2 Juego de palabras parecido al que usa con Valladolid: Valle
  de Olid, y Monforte: Monte fuerte.

4 *rayo*: alusión a su poder (como los rayos de Júpiter) y, a la
  vez, confrontación antitética con lo perecedero de una flor. Para
  la rima, hay que pronunciar "digno" sin "g".

5-6 Juego de palabras con *peregrino*: en el primer caso significa
  "bella", en el segundo, "caminante".

7 *lo fragrante*: en contraposición a lo caduco = el cuerpo, el
  alma.

8 *vista no fabulosa determina*: el alma es juzgada por Dios o,
  según SC, por "celestiales espíritus" (p. 749).

9 Alusión a la corona de Ariadna; véase el último terceto del
  núm. 55.

11 Verso que ha causado muchas contradicciones. Sugerimos la versión siguiente: estas estrellas, que hacen parte de la constela-

ción de la corona de Ariadna, lisonjean la vista por su luminosi-
dad y belleza, pero no son más que sombras de la mía: mi
alma, a causa de su pureza, corona ya al Sol mismo: Dios.

12 *llega* se dirige al caminante.

13-14 Véase el núm. 135: "el mismo que espiró suave aliento /
fresca espira marchita y siempre hermosa". Según la relación
de Cabrera, la verdad era muy distinta: "Hubo de traer el
cuerpo en compañía del Duque de Medinaceli, Conde de Lemos
y de Gelves y otros caballeros, los cuales entraron en esta ciudad
el lunes a la noche 9 de éste, y lo depositaron en el monasterio
de Belén; y porque venía del camino en tantos días dañado y
con mal olor, hubieron la mesma noche de llevarlo a enterrar
secretamente a San Pablo, y el día siguiente se apercibieron los
consejeros y ministros, y todos los caballeros para acompañar el
ataúd desde Belén... teniéndose secreto lo que se había hecho
del cuerpo" (p. 178-9).

134. 1610

EN LA MUERTE DE ENRIQUE IV,
REY DE FRANCIA

El Cuarto Enrico yace mal herido
  y peor muerto de plebeya mano;
  el que rompió escuadrones y dio al llano
  más sangre que agua Orión humedecido:

glorïoso francés, esclarecido
  conducidor de ejércitos, que en vano
  de lilios de oro el ya cabello cano,
  y de guarda real iba ceñido.

Una temeridad astas desprecia,
  una traición cuidados mil engaña,
  que muros rompe en un caballo Grecia.

Archas burló el fatal cuchillo; ¡oh España,
  Belona de dos mundos, fiel te precia,
  y armada tema la nación extraña!

El asesinato de Enrique IV fue ampliamente comentado en España. Varios poetas, entre ellos, Quevedo, Lope de Vega y el Conde de Villamediana, escribieron "epitafios" en la ocasión.

1 *mal herido*: expresión usada en los torneos, sobre la cual cons-
    truye, según lo señala Brockhaus, la antitética "peor muerto".
    Ésta se refiere también al modo "vil" de la muerte.
3-4 Hiperboliza las hazañas del rey; Orión: la constelación de la
    lluvia. Aunque todos los códices ponen la coma después de "es-
    clarecido", el cambio introducido por Millé parece más acertado.
8 Une varias asociaciones: la cabeza ceñida de la corona de Fran-
    cia (las armas de los Borbones son lilios blancos en un campo
    azul; transpone el color "oro" de la corona a los lilios), y él
    mismo acompañado (rodeado, ceñido) de su cuerpo de guardia,
    que eran tres Duques; *cabello cano* alude a su edad: tenía
    57 años.
11 Alusión al caballo de Troya.
12 *archas*: las armas que traen los archeros de la guardia real.
13 *Belona*: diosa de la guerra.

135. 1610

EN LA MUERTE DE DOÑA GUIOMAR DE SÁ,
MUJER DE JUAN FERNÁNDEZ DE ESPINOSA

Pálida restituye a su elemento
su ya esplendor purpúreo casta rosa,
que en planta dulce un tiempo, si espinosa,
gloria del Sol, lisonja fue del viento.

El mismo que espiró süave aliento
fresca, espira marchita y siempre hermosa;
no yace, no, en la tierra, mas reposa,
negándole aun al hado lo violento.

Sus hojas sí, no su fragrancia, llora
en polvo el patrio Betis, hojas bellas,
que aun en polvo el materno Tejo dora.

Ya en nuevos campos una es hoy de aquellas
flores que ilustra otra mejor Aurora,
cuyo caduco aljófar son estrellas.

Soneto construido sobre la metáfora de la rosa,
inspirada por el apellido de la dama. SC señala que
se solía esculpir una rosa en los sepulcros como
símbolo de la brevedad de la vida.

1 *a su elemento*: a la tierra.

2 *esplendor ya purpúreo*: el cambio de color causado por la
muerte.

3 *espinosa* alude a la condición airada de la dama, y a su apellido.

4 *gloria del sol* por su esplendor, lisonja del viento por su fragrancia.

5-6 Véase el núm. 133: "que aun no perdona el santo olor a la
ceniza fría"; según Dámaso Alonso, marchita se refiere al cuerpo,
hermosa, al alma (p. 159).

7 Según SC, es una alusión a la resurrección. Bellísima descripción de la muerte: la actitud de reposo es comparable al Doncel de Sigüenza.

9 Repite la antítesis: hojas = cuerpo, fragancia = alma, pero también la buena fama que permanece intacta aun después de la muerte.

10-11 Aluden a los orígenes de la dama: su padre habrá sido andaluz; su madre, portuguesa; de aquí la ortografía "Tejo"; todos los poetas de esta época se refieren al oro que lleva el Tajo; en la idea, este verso repite lo dicho en v. 8: "en polvo" reanuda con v. 1.

12 En los poemas en que se trata de alguien muerto, "nuevo" así como "mejor" se refieren siempre al más allá.

13 *ilustra*: cultismo cuya significación es "iluminadas por"; la imagen de la aurora engendra la del rocío: aljófar, y las dos son unidas por la de "estrellas".

136. [CH 1612] 1611

DEL TÚMULO QUE HIZO CÓRDOBA EN LAS HONRAS
DE LA SEÑORA REINA DOÑA MARGARITA

A la que España toda humilde estrado
y su horizonte fue dosel apenas,
el Betis esta urna en sus arenas
majestüosamente ha levantado.

¡Oh peligroso, oh lisonjero estado,
golfo de escollos, playa de sirenas!
Trofeos son del agua mil entenas,
que aun rompidas no sé si han recordado.

La Margarita, pues, luciente gloria
del sol de Austria, y la concha de Baviera,
más coronas ceñida que vio años,

en polvo ya el clarín final espera:
siempre sonante a aquel, cuya memoria
antes peinó que canas, desengaños.

Los dos sonetos que siguen, una octava fúnebre
y dos décimas fueron escritos en la misma ocasión.
Fechado en 1612 por Chacón, seguramente es de
1611, el año de la muerte.

1-2 Fuerte hipérbaton: a la que toda España apenas fue humilde
estrado, y su horizonte, dosel.

3 *urna*, así como en el núm. 130, une la significación de túmulo
y la de lágrimas. *El Betis* usado como metonimia por Córdoba.

5-6 SC señala que tanto se refiere a la situación concreta de la
reina, que se vería asediada por aduladores, como al estado
general de "nuestra vida engañada con vanos deleites de nuestro
común enemigo" (p. 726). Vuelve a aparecer, además, la metáfora de la vida humana = navegación. Correlación: peligroso golfo,
playa de lisonjeras sirenas.

7 Se refiere al naufragio.

8 SC: "que aun rotos... no sabe si en aquel último extremo re-
cordaron para pedir a Dios misericordia" (p. 727). Recuérdese
el uso de "recordar" en las *Coplas* de Jorge Manrique.

9-10 Alusión a los padres de la reina, y juego con su nombre, que
en griego significa perla, y que vuelve a parecer en los sonetos
siguientes así como en el núm. 120, burlesco.

11 Acusativo griego; se refiere a los reinos que dominaba España.

12 SC: "Por ventura alude a lo que se refiere del glorioso San
Jerónimo que tenía siempre en su memoria el horrible son que
ha de convocar el humano linaje al tremendo juicio en el último
día, y así nos le pintan comúnmente con la trompeta al oído"
(p. 728).

13-14 El prudente recuerda a lo largo de toda la vida que tendrá
que morir, y rige sus acciones en acuerdo con ello.

14 Véase *Soledad segunda*, v. 364: "Oh canas —dijo el huésped—
no peinadas / con boj dentado o con rayada espina, / sino con
verdaderos desengaños".

137. [CH 1612] 1611

EN LA MISMA OCASIÓN

No de fino diamante, o rubí ardiente
(luces brillando aquél, éste centellas),
crespo volumen vio de plumas bellas
nacer la gala más vistosamente,

que, obscura el vuelo, y con razón doliente,
de la perla católica que sellas,
a besar te levantas las estrellas,
melancólica aguja, si luciente.

Pompa eres de dolor, seña no vana
de nuestra vanidad. Dígalo el viento,
que ya de aromas, ya de luces, tanto

humo te debe. ¡Ay, ambición humana,
prudente pavón hoy con ojos ciento,
si al desengaño se los das, y al llanto!

M. Artigas refiere lo siguiente del túmulo: "Blas
de Marabel, maestro mayor de fábricas en esta ciudad y su Obispado, *insigne hombre en el arte que
profesa*, construyó un bizarro y majestuoso túmulo,
que enorgulleció a los cordobeses. Adornaban el túmulo tarjetones con poesías latinas y castellanas"
(p. 123).

1-4 Primer término de la comparación: un penacho de plumas en
cuyo extremo inferior se suele poner alguna piedra preciosa para
asegurarlas (SC).

8 El túmulo era en forma de pirámide; luciente por los cirios.

9 Continúa la antítesis: luciente pompa — dolor melancólico; *seña
no vana*: con significación profunda para el que pueda entender-
la; cf el último terceto del soneto precedente.

13 Compara la ambición con la cola del pavón que, según la fábula,
tenía los cien ojos de Argos transplantados allá por Juno; prudente se refiere a los "ojos del entendimiento": reconociendo la
vanidad de toda pompa humana, debería ponerse a llorar.

138. [CH 1612] 1611

EN LA MISMA OCASIÓN

Máquina funeral, que desta vida
   nos decís la mudanza, estando queda;
   pira, no de aromática arboleda,
   si a más gloriosa Fénix construida;

bajel en cuya gabia esclarecida
   estrellas, hijas de otra mejor Leda,
   serenan la Fortuna, de su rueda
   la volubilidad reconocida,

farol luciente sois, que solicita
   la razón, entre escollos naufragante,
   al puerto; y a pesar de lo luciente,

obscura concha de una Margarita
   que, rubí en caridad, en fe diamante,
   renace a nuevo Sol en nuevo Oriente.

El tercer soneto de la serie, el más perfecto en la opinión de R. O. Jones.

1 *máquina funeral*: el túmulo.

2 Véase Garcilaso, *Égloga* I: "Y su mudanza ves, estando queda".

3 *pira*: reúne la noción de la forma piramidal y de las velas que arden; *aromática arboleda*: alusión a la pira del Fénix; véase núms. 146 y 51.

4 *más gloriosa Fénix*: la reina.

6 Alusión a Cástor y Pólux, estrellas que prometen buena llegada, aquí en sentido figurado; "mejor" se refiere al más allá; las estrellas serían los cirios.

7 Fortuna en el sentido de tormenta; en sentido figurado, la tormenta de la vida en que peligra todo hombre; a esta imagen une la de la diosa Fortuna con su rueda.

9 *farol luciente*: polivalencia: luciente por la multitud de las velas; en sentido figurado, faro que indica el puerto; además, "la antorcha de la razón"; *solicita*: guía.

11-12 Véase el juego luciente-obscura en el soneto precedente.

14 *nuevo Sol*: Dios; Oriente, usado para la imagen de la salida del sol, se extiende a cielo, morada de los bienaventurados, uniendo a ella la noción de una vida nueva.

139. 1613

A DON ANTONIO DE LAS INFANTAS, EN LA MUERTE DE UNA
SEÑORA CON QUIEN ESTABA CONCERTADO DE CASAR EN
SEGURA DE LA SIERRA

Ceñida, si asombrada no, la frente
de una y de otra verde rama obscura,
a los pinos dejando de Segura
su urna lagrimosa, en son doliente,

llora el Betis, no lejos de su fuente,
en poca tierra ya mucha hermosura:
tiernos rayos en una piedra dura
de un sol antes caduco que luciente.

¡Cuán triste sobre el pórfido se mira
casta Venus llorar su cuarta gracia,
si lágrimas las perlas son que vierte!

¡Oh Antonio, oh tú del músico de Tracia
prudente imitador! Tu dulce lira
sus privilegios rompa hoy a la muerte.

---

3 SC: "Siempre se pintaron los ríos coronados según la tierra...
el Betis de pino, por tener su origen en las sierras de Segura de
donde se traen los famosos pinos" (p. 434-5).

6 Véase núm. 5: "que ahora es gloria mucha y tierra poca".

7 *tiernos rayos* se refiere a la edad de la joven; *piedra dura*: el
sepulcro.

8 Murió antes de llegar a pleno esplendor.

10 La doncella hubiera podido competir con las tres gracias que
acompañan a Venus: Aglaya, Eufrósine, Talía; *casta Venus* vuelve a poner énfasis en su "tierna edad".

12 Alusión a Orfeo, recalcando que el amigo sería más prudente y
redimiría por completo a la muerta.

140.   [CH 1615] 1614

INSCRIPCIÓN PARA EL SEPULCRO
DE DOMÍNICO GRECO

Esta en forma elegante, oh peregrino,
de pórfido luciente dura llave
el pincel niega al mundo más süave,
que dio espíritu a leño, vida a lino.

Su nombre, aun de mayor aliento digno
que en los clarines de la Fama cabe,
el campo ilustra de ese mármol grave.
Venérale, y prosigue tu camino.

Yace el Griego. Heredó Naturaleza
arte, y el Arte, estudio; Iris, colores;
Febo, luces —si no sombras, Morfeo.—

Tanta urna, a pesar de su dureza,
lágrimas beba y cuantos suda olores
corteza funeral de árbol sabeo.

Aunque fechado por Chacón en 1615, es más
probable que sea de 1614, año de la muerte de El
Greco. Artigas supone que le había conocido a través de Paravicino, íntimo amigo de los dos.

2 *dura llave*: el sepulcro. El cuarteto abunda en hipérbatos: Este
sepulcro niega al mundo el pincel (pintor) que animó leño e
hizo parecer vivos los retratos que pintó.

5 Pronúnciese "dino" para la rima.

6 SC señala que la imagen del "clarín de la fama" viene trans-
mitiéndose desde Égloga VIII de Virgilio.

7 *ilustra*: cultismo: da esplendor a la tabla en que está esculpido.

9-11 SC: "Le heredó, por su muerte, la Naturaleza, para sacar más
perfectas sus obras; y el Arte heredó estudio para perficionarse;
y sus colores el Iris, para mayor adorno suyo; las luces Febo
para resplandecer más; y Morfeo, sombras con que manifestar
sus horrores" (p. 738). Adoptamos la puntuación de D. Alonso.

14 *árbol sabeo*: de Sabá, en Arabia, famoso por sus aromas, cuya
corteza servía para el incienso.

141. 1615

EN LA MUERTE DE TRES HIJAS DEL DUQUE DE FERIA

Entre las hojas cinco, generosa
  si verde pompa no de un campo de oro,
  prendas sin pluma a ruiseñor canoro
degolló mudas sierpe venenosa.

Al culto padre no con voz piadosa,
  mas con gemido alterno y dulce lloro,
  armonïosas lágrimas al coro
de las aves oyó la selva umbrosa.

Lloró el Tajo cristal, a cuya espuma
  dio poca sangre el mal logrado terno.
  terno de aladas cítaras süaves.

Que rayos hoy sus cuerdas, y su pluma
  brillante siempre luz de un Sol eterno,
  dulcemente dejaron de ser aves.

Dedica al mismo asunto el madrigal "Tres violas
del cielo". Véase el comentario de Buxó.

1-2 El escudo de los Figueroa tiene cinco hojas de higuera en un campo de oro.

3 Alusión a la tierna edad de las niñas indefensas; *ruiseñor:* el Duque escribía versos y conocía bien la literatura italiana (D. Alonso), a lo cual se refiere el "culto" del verso siguiente.

9 SC señala que la lección "Tajo" es incorrecta, habiendo muerto las niñas mientras el Duque era Virrey de Valencia, que está situada en la ribera del río Turia (p. 735).

10 Otra referencia a la poca edad de las niñas; *terno:* grupo de tres.

11 *aladas cítaras* reanuda con la primera imagen: hijas del ruiseñor.

142. [CH 1615] 1616

DE LA CAPILLA DE NUESTRA SEÑORA DEL SAGRARIO,
DE LA SANTA IGLESIA DE TOLEDO, ENTIERRO DEL
CARDENAL SANDOVAL

Esta que admiras fábrica, esta prima
  pompa de la escultura, oh caminante,
  en pórfidos rebeldes al diamante,
  en metales mordidos de la lima,

tierra sella, que tierra nunca oprima;
  si ignoras cuya, el pie enfrena ignorante,
  y esa inscripción consulta, que elegante
  informa bronces, mármoles anima.

Generosa piedad urnas hoy bellas
  con majestad vincula, con decoro,
  a las heroicas ya cenizas santas

de los que, a un campo de oro cinco estrellas
  dejando azules, con mejores plantas
  en campo azul estrellas pisan de oro.

CH fecha el poema en 1615, F-D en 1616, fecha
aceptada por Artigas. La descripción de las fiestas
fue publicada en 1617, refiriendo los sucesos del año
precedente. Las fiestas duraron todo el mes de octubre, participando en el certamen los poetas más
conocidos, y fueron honradas con la presencia de los
reyes.

1 SC señala que en los epitafios de los poetas clásicos era muy
  frecuente dirigirse al caminante, así como añadir "que le sea
  leve la tierra", como en v. 5 ("sit tibi terra levis") (p. 729-30).

3 *rebeldes al diamante*: para ensalzar su dureza.

4 *mordidos*: pulidos.

---

8 Correlación con 3 y 4; *informa*: en su acepción latina: dar forma.

9 Alabanza de la iniciativa del Cardenal.

10 D. Alonso señala que "vincula" es un cultismo; véase núm. 29: "al tiempo le vincula en bronces duros".

11 Heroicas por sus hazañas mientras vivieron; santas porque se les supone en el cielo.

12 "Las armas paternas son una banda negra, y cinco estrellas azules en campo de oro" (*Descripción de fiestas y certamen poético de Nuestra Señora del Sagrario de Toledo*, Madrid, 1617). Detalle que permite una inversión completa para referirse a la acogida de los padres en el cielo.

143. 1620

EN LA MUERTE DE UN CABALLERO MOZO

Ave real, de plumas tan desnuda
   que aun de carne voló jamás vestida,
   cuya garra, no en miembros dividida,
   inexorable es guadaña aguda,

lisonjera a los cielos, o sañuda
   contra los elementos de una vida,
   florida en años, en beldad florida
   (cuál menos, piedad árbitra lo duda),

no a deidad fabulosa hoy arrebata
   garzón, que en vez del venatorio acero
   cristal ministre impuro, sino alado

espíritu que, en cítara de plata,
   al Júpiter dirige verdadero
   un dulce y otro cántico sagrado.

No se sabe a qué muerte se refiere. Es de notar
que el soneto entero representa una sola oración.
Mack Singleton sugiere que podría referirse al mismo
suceso, en tono serio, que núm. 160, y ofrece la interpretación siguiente del primer cuarteto: el ave real
desnuda de plumas y aun de carne es el instrumento
de muerte (guadaña) enviado por Júpiter: el rayo
que ilumina el cielo y quita la vida al joven. La imagen del v. 3 parece sostener esta interpretación:
garra de la muerte, no de un pájaro. Los dos sonetos
fueron escritos en fecha muy próxima.

1 Empieza la imagen sostenida a través de todo el soneto: la
muerte contrastada con el águila que robó a Ganimedes. El
soneto y las imágenes tienen cierto parecido con "In morte d'un
giovinetto", de Marino.

5 *lisonjera a los cielos* continúa la imagen del águila.

8 La piedad, invitada a decidir si era más bello o en edad más
perfecta, vacila en su juicio; *piedad*: compasión.

9 *deidad fabulosa*: Júpiter, siempre siguiendo la alusión al rapto
de Ganimedes.

11 *cristal impuro*: el néctar, o el vino que sirve. M. Singleton me
hace notar que podría ser una alusión al uso "impuro" (sexual)
al que Júpiter sometía a Ganimedes. Las ediciones de F-D y
Millé rezan "si no"; en el códice CH no resulta clara ni la se-
paración, ni la unión. La interpretación de SC, siguiendo la lección "sino", apoyada por varios códices, parece aceptable, y la
adoptamos: la muerte esta vez no arrebató al joven para que
sirviera a Júpiter, sino para que, transformado en alado espíritu,
alabara a Dios: el Júpiter verdadero (p. 765).

Michel Lasne. *Margarita de Austria*. Grabado

Biblioteca Nacional. Madrid

Túmulo de Felipe III. Grabado

Biblioteca Nacional. Madrid

144. 1621

EN EL TÚMULO DE LAS HONRAS DEL SEÑOR
REY DON FELIPE III

Este funeral trono, que luciente,
  a pesar de esplendores tantos, piensa
  fragrante luto hacer la nube densa
  de los aromas que lloró el Oriente,

avaro, niega con rigor decente,
  y ponderoso, oprime sin ofensa
  en breve, mas real, polvo la inmensa
  jurisdicción de un sceptro, de un tridente.

Ley de ambos mundos, freno de ambos mares,
  rey, pues, tanto que en Africa dio almenas
  a sus pendones, y a su Dios, altares;

que las reliquias expelió agarenas
  de nuestros ya de hoy más seguros lares,
  rayos ciñe en regiones más serenas.

Felipe III murió el 31 de marzo de 1621.

) Según SC, es una imitación de Silvio Italico, II: "erigit atro
nigrantem fumo rogus alta ad Sidera nubem".

5 *avaro niega*: no permite ver; véase *Polifemo*, v. 80 "la niega avara".

6 Véase núm. 142: "tierra sella que tierra nunca oprima" ("sit
terra levis").

7 *breve*: poco; *inmensa jurisdicción* se refiere a la extensión de
los territorios dominados.

8 El cetro y el tridente como símbolos de la tierra y del mar.

9 Correlación: sceptro-mundo; tridente-mar; freno por señor, véase
núm. 11: "prudente / moderador del freno mexicano".

10 *almenas*: pars pro toto: fortalezas; alusión a la conquista de
Larache y La Mamora.

12 Alusión a la expulsión de los moriscos en 1609 y a la asegura-
ción de la costa; véase núm. 40: "tanto disimulado al fin turbante / con generosidad expulso ardiente".

14 Véase núm. 22: "rayos ciñe de luz, estrellas pisa".

145.   1621

EN LA MUERTE DE DON RODRIGO CALDERÓN

Sella el tronco sangriento, no le oprime,
de aquel dichosamente desdichado,
que de las inconstancias de su hado
esta pizarra apenas le redime;

piedad común en vez de la sublime
urna que el escarmiento le ha negado,
padrón le erige en bronce imaginado,
que en vano el tiempo las memorias lime.

Risueño con él, tanto como falso,
el tiempo, cuatro lustros en la risa,
el cuchillo quizá envainaba agudo.

Del sitial después al cadahalso
precipitado, ¡oh cuánto nos avisa!,
¡oh cuánta trompa es su ejemplo mudo!

La ejecución de Rodrigo Calderón produjo un cambio en la opinión pública: fue odiado mientras tenía el poder, pero su entereza al morir le ganó el favor del pueblo. Casi todos los poetas que vivían en la Corte en aquel tiempo le dedicaron sonetos o décimas, Góngora también el siguiente y número 148.

1 El "sit terra levis" repetido en casi todos los poemas fúnebres.

2 Alude al hecho de que su desdicha le ganó fama y favor.

5-6 No le fue erigido un túmulo ni se hicieron honras.

7 *padrón*: "Una columna sobre la cual se pone alguna escritura que conviene ser pública y perpetua" (Cov.). Alusión a "Exegi monumentum aere perennius" de Horacio (*Odas*, III).

10 *en la risa*: mientras le sonreía y favorecía; *cuatro lustros*: Calderón estuvo al servicio del Duque de Lerma desde 1598.

12 *sitial*: asiento de ceremonia.

13-14 Final muy frecuente en los poemas fúnebres.

146. 1621

AL MISMO

Ser pudiera tu pira levantada,
    de aromáticos leños construída,
    oh Fénix en la muerte, si en la vida
    ave, aun no de sus pies desengañada.

Muere en quietud dichosa, y consolada
    a la región asciende esclarecida,
    pues de más ojos que desvanecida
    tu pluma fue, tu muerte es hoy llorada.

Purificó el cuchillo, en vez de llama,
    tu ser primero, y glorïosamente
    de su vertida sangre renacido,

alas vistiendo, no de vulgar fama,
    de cristiano valor sí, de fe ardiente,
    más deberá a su tumba que a su nido.

1-2 Alude al "renacer" en la fama del justiciado.

4 SC: "alude al pavón, cuyos pies son tan feos que deshace la vanidad que le causa la hermosura de sus plumas" (p. 769).

7 vuelve la imagen del pavón; doble sentido en *ojos*: los de la cola del pavón, aludiendo a su vanidad en la vida y a los que le adulaban, y aquellos que lloran su muerte después de haberla presenciado.

9 Alusión a la manera de que murió (en el cadalso), relacionándola con la imagen de los primeros versos.

10 *tu ser primero*: su dignidad primera y su destino verdadero.

12 Sigue la metáfora del ave, contraponiendo la fama perecedera que había conseguido por su poder a la memoria que deja por su muerte edificante. (Todas las relaciones de su muerte ponen de relieve su resignación cristiana.)

147. 1621

EN LA MUERTE DE UNA DAMA PORTUGUESA
EN SANTARÉN

Aljófares risueños de Albïela,
 al blanco alterno pie fue vuestra risa,
 en cuantos ya tejió coros Belisa,
 undosa de cristal, dulce vihuela;

instrumento hoy de lágrimas, no os duela
 su epiciclo, de donde nos avisa
 que rayos ciñe, que zafiros pisa,
 que sin moverse, en plumas de oro vuela.

Pastor os duela amante, que si triste
 la perdió su deseo en vuestra arena,
 su memoria en cualquier región la asiste;

lagrimoso informante de su pena
 en las cortezas que el aliso viste,
 en los suspiros cultos de su avena.

1-4 Ha habido varias interpretaciones de este cuarteto. Sugerimos
la siguiente: Aguas de Albiela, vuestro juego, salpicando los
blancos pies de Belisa, era como una vihuela de cristal que acom-
pañaba su bailar y cantar.

5-8 Hoy vertéis lágrimas por su ausencia, pero no deberíais doleros,
puesto que ella reluce más aun en el cielo, donde, sin moverse,
vuela en su epiciclo.

2 Méndez Plancarte señala una semejanza con Horacio, *Carmina*, I,
4: "alterno terram quatiunt pede".

3 *tejió coros*: trazó figuras de danza; véase *Soledad* I, v. 540.

6 *epiciclo*: "círculo que se supone tener su centro en la circun-
ferencia de otro" (Cov.); uso semejante en Dante, señalado por
Brockhaus: "Solea creder lo mondo in suo periclo / che la bella
Ciprigna il folle amore / raggiasse, volta nel terzo epiciclo".

7-8 SC: "goza sin temor de mudanza la gloria de la visión beatí-
fica" (p. 773); véase núm. 22: "rayos ciñe de luz, estrellas pisa".

8 *en plumas de oro vuela*: convertida en ángel.

14 *suspiros cultos de su avena*: véase *Polifemo*, v. 2: "culta sí,
aunque bucólica Talía". ·

148. 1622

DE LAS MUERTES DE DON RODRIGO CALDERÓN,
DEL CONDE DE VILLAMEDIANA Y CONDE DE LEMUS

Al tronco descansaba de una encina
que invidia de los bosques fue lozana,
cuando segur legal una mañana
alto horror me dejó con su rüina.

Laurel que de sus ramas hizo digna
mi lira, ruda sí, mas castellana,
hierro luego fatal su pompa vana
(culpa tuya, Calíope) fulmina.

En verdes hojas cano el de Minerva
árbol culto, del Sol yace abrasado,
aljófar, sus cenizas, de la yerba.

¡Cuánta esperanza miente a un desdichado!
¿A qué más desengaños me reserva,
a qué escarmientos me vincula el hado?

D. Alonso comenta ampliamente este soneto
(*Góngora y el "Polifemo"* p. 183-192). Nótese el sentimiento íntimo del poeta, ausente en los otros.

1 *encina*: árbol de Júpiter; simboliza la durabilidad y el poder.
3 *segur legal*: murió en el cadalso por decreto real.
5 *laurel*: árbol de Apolo, de cuyas hojas se suele hacer la corona
para poetas. Según una creencia antigua, está exento de los
rayos. Su elección como símbolo aquí intensifica la impresión de
una muerte inesperada; *digna*: léase "dina".
8 *culpa tuya, Calíope*: SC señala como una causa posible de su
muerte los versos satíricos que escribía (p. 500); Calíope em-
pleada aquí por musa en general (D. Alonso, p. 189).
9 *el árbol de Minerva* (diosa de la sabiduría): el olivo, cuyas hojas
son blanquecinas al envés; a la vez, se refiere a la prudencia
("cano") del Conde, y a su grande cultura.
10 *del Sol yace abrasado*: por el rey, habiendo perdido su favor.

149. 1582

Mientras por competir con tu cabello
  oro bruñido al sol relumbra en vano;
  mientras con menosprecio en medio el llano
  mira tu blanca frente el lilio bello;

mientras a cada labio, por cogello,
  siguen más ojos que al clavel temprano,
  y mientras triunfa con desdén lozano
  del luciente cristal tu gentil cuello,

goza cuello, cabello, labio y frente,
  antes que lo que fue en tu edad dorada
  oro, lilio, clavel, cristal luciente,

no sólo en plata o víola troncada
  se vuelva, mas tú y ello juntamente
  en tierra, en humo, en polvo, en sombra, en nada.

El tema de "carpe diem" fue muy popular entre los poetas renacentistas. Góngora le dedica éste y un soneto al año siguiente. El precedente español de los dos es "En tanto que de rosa y azucena" de Garcilaso; tiene parentesco directo con Bernardo Tasso: "Mentre che l'aureo crin v'ondeggia intorno". El primer impulso a este tema lo ha dado por Ausonio: "Collige virgo rosas, dum flos novus, et nova pubes, / et memor esto aevum sic properare tuum". Se encuentra en Horacio, *Odas*, I, XI, c. 8. En 1605, fue publicado, con los tercetos muy alterados, en *Discursos, epístolas y epigramas de Artemidoro* de Rey de Artieda, indicando como autor a Antonio Vázquez, de quien no se tiene otra noticia. Es de notar el último verso, muy lejos ya del gozo renacentista, con la angustia graduada de la desaparición total. Es notable también por el uso magistral de la correlación. Comentado por A. Carballo Picazo.

150. 1583

Ilustre y hermosísima María,
   mientras se dejan ver a cualquier hora
   en tus mejillas la rosada aurora,
   Febo en tus ojos, y en tu frente el día,

y mientras con gentil descortesía
   mueve el viento la hebra voladora
   que la Arabia en sus venas atesora
   y el rico Tajo en sus arenas cría;

antes que de la edad Febo eclipsado,
   y el claro día vuelto en noche obscura,
   huya la aurora del mortal nublado;

antes que lo que hoy es rubio tesoro
   venza a la blanca nieve su blancura,
   goza, goza el color, la luz, el oro.

Véase la nota al soneto precedente. El primer verso
está tomado de Garcilaso, *Égloga III,* y luego es
repetido en otro soneto, el núm. 114. Todas las imágenes forman parte del repertorio de la poesía amorosa renacentista.

5-8 Véase núm. 55: "ondeábale el viento que corría / el oro fino
con error galano", y Garcilaso, soneto XXIII: "Y en tanto que el
cabello, que en la vena / del oro se escogió, con vuelo presto...
el viento mueve".

151. 1598

AL MONTE SANTO DE GRANADA

Este monte de cruces coronado,
cuya siempre dichosa excelsa cumbre
espira luz y no vomita lumbre,
Etna glorioso, Mongibel sagrado,

trofeo es dulcemente levantado,
no ponderosa grave pesadumbre
para oprimir sacrílega costumbre
de bando contra el cielo conjurado.

Gigantes miden sus ocultas faldas,
que a los cielos hicieron fuerza: aquella
que los cielos padecen fuerza santa.

Sus miembros cubre y sus reliquias sella
la bien pisada tierra. Veneraldas
con tiernos ojos, con devota planta.

SC: "Descubriéronse sus reliquias el año de
1588" (p. 777). Jammes precisa que fue en 1585, y
que el hecho fue muy comentado en el Cabildo (pá-
gina 232).

3-4 SC: "Fingieron los poetas que [Etna y Mongibel] son los que
oprimen los gigantes que intentaron escalar el cielo y mover
guerra a los dioses" (p. 777), comparación sostenida a través de
todo el soneto; *no vomita lumbre* alude al origen volcánico
de los dos.

5 Las luces como trofeo de la victoria de los santos.

6 Alude al castigo de los gigantes rebeldes. Sigo la sugerencia de
A. Terry de eliminar la coma final de este verso.

7 *sacrílega costumbre*; véase *Polifemo*, v. 30: "cuando no de el
sacrílego deseo".

9-11 Aquellos que descansan en este monte bajo las cruces también
escalaron el cielo, pero "con la santidad de su vida" (SC, id.).

13 Este verso indica que el soneto fue concebido como epitafio.

152. 1600

AL NACIMIENTO DE CRISTO, NUESTRO SEÑOR

Pender de un leño, traspasado el pecho,
  y de espinas clavadas ambas sienes,
  dar tus mortales penas en rehenes
  de nuestra gloria, bien fue heroico hecho;

pero más fue nacer en tanto estrecho,
  donde, para mostrar en nuestros bienes
  a donde bajas y de donde vienes,
  no quiere un portalillo tener techo.

No fue ésta más hazaña, oh gran Dios mío,
  del tiempo por haber la helada ofensa
  vencido en flaca edad con pecho fuerte

(que más fue sudar sangre que haber frío),
  sino porque hay distancia más inmensa
  de Dios a hombre, que de hombre a muerte.

Soneto denunciado por el Padre Pineda: "No
basta lo que después en el último verso se quiso
declarar; y no está bien dicho, por ser cierto haber
sido la muerte y pasión la mayor, más gloriosa y
preciosa hazaña de nuestro Redentor y redención,
y se debe enmendar". Méndez Plancarte señala semejanza muy evidente con un soneto de Mademoiselle
de Saint-Firmin, incluido en una antología de 1862,
sobre el que no se ha averiguado nada más preciso.

10-11 Violento hipérbaton: por haber vencido la helada ofensa del
tiempo en flaca edad con pecho fuerte.

153. 1603

Hermosas damas, si la pasión ciega
no os arma de desdén, no os arma de ira,
¿quién con piedad al andaluz no mira,
y quien al andaluz su favor niega?

En el terrero, ¿quién humilde ruega,
fïel adora, idólatra suspira?
¿Quien en la plaza los bohordos tira,
mata los toros, y las cañas juega?

En los saraos, ¿quién lleva las más veces
los dulcísimos ojos de la sala,
sino galanes del Andalucía?

A ellos les dan siempre los jüeces,
en la sortija, el premio de la gala,
en el torneo, de la valentía.

Aunque en la mayoría de los códices está incluido entre los amorosos, el tema verdadero no es el
amor, sino la bizarría de los andaluces; por consiguiente, lo transferimos a esta sección.

3 *piedad*: complacencia.

5 *terrero*: SC: "el lugar señalado que está delante del Palacio,
desde el cual se permite a los caballeros o señores que puedan
galantear las damas" (p. 311).

7 SC: "Acostúmbrase en España, después de haber jugado las
cañas, quedarse algunos caballeros arrojando con destreza y bizarría algunas al aire, sobrepujando las más veces los más altos
edificios. A estas cañas llaman bohordos" (p. 311).

8 Se jugaban las cañas en simulacro de combate a caballo (D. Alonso, p. 154).

13 El juego de la sortija: en una cuerda entre dos palos se pone
un anillo de hierro; los caballeros corren a caballo y tratan de
cogerlo con la lanza. Camillo Borghese, en la descripción de estos
juegos, realza el hecho de que todos participan muy engalanados,
y D. Alonso señala que el premio "de la gala" se otorgaba al
caballero más galán.

154. 1603

DE UNAS FIESTAS EN VALLADOLID

La plaza, un jardín fresco; los tablados,
un encañado de diversas flores;
los toros, doce tigres matadores,
a lanza y a rejón despedazados;

la jineta, dos puestos coronados
de príncipes, de grandes, de señores;
las libreas, bellísimos colores,
arcos del cielo, o proprios o imitados;

los caballos, favonios andaluces,
gastándole al Perú oro en los frenos,
y los rayos al sol en los jaeces,

al trasponer de Febo ya las luces
en mejores adargas, aunque menos,
Pisuerga vio lo que Genil mil veces.

---

1 *el tablado*: "el cadahalso hecho de tablas desde el cual se ven
los toros y otras fiestas" (Cov.).

2 *encañado*: "el seto que se hace de cañas en los jardines y huertos
para adornar y guarnecer los planteles" (*Dicc. Aut.*); según SC,
es una alusión a las mujeres engalanadas.

4 Se solía torear a caballo.

5 *la jineta*: el conjunto de jinetes.

8 *o proprios o imitados*; una pulla a los que se compran los bla-
sones o acuden al torneo con hábitos prestados.

9 La metáfora caballo andaluz = viento Favonio se había hecho
tan corriente que llegó a lexicalizarse.

10 Véase núm. 48: "oro te muerden en su freno duro", imagen pro-
cedente de Virgilio, *Eneida*, VII, 279: "tecti auro fulvum mandunt
sub dentibus aurum".

11 *jaez*: "adorno y guarnición del caballo de gineta" (Cov.).

14 Jammes llama la atención al hecho extraño de que compare Valladolid con Granada, no con Córdoba (p. 120).

155. 1607

A SU HIJO DEL MARQUÉS DE AYAMONTE,
QUE EXCUSE LA MONTERÍA

Deja el monte, garzón bello, no fíes
tus años dél, y nuestras esperanzas;
que murallas de red, bosques de lanzas
menosprecian los fieros jabalíes.

En sangre a Adonis, si no fue en rubíes,
tiñeron mal celosas asechanzas,
y en urna breve funerales danzas
coronaron sus huesos de alhelíes.

Deja el monte, garzón; poco el luciente
venablo en Ida aprovechó al mozuelo
que estrellas pisa ahora en vez de flores.

Cruel verdugo el espumoso diente,
torpe ministro fue el ligero vuelo
(no sepas más) de celos y de amores.

Uno de la serie de los sonetos dedicados a la
casa del Marqués de Ayamonte; aquí trata un tema
universal.

1 *el monte*: metonimia: la caza.

3 Uso de términos militares: murallas, lanzas.

4 Alude a la fábula de Venus y Adonis, que desarrolla en los
versos siguientes.

9-11 Alusión al rapto de Ganimedes.

12-14 Correlación de lo expuesto, en perfecta construcción bimembre; el último verso alude a la causa de la desaparición de los
dos jóvenes: celos en Marte y amor en Júpiter.

11 Véase núm. 22: "rayos ciñe de luz, estrellas pisa", y núm. 142:
"en campo azul estrellas pisan de oro". Brockhaus señala que la
imagen procede de Virgilio, *Eglogae*, V, 57: "sub pedibusque videt
nubes et sidera Daphnis".

156. 1610

A LA RIGUROSA ACCIÓN CON QUE SAN IGNACIO
REDUJO UN PECADOR

Verso ajeno

Ardiendo en aguas muertas llamas vivas.

GLOSA

En tenebrosa noche, en mar airado
    al través diera un marinero ciego,
    de dulce voz y de homicida ruego
    de Sirena mortal lisonjeado,

si el fervoroso celador cuidado
    del grande Ignacio no ofreciera luego
    (farol divino) su encendido fuego
    a los cristales de un estanque helado.

Trueca las velas el bajel perdido,
    y escollos juzga, que en el mar se lavan,
    las voces que en la arena oye lascivas;

besa el puerto, altamente conducido
    de las que, para Norte suyo, estaban
    ardiendo en aguas muertas llamas vivas.

Soneto presentado en un certamen poético orga-
nizado con el motivo de la beatificación de San Ignacio de Loyola en Sevilla en 1610. No obtuvo el
primer premio Góngora, y guardó rencor a uno de
los jueces, el Padre Juan de Pineda, a quien increpó
en un soneto satírico (XIX). SC da más detalles
sobre el asunto, indicando que el soneto debía aludir
a "lo que sucedió en París con un amigo suyo a
quien procuró muchas veces apartar con santas amo-
nestaciones de la torpe amistad que tenía con cierta

mujer; y no habiéndolo podido conseguir, teniendo
noticia de que iba a verla a cierto lugarcillo que
estaba no lejos de la ciudad, se adelantó y en un
estanque o laguna que estaba cerca del camino por
donde había de pasar, siendo en medio del invierno,
se metió desnudo hasta la garganta en el agua; y
cuando reconoció que llegaba el amigo, comenzó
a darle voces, diciendo: "¿adónde vas, miserable, no
adviertes el peligro que solicitas?"... El amigo...
quedó absorto, admirando su inmensa caridad, y volviendo atrás los pasos, avergonzado... se abstuvo
de aquella perniciosa comunicación" (p. 783-4). Algunos afirman que el premio fue concedido a Jáuregui,
otros, que a Juan de Arguijo (éste ni siquiera figura
en la lista de los participantes). En la *Relación* de las
fiestas no consta el nombre.

157. 1612

A LA MEMORIA DE LA MUERTE Y DEL INFIERNO

Urnas plebeyas, túmulos reales
penetrad sin temor, memorias mías,
por donde ya el verdugo de los días
con igual pie dio pasos desiguales.

Revolved tantas señas de mortales,
desnudos huesos y cenizas frías,
a pesar de las vanas, si no pías,
caras preservaciones orientales.

Bajad luego al abismo, en cuyos senos
blasfeman almas, y en su prisión fuerte
hierros se escuchan siempre, y llanto eterno,

si queréis, oh memorias, por lo menos
con la muerte libraros de la muerte,
y el infierno vencer con el infierno.

Construcción análoga: diálogo con sus pensamientos, en núm. 72. Jammes sugiere que probablemente es un eco suscitado por la muerte de la reina
Margarita, a quien dedicó tres sonetos en los que
se repite el mismo tema (p. 233).

1-2 Méndez Plancarte señala un parecido con Horacio, *Odas*, I, 4:
"Pallida Mors aequo pulsat pede pauperum tabernas / regumque
turres".

3-4 El tema de la Danza de la Muerte, que aparece en varios sonetos fúnebres de Góngora, así como el del embalsamamiento de
los cuerpos; véase el segundo cuarteto del núm. 132.

13-14 Impresionados por la imagen de la muerte, deberíais cambiar
de vida y así evitar las penas eternas del infierno.

158. 1614

Verso ajeno

Virgen pura, si el Sol, Luna y estrellas.

GLOSA

Si ociosa no, asistió Naturaleza
   incapaz a la tuya, oh gran Señora,
   Concepción limpia, donde ciega ignora
   lo que muda admiró de tu pureza.

Díganlo, oh Virgen, la mayor belleza
   del día, cuya luz tu manto dora;
   la que calzas nocturna brilladora;
   los que ciñen carbunclos tu cabeza.

Pura la Iglesia ya, pura te llama
   la Escuela, y todo pío afecto sabio
   cultas en tu favor da plumas bellas.

¿Qué mucho, pues, si aun hoy sellado el labio,
   si la Naturaleza aun hoy te aclama
   Virgen pura, si el Sol, Luna y estrellas?

Soneto denunciado por el Padre Pineda: "Dice
que la naturaleza de la Santísima Virgen fue incapaz de la limpieza de su concepción, aunque fue
limpia.... No habla bien, porque la naturaleza criada no es incapaz de los dones y bienes sobrenatura-
les". SC señala que mereció gran aplauso de todos
en el certamen celebrado en 1617 en Córdoba, y Dámaso Alonso hace notar que la crítica fue debida a
una puntuación errónea. Se publicó ese mismo año,
en la relación de la fiesta.

1-4 Se refiere a la inmaculada concepción que, aunque natural, fue
limpia de pecado (SC); Brockhaus: la naturaleza asistió incapaz

de aprehender el milagro, pero no ociosa, puesto que ella creó
el cuerpo.

5-8 Recuérdense las Inmaculadas de Murillo o de Velázquez, rodea-
das de estrellas, plantadas sobre la luna naciente. Brockhaus señala que la descripción proviene de *Revelación* de San Juan, XII:
"Una gran señal apareció en el cielo: una muger vestida del
sol, y la luna debajo de sus pies, y sobre su cabeza una corona
de doce estrellas".

10 *la escuela*: los Doctores de la Iglesia.

11 Alusión al certamen.

159. 1615

ALEGORÍA DE LA PRIMERA DE SUS "SOLEDADES"

Restituye a tu mudo horror divino,
amiga Soledad, el pie sagrado,
que captiva lisonja es del poblado
en hierros breves pájaro ladino.

Prudente cónsul, de las selvas digno,
de impedimentos busca desatado
tu claustro verde, en valle profanado
de fiera menos que de peregrino.

¡Cuán dulcemente de la encina vieja
tórtola viuda al mismo bosque incierto
apacibles desvíos aconseja!

Endeche el siempre amado esposo muerto
con voz doliente, que tan sorda oreja
tiene la soledad como el desierto.

Según Pellicer, *Vida Mayor*, fue escrito para con-
testar a las críticas hechas a *Soledad segunda*. Es
posterior a XXI, que defiende *Soledad primera*.

2 *pie*: verso.

4 *ladino*: el extranjero que habla con elegancia y pureza la lengua
del país; *hierros breves* alude a la poca libertad que había para
innovaciones. La metáfora del pájaro cautivo es sostenida a través
del soneto. *Hierros*, además, representa un equívoco fonético:
"yerros". SC: "Atendiendo a los que le opusieron en este poema,
los llama breves,... por haber sido pueriles y de poco o ningún
fundamento" (p. 617).

5 Ambivalencia en *selva*: bosque, pero también "silva". Pronúnciese "digno" sin la "g". Brockhaus señala un parecido con Virgilio, *Eglogae*, IV, 1-3, que no sólo lo es en palabras, sino que
corresponde a una situación parecida: "Sicelides Musae, paulo
maiora canamus! / non omnis arbusta iuvant humilesque myricae;
/ si canimus silvas, silvae sin consule dignae".

8 Según SC, "fiera" es una alusión al ingenio rústico y bárbaro"
(p. 619).

160. 1619

A JÚPITER

Tonante monseñor, ¿de cuándo acá
fulminas jovenetos? Yo no sé
cuánta pluma ensillaste para el que
sirviéndote la copa aun hoy está.

El garzón frigio, a quien de bello da
tanto la antigüedad, besara el pie
al que mucho de España esplendor fue,
y poca, mas fatal, ceniza es ya.

Ministro, no grifaño, duro sí,
que en Líparis Estérope forjó
(piedra digo bezahar de otro Pirú)

las hojas infamó de un alhelí,
y los Acroceraunios montes no.
¡Oh Júpiter, oh, tú, mil veces tú!

Es el único soneto escrito en tono burlesco en
una ocasión fúnebre: a la muerte de don Miguel de
Guzmán, hijo del Duque de Medina Sidonia, causa-
da por un rayo mientras cazaba. La muerte fue muy
comentada, y existen numerosos poemas por todos
los ingenios del tiempo, dedicados a este suceso.

1 SC señala la fuente en Horacio, *Carmina*, II, 5.1: "caelo tonantem
credidimus Jovem / regnare".

2 *joveneto*: italianismo (giovinetto).

11 SC: "alude a lo que refieren de la piedra que algunas veces cae
con el rayo de las nubes... y por la semejanza en el color dice
que es piedra bezar" (p. 628); además, sirve de contraste: a las
piedras bezares se les atribuía poder curador.

12 *alhelí*: el joven en la flor de su edad. D. Alonso se inclina por la
lección "inflamó" (p. 175). Conservamos la original de CH, porque
el uso aparece en otros poemas (véase núm. XIII "infamando
sus plumas); véase también Horacio, *Carmina*, I, 3, 2: "Qui
vidit mare turgidum et / infamis scopulos alta Ceraunia".

13 En los montes Acroceraunios, por su altura, caen muchos rayos
(SC, p. 631).

161. 1623

DE LA AMBICIÓN HUMANA

Mariposa, no sólo no cobarde,
    mas temeraria, fatalmente ciega,
    lo que la llama al Fénix aun le niega,
    quiere obstinada que a sus alas guarde,

pues en su daño arrepentida tarde,
    del esplendor solicitada, llega
    a lo que luce, y ambiciosa entrega
    su mal vestida pluma a lo que arde.

Yace gloriosa en la que dulcemente
    huesa le ha prevenido abeja breve,
    ¡suma felicidad a yerro sumo!

No a mi ambición contrario tan luciente,
    menos activo sí, cuanto más leve,
    cenizas la hará, si abrasa el humo.

SC indica el último terceto como "uno de los
lugares más invadeables que tiene Don Luis". Del
soneto en general, dice: "Puédese entender que el
sujeto por quien hizo ese sujeto fuese alguna dama
fácil y no hermosa, o que siguiendo la metáfora de la
mariposa quisiese decir que no era menester toda
la luz del sujeto, que amaba, para hacerle ceniza,
cuando bastaba solamente el humo para abrasarle"
(p. 471). Jammes hace notar que tal interpretación es
incorrecta: se trata de la ambición, no del amor, y
señala el soneto como un eco muy vivo de la angustia
personal, siempre presa de su ambición "fatalmente
ciega" (p. 339). El tema fue también tratado por Herrera, en el soneto XXIV de *Rimas inéditas*, amoroso.

---

3 Incluso el Fénix, aunque luego renace de sus cenizas, al acercarse al fuego es convertido en ellas.

8 *su mal vestida pluma*: su ala frágil.

10 Este verso ha sido interpretado de varias maneras. Creemos que es una alusión a la cera derretida sobre la cual cae, muerta.

11 Según SC, es una imitación de Torquato Tasso, I, LV: "Ah troppo bello error, troppo felice".

13 *menos activo y más leve*: el humo. Implica que su ambición podrá ser destruida por sólo el humo, sin necesidad de la llama, recalcando así su poca sustancia.

162.   19 de agosto de 1623

INFIERE, DE LOS ACHAQUES DE LA VEJEZ, CERCANO
EL FIN A QUE CATÓLICO SE ALIENTA

En este occidental, en este, oh Licio,
   climatérico lustro de tu vida
   todo mal afirmado pie es caída,
   toda fácil caída es precipicio.

¿Caduca el paso? Ilústrese el juïcio.
   Desatándose va la tierra unida;
   ¿qué prudencia, del polvo prevenida,
   la ruina aguardó del edificio?

La piel no sólo, sierpe venenosa,
   mas con la piel los años se desnuda,
   y el hombre, no. ¡Ciego discurso humano!

¡Oh aquel dichoso, que la ponderosa
   porción depuesta en una piedra muda,
   la leve da al zafiro soberano!

El año 1623 vio toda una serie de sonetos de
tono personal, angustiado, entre los mejores del poeta, como éste y el siguiente. En las cartas escritas en
este año es evidente el mal estado de su salud;
además, empieza a sufrir de la pobreza agobiante.

1 *occidental*: el lustro que se inclina ya hacia el Poniente.

2 *climatérico*: los griegos y los latinos consideraban peligrosos los
años múltiplos de 7, especialmente el 63. Nótese que aquí no
se refiere al año, sino al lustro.

3-4 Nótese la intensificación encadenada.

6-8 Con metáfora de un edificio que se derrumba, implica que también el hombre, al llegar la muerte, se vuelve polvo. S. Coronel
señala que la imagen aparece ya en Séneca, *Epistolae*, XXX, 2:
"Ubi tamquam in putri aedificio omnis iunctura diducitur, et
dum alia excipitur, alia discinditur, circumspiciendum est, quomod
exeas".

9-10 SC: "Refieren los naturales que la sierpe cuando está vieja
se mete entre unas piedras y allí se desnuda la piel antigua,
y con ella la vejez, volviendo a su primera juventud". La imagen
aparece en Ovidio, *Metamorphosis*, IX, 266: "Utque novus serpens
posita cum pelle senecta / luxuriare solet" (p. 507).

163. 29 de agosto de 1623

DE LA BREVEDAD ENGAÑOSA DE LA VIDA

Menos solicitó veloz saeta
    destinada señal, que mordió aguda;
    agonal carro por la arena muda
    no coronó con más silencio meta,

que presurosa corre, que secreta,
    a su fin nuestra edad. A quien lo duda
    (fiera que sea de razón desnuda)
    cada sol repetido es un cometa.

Confiésalo Cartago, ¿y tú lo ignoras?
    Peligro corres, Licio, si porfías
    en seguir sombras y abrazar engaños.

Mal te perdonarán a ti las horas,
    las horas que limando están los días,
    los días que royendo están los años.

SC: "Es uno de los más sentenciosos y elegantes
sonetos que escribió don Luis", opinión con la que
concuerdan todos los críticos (p. 510).

2 Nótese la fuerza de expresión conseguida por el uso de "morder".

3-4 Alude a los juegos olímpicos de los romanos que se llamaban
fiestas agonales: en un certamen los carros rivalizantes daban
tres vueltas antes de llegar al término señalado por una piedra
que se llamaba Meta (Angulo y Pulgar). La rueda interior del
carro no debía tocar la piedra.

5 SC señala que es una imitación de Ovidio, *Metamorphosis*, X:
"Labitur occulte, fallitque volatilis aetas, / et nihil est annis
velocius".

8 *cometa*: véase nota a núm. 126. El pesimismo de este verso
recuerda la imagen de Quevedo: días = sucesiones de difunto.

9 Alusión a la destrucción de Cartago. SC señala una analogía
con T. Tasso, *Gerusalemme Liberata*, I, XV, 20: "Giace l'alta

Cartago: a pena i segni / de l'alte sue ruine il lido serba. /
Muoiono le città, muoiono i regni, / copre i fasti e le pompe
arena ed erba, / e l'uom d'esser mortal par che si sdegni: /
Oh nostra mente cupida e superba!"

10 *Licio*: nombre que ya en 1585 usa para designarse a sí mismo.

12-14 Uno de los pocos casos en que Góngora hace uso de anadiplosis.
Compárese la intensificación encadenada con la del soneto precedente.

Soldado. Grabado

Biblioteca Nacional. Madrid

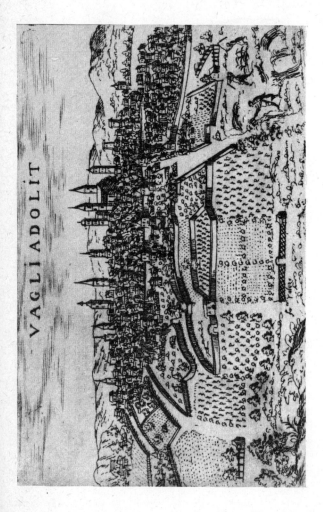

VAGLIADOLIT

164. 1623

DILATÁNDOSE UNA PENSIÓN QUE PRETENDÍA

Camina mi pensión con pie de plomo,
el mío, como dicen, en la huesa;
a ojos yo cerrados, tenue o gruesa,
por dar más luz al mediodía la tomo.

Merced de la tijera a punta o lomo
nos conhorta aun de murtas una mesa;
ollai la mejor voz es portuguesa,
y la mejor ciudad de Francia, Como.

No más, no, borceguí; mi chimenea,
basten los años que ni aun breve raja
de encina la perfuma o de aceituno.

¡Oh cuánto tarda lo que se desea!
Llegue; que no es pequeña la ventaja
del comer tarde al acostarse ayuno.

El soneto se refiere a la pensión que le había
sido prometida por el Conde-Duque, así como a su
deseo, frecuentemente expresado en el epistolario de
este año, de volver a una vida más tranquila en Córdoba.

2 Alude a su edad: el lustro "climatérico", como en los sonetos
precedentes.

3 Es posible que reconozca su esperanza ciega.

4 SC: "es la hora que lucirá más por ser la del comer" (p. 693). El
juego de palabras con referencias al comer atraviesa todo el soneto.

5 SC: "En los jardines llaman mesas ciertos encañados de una
vara o poco más de alto, cubiertas de murta, las cuales suelen
de cuando en cuando igualar los jardineros con tijeras hechas al
propósito. Válese del equívoco destas mesas y de las que se
ponen para comer y dice que en el ínterin que llega la pensión
con que ha de sustentarse, le consuela el ver las mesas de murta

en los jardines" (p. 694); *merced de*: gracias a; *a lomo*: de forma convexa, una de las maneras de cortar las mesas de los jardines.

6 *murta*: mirto o arrayán; *conhortar*: confortar.

7 Juego de palabras: olla hay.

8 Análogo juego de palabras. En la mayor parte de los códices. Francia se corrige por Italia.

9 Millé, copiándolo de F-D, pone "ni chimenea"; CH así como SC rezan "mi chimenea". Comentándolo, dice SC: "No quiero andar ya más tiempo como necesitado, ni calzarme para defensa del lodo borceguíes" (p. 695). No es imposible que "mi chimenea" represente una reclamación, que explica en los versos siguientes; también es posible interpretarlo como complemento antepuesto SC: "Basta la descomodidad... sin poder encender en mi chimenea una pequeña astilla de leña" (p. 695). Los dos opuestos: borceguí y chimenea, simbolizarían su estado de pretendiente y su retiro cómodo en casa.

14 Aunque parece hipérbole, el epistolario demuestra que había días en que ya no tenía qué comer. Ni siquiera el tono burlesco del soneto logra encubrir la angustia que late debajo.

165. 1623

DETERMINADO A DEJAR SUS PRETENSIONES
Y VOLVERSE A CÓRDOBA

De la Merced, Señores, despedido,
   pues lo ha querido así la suerte mía,
   de mis deudos iré a la Compañía,
   no poco de mis deudas oprimido.

Si haber sido del Carmen culpa ha sido,
   sobra el que se me dio hábito un día:
   huélgome que es templada Andalucía,
   ya que vuelvo descalzo al patrio nido.

Mínimo, pues, si capellán indigno
   del mayor Rey, Monarca al fin de cuanto
   pisa el sol, lamen ambos oceanos,

la fuerza obedeciendo del destino,
   el cuadragesimal voto en tus manos,
   desengaño haré, corrector santo.

Soneto construido sobre palabras ambiguas, con alusiones a varias órdenes religiosas.

1 La orden de la Merced.
3 *compañía*: posible alusión a los Jesuitas.
5 *Carmen*: poesía, pero también la orden de los Carmelitas Descalzos, que hacen voto de no poseer nada.
6 En 1622 había conseguido el hábito de Santiago para uno de sus sobrinos; a la vez implica que él mismo ni siquiera necesita con qué vestirse, si todo pago es la pobreza de los carmelitas.
9 *Mínimo*: fraile de San Francisco de Paula, entre los más humildes; otro sentido: el sujeto más insignificante del rey; *capellán indigno*: era capellán real desde 1617; pronúnciese "indino".
14 *corrector*: el Superior del convento de los Mínimos. R. O. Jones sugiere que el segundo sentido es probablemente Dios. Todos los códices con la excepción de CH rezan "desengañado", que parece más natural en cuanto a la silabificación. El verso se presta a varias interpretaciones.

166. 1623

DE LA ESPERANZA

Sople rabiosamente conjurado
contra mi leño el Austro embravecido,
que me ha de hallar el último gemido,
en vez de tabla, al áncora abrazado.

¿Qué mucho, si del mármol desatado
deidad no ingrata la esperanza ha sido
en templo que de velas hoy vestido
se venera, de mástiles besado?

Los dos lucientes ya del cisne pollos,
de Leda hijos, adoptó: mi entena
lo testifique dellos ilustrada.

¿Qué fuera del cuitado, que entre escollos,
que entre montes, que cela el mar, de arena,
derrotado seis lustros ha que nada?

Según SC, lo dedicó a Fray Hortensio Paravicino
y a su hermano, Don Francisco Paravicino, Conde de
Sangrà. El soneto entero está construido sobre la metáfora de un navío.

5 *mármol desatado*: el mar.
7-8 SC sugiere que el templo en este caso sería el palacio de los
Paravicino, donde los desamparados encuentran ayuda; *vestido de
velas, besado de mástiles*: los votos de los naufragados.
9 Alusión a los hermanos Paravicino, que tienen por armas un cisne,
quienes se le aparecen como la constelación de Cástor y Pólux,
prometiendo buena llegada. Brockhaus señala que la imagen procede de Horacio, *Carmina*, I, 3.2: "sic fratres Helenae, lucida
sidera".
10 *adoptó* se refiere a "la esperanza", o sea, él confía en el am-
paro de los hermanos; *mi entena* continúa la metáfora de su
vida = navío naufragante.
14 *seis lustros*: comentando este verso, dice Artigas: "nos lleva al
año 1592, en el cual, efectivamente, empezó don Luis su carrera
de pretendiente en Corte, con la *Carta de hidalguía* de su hermano" (p. 184). El primer soneto "cortesano" es de 1593.

167. 1623

ACREDITA LA ESPERANZA CON HISTORIAS SAGRADAS

Cuantos forjare más hierros el hado
a mi esperanza, tantos oprimido
arrastraré cantando, y su rüido
instrumento a mi voz será acordado.

Joven mal de la invidia perdonado,
de la cadena tarde redimido,
de quien por no adorarle fue vendido,
por haberle vendido fue adorado.

¿Qué piedra se le opuso al soberano
poder, calificada aun de real sello,
que el remedio frustrase del que espera?

Conducido alimenta, de un cabello,
uno a otro profeta. Nunca en vano
fue el esperar, aun entre tanta fiera.

3 Es una reminiscencia de Garcilaso, Canción IV: "estoy cantando
yo, y está sonando / de mis atados pies el grave hierro".
Brockhaus señala que viene desde Tibulo, II, 6, 26: "crura sonant
ferro, sed canit inter opus".

5-8 Alusión a Josef y a su esclavitud en el Egipto (*Génesis*, XXXVII-
XLIII).

9-11 Alusión al profeta Daniel quien fue echado, por orden del rey
Darío, en una fosa de leones, cuya entrada fue tapada con una
piedra y sellada con el anillo del rey, a pesar de lo cual la
mañana siguiente fue encontrado salvo y sano (*Libro de Daniel*,
VI).

12-13 SC señala que es otra alusión a Daniel (de la *Septuaginta*),
refiriéndose a su segundo encierro en la fosa de los leones, durante
el cual un ángel llevó, cogido por sus pelos, a Habacuc para que
le entregara la comida que tenía preparada para sus labradores.
M. Singleton me hace notar que la versión de este pasaje en la
Vulgata fue tomada de la traducción griega hecha por Theodotion

en el siglo II, quien da una descripción más completa que la
que se encuentra en la *Septuaginta*: "Et apprehendit eum angelus
Domini in vertice eius, et portavit eum capillo capitis, posuitque
eum in Babylone, supra lacu in impetu spiritus sui" (Daniel,
XIV, 33-35).

14 La última palabra tiene sentido ambiguo: puede ser una referencia a los leones, pero también a los hombres que le rodean.

ATRIBUIDOS

I.   ¿1585?

AL AUTO DE LA FE QUE SE CELEBRÓ EN GRANADA

Bien dispuesta madera en nueva traza
   que un cadahalso forma levantado,
   admiración del pueblo desgranado
   por el húmido suelo de la plaza;

cincuenta mujercillas de la raza
   del que halló en el mar enjuto vado,
   y la jurisprudencia de un letrado,
   cuyo ejemplo confunde y amenaza;

dos torpes, seis blasfemos, la corona
   de un fraile mal abierta y peor casada,
   y otro dos veces que él no menos ciego;

cinco en estatua, sólo uno en persona,
   encomendados justamente al fuego,
   fueron el auto de la fe en Granada.

    Millé supone este soneto de 1585, cuando el via-
je de Góngora a Granada. Se cree que había vuelto a Granada en 1611. En 1585 consta un auto de fe.

1-2 SC explica que el cadalso se solía edificar en cuadrángulo rema-
tado en pirámide.
3 Juego de palabras: Granada-desgranada; alude a la multitud reu-
nida para presenciar el acto.
4 Según SC, se trata de la plaza de Vivarrambla.
5-6 Alusión a Moisés, y, por extensión, a los judíos (Éxodo, 14).
7-8 Clara indicación de los efectos conseguidos: no habla de la
justicia, sino de la amenaza.
9 *torpes*: Según SC, "porque tenían pacto con el demonio" (p. 577).
10 Alusión a la tonsura; *mal abierta*: porque había dejado la religión y se había casado (SC).
11 Juego de conceptos: ciego de amor; *dos veces*: casado con la
segunda mientras vivía la primera mujer.
12 Se quemaba a los condenados en efigie si no se conseguía de-
tenerles.

II. 1586

A DON JUAN DE CASTILLA Y DE AGUAYO, AUTOR DE "EL PERFECTO REGIDOR"

Generoso don Juan, sobre quien llueve
la docta erudición su licor puro,
con que nos dais en flor fructo maduro,
y un bien inmenso en un volumen breve;

déle la eternidad (pues se lo debe
para perpetuo acuerdo en lo futuro),
a vuestro bulto heroico en mármol duro
glorioso entalle de inmortal relieve,

pues hoy da vuestra pluma nueva gloria
de Córdoba al clarísimo senado,
y pone ley al español lenguaje

con doctrina y estilo tan purgado,
que al olvido hará vuestra memoria
ilustre injuria y valeroso ultraje.

El libro fue impreso en 1586, e incluye el soneto.
En CH incluido al final, por haber llegado a sus manos después de la muerte de Góngora.

1-2 SC: "fuente y río llamaron los antiguos y modernos escritores a
la elocuencia" (p. 262); de aquí, el frecuente uso de "con voz
desatada".

3 *en flor*: tenía 33 años; *fructo maduro*: lleno de sabiduría;
Brockhaus señala un parecido con Petrarca, soneto 215: "frutto
senile in sul giovenil fiore", y SC con T. Tasso, que se aplica
tanto al v. 3 como al 4: "Signor, ch'in picciol corpo animo
chiudi / immenso, e cogli ancor tra' fiori e l'erba /frutto senil ne
la tua etade acerba".

7 *bulto heroico*: ambivalente: la figura creada del perfecto regidor,
y el autor mismo; tópico repetido en varios sonetos dedicatorios.

9-10 Don Juan de Castilla y de Aguayo era Veinticuatro de Córdoba;
además, el libro trata del "regidor ideal".

11 Nótese la insistencia de Góngora en el uso correcto de la lengua.

III. [¿1587-1588?]

A MARTÍN ALONSO DE MONTEMAYOR, QUE COLGÓ EN
LA CAPILLA DE LOS CONDES DE ALCAUDETE UN AL-
FANJE Y UNA BANDERILLA QUE TRAJO DE ORÁN

—¿Qué es, hombre o mujer, lo que han colgado?
—Uno y otro: él dorado, ella amarilla.
—¿Cómo es su nombre?—Alfanje y banderilla,
moros ambos, y cada cual herrado.

—¿Qué quieren ser?—Vergüenza de un soldado,
aunque él los cuelga aquí por maravilla.
—¿Qué piden a la Iglesia?—Su capilla,
si a necedades vale lo sagrado.

—Pues, maldito diablo, reconoce
tu sentencia de olvido, y da la gloria
al Conde tu señor de esos despojos.

Y pues, quien fama y número a los Doce
creció, no cuelga señas de victoria,
no hagas lenguas tú de nuestros ojos.

Millé señala una mención del capitán Martín
Alonso de Montemayor en León Galindo y Vera,
Historia, vicisitudes y política de España en África,
e indica que la única mención de luchas en Orán
es de 1587-8, por lo cual propone esta fecha. SC:
"Burla... de la vanidad de cierto caballero que habiendo venido de Orán colgó en una capilla de los
Condes de Alcaudete un alfange y una bandera de
los Moros, no habiéndolo hecho el Conde debajo
de cuya mano había militado" (p. 596). Jammes hace
notar que las preguntas y las respuestas imitan el res-
ponsorio de bautismo y pone de relieve el parentesco con el romance "Servía en Orán al rey", que
también es de 1587 (p. 140).

3 *alfange*: "una cuchilla corva, a modo de hoz, salvo que tiene el corte por la parte convexa" (Cov.).

4 *herrado*: SC señala la ambigüedad: de hierro, y de "fe errada".

7 *su capilla*: para colgar los trofeos, y para pedir protección.

12 Según SC, alusión a los doce pares de Francia; el Conde de Alcaudete sería digno de ser uno de ellos.

14 No hagas que a causa de lo que vemos hablemos mal de ti.

IV. 1593

A DON JERÓNIMO MANRIQUE, OBISPO DE SALAMANCA,
ELECTO DE CÓRDOBA

Huésped sacro, señor, no peregrino,
    llegué a vuestro palacio. El cielo sabe
    cuánto el deseo hizo más suave
    la fatiga del áspero camino.

Mas ay qué apriesa en mis alcances vino
    la cruda enfermedad, ministro grave
    de aquella inexorable en quien no cabe
    piedad, si no es de sólo lo divino.

Conseguí la salud por la piadosa
    grandeza vuestra. Libre destos daños
    piséis del Betis la ribera umbrosa,

y, en púrpura teñidos vuestros paños,
    concédaos Dios, en senectud dichosa,
    en blancas plumas ver volar los años.

Soneto incluido sólo en la edición de SC, con el comentario siguiente: "A Don Gerónimo Manrique, Obispo de Salamanca, electo de Córdoba, de quien era huésped cuando le sobrevino la enfermedad... No le había visto en ninguno de los manuscritos de las obras de Don Luis hasta que le hallé entre los papeles de nuestro amigo el Doctor Siruela... Merece este soneto el primer lugar entre los mejores por la grandeza de sus números y disposición de la sentencia" (p. 683). Millé señala que el obispo habiendo fallecido el 19 de septiembre de 1593, la fecha debe ser 1593: año en que Góngora cayó enfermo. Véase núm. 102.

1 Se refiere al trato que recibió, pero también a su misión: él y el canónigo Alonso de Venegas fueron delegados por el Cabildo de la Catedral de Córdoba para dar la obediencia al obispo en nombre del Cabildo.

V. [a. 1594]

Señora doña Luisa de Cardona,
  del bel donaire y del color quebrado,
  así goce el galán iluminado,
  y logre la capilla cagalona,

que de su vista queda la persona
  con ciertos dolorcillos en un lado,
  que, si no son dolores de costado,
  son flechas de "el que a nadie no perdona".

Mil ratos he pasado sin sentido
  después que Dios no quiere que la vea;
  quiero decir, los que pasé durmiendo.

Si ausencia por allá no causa olvido,
  cuando en melada trate, o en jalea,
  en sus manos mi espíritu encomiendo.

Varios epígrafes rezan: "A Doña Luisa de Cardona, monja en Sancta Fe de Toledo". Debe ser anterior a 1594, fecha en que dedica un romance a la muerte de Luisa de Cardona: "Moriste, ninfa mía". Millé pone en duda que los dos poemas, muy diferentes en tono, sean para la misma persona. Jammes hace notar que no sería éste el único caso (p. 419).

3-4 Un códice que pertenecía a F-D da las siguientes indicaciones: *galán iluminado*: Marqués de Malpica; *capilla cagalona*: Doctor Felipe de Ocampo. Es posible ver en estos versos también un doble sentido, que SC rehusa comentar: "No necesita de más explicación ni se permite" (p. 686).

8 Brockhaus refiere a Dante, *Divina Commedia*, Inferno, V, 103: "Amor, che a nullo amato amar perdona".

10 Ambivalente: el dicho corriente "no quiere Dios" y el hecho de que sea monja; algunos comentaristas suponen que Góngora había estado enamorado de ella.

12 Alusión al adagio popular: "las ausencias causan olvido".

13-14 Nótese la picardía: hablando de cosas muy materiales, le encomienda su espíritu.

VI. 1598

A LA "ARCADIA", DE LOPE DE VEGA CARPIO

Por tu vida, Lopillo, que me borres
    las diez y nueve torres del escudo,
    porque, aunque todas son de viento, dudo
    que tengas viento para tantas torres.

¡Válgante los de Arcadia! ¿No te corres
    armar de un pavés noble a un pastor rudo?
    ¡Oh tronco de Micol, Nabal barbudo!
    ¡Oh brazos Leganeses y Vinorres!

No le dejéis en el blasón almena.
    Vuelva a su oficio, y al rocín alado
    en el teatro sáquele los reznos.

No fabrique más torres sobre arena,
    si no es que ya, segunda vez casado,
    nos quiere hacer torres los torreznos.

La Arcadia se publicó en 1598, lo cual permite precisar la fecha.

2 En la primera edición de *La Arcadia* Lope de Vega incluyó el escudo de los Carpios, que tenía 19 torres, acompañando su retrato, que luego repitió en otros libros.

3 Alusión al adagio "armar torres de viento" ("dejarse llevar de pensamientos varios e invenciones locas", Cov.).

6 Alusión a su estilo y al asunto.

7 Verso ambiguo: Michol fue esposa de David, y Abigail, también esposa suya, fue hija de Nabal; por otra parte, es una alusión a "col y nabo": la segunda mujer de Lope era hija de un abastecedor y carnicero.

8 Nota en ms. 19003: "Hubo dos locos en Madrid llamados el uno Juan de Leganés, y el otro Vinorre, que andaban tirando cantos por las calles"; Vinorre aparece también en núm. XXXIII.

9 Metonimia: almena por torre.

10 Alude a su profesión de dramaturgo; *rocín alado*: Pegaso.

11 *rezno*: larva de parásito que vive sobre el caballo.

14 Juego de palabras, aludiendo al oficio del padre de la mujer: torreznero. Se trata de la segunda mujer de Lope, Juana Guardo.

VII. 1598

A CIERTO SEÑOR QUE LE ENVIÓ LA "DRAGONTEA"
DE LOPE DE VEGA

Señor, aquel Dragón de inglés veneno,
criado entre las flores de la Vega
más fértil que el dorado Tajo riega,
vino a mis manos: púselo en mi seno.

Para rüido de tan grande trueno
es relámpago chico: no me ciega.
Soberbias velas alza: mal navega.
Potro es gallardo, pero va sin freno.

La musa castellana, bien la emplea
en tiernos, dulces, músicos papeles,
como en pañales niña que gorjea.

¡Oh planeta gentil, del mundo Apeles,
rompe mis ocios, porque el mundo vea
que el Betis sabe usar de tus pinceles!

La Dragontea se publicó en 1598.

1 Alusión a Francis Drake.

2 Juego de palabras: criado-creado; vega-Vega.

3 Alusión a su prolijidad.

4 Juega con el dicho "ponerse un áspid en el seno".

9 Decir "musa castellana" equivalía casi a decir "estilo llano".

14 Invoca a Apolo, que saliendo con sus rayos pinta la tierra de
varios colores como el famoso pintor griego, a que le envíe la
inspiración para demostrar que un poeta andaluz sabe crear versos
llenos de color.

VIII. [¿1602?]

A LOPE DE VEGA

Embutiste, Lopillo, a Sabaot
   en un mismo soneto con Ylec,
   y echándosele a cuestas a Lamec,
   le diste un muy mal rato al justo Lot.

Sacrificaste al ídolo Behemot,
   que matan mal coplón Melquisedec,
   y traiga para el fuego Abimelec
   sarmientos de la viña de Nabot.

Guárdate de las lanzas de Joab,
   de tablazos del arca de Jafet,
   y leños de la escala de Jacob;
   no te metas con el rey Acab,

ni en lugar de Bethlén me digas Bet,
   que con tus versos cansas aun a Job.
   Y este soneto a buenas manos va:
   ¡Ay del Alfa, y Omega, y Jehová!

Millé hace notar que este soneto está construido
con el mismo pie forzado que el "Siempre te canten.
santo Sabaot" de Lope, que satiriza. Él propone co-
rregir el v. 12 a "no te entrometas con el rey Acab",
para conseguir once sílabas, pero ninguno de los
códices tiene tal lección; por esta razón dejamos la
versión original, aun con silabificación deficiente. El
soneto va enumerando uno por uno los nombres usados por Lope para el pie forzado y no parece tener
otra intención que la de los últimos versos (el último es el epígrafe de Lope): señalar que los escritos
prolíficos de Lope llegan a cansar incluso al que tiene
la paciencia de Job. La fecha puesta por Millé se
refiere a la primera publicación de *Rimas*; el códice
núm. 3919 dice "en ocasión de escriuir los autos sa-
cramentales".

IX.   ¿1603?

A ESGUEVILLA

Cayó enfermo Esguevilla de opilado,
y es lástima de ver lo que padece.
Él da muestras, según el daño crece,
que lo ha un manjar particular causado;

otros dicen que está bien empleado,
y que él tiene la culpa y lo merece,
que gusta de las damas, y se ofrece
por servidor, y entre ellas le han aojado.

Vio un médico de cámara la orina,
y juzgó que purgarse le conviene,
y antes sirvió de revolver humores.

Causó aquesto en el pueblo gran mohína,
y como en él sus ojos puestos tiene,
fuéronle a visitar sus servidores.

Juzgando por el parecido con los sonetos auténticos burlándose de Valladolid, es de suponer que,
de ser de Góngora, pertenece al mismo grupo, o sea,
al año 1603. Está construido sobre una imagen
sostenida aludiendo al hecho de que todas las inmundicias de la ciudad se vertían al río. Así, *particular, servidor, ojos, aojado*, deben interpretarse con el
sentido correspondiente.

1 *opilación*: "obstrucción y embarazo en las vías de conductos por
donde pasan los humores" (*Dicc. Aut.*).
4 *particular*: véase nota a núm. 106.
9 *de cámara*: ambivalente; véase núm. 110.
11 *humores*: "en los cuerpos vivientes son aquellos liquores de que se
nutren y mantienen... y también los excrementicios" (*Dicc. Aut.*).
13-14 Alusión al hecho de que no sólo se vertían en el río los des-
perdicios, sino que también desembocaban en él las letrinas.

X. [a. 1604]

A UNA DAMA QUE TUVO AMISTAD
VEINTE Y DOS AÑOS CON UN CABALLERO
DEL APELLIDO DE LA CERDA

Yace debajo desta piedra fría
    mujer tan santa, que ni escapulario,
    ni cordón, ni correa, ni rosario,
    de su cuerpo jamás se le caía.

Trajo veinte y dos años, día por día,
    un cilicio de cerdas ordinario;
    todo el año ayunaba a Sanct Hilario,
    porque nunca hilaba ni cosía.

Fue su casa un devoto encerramiento
    donde iban a hacer los ejercicios
    y a llorar sus pecados las personas.

Murió sin olio, no sin testamento,
    en que mandó a una prima sus oficios,
    y a cuatro amigas cuatro mil coronas.

Soneto denunciado por el Padre Horio y por el
Padre Pineda. Publicado por primera vez en *Elocuencia española*, de Jiménez Patón, en 1604; por
consiguiente, debe de ser anterior a esta fecha. SC
sólo señala su "malignidad".

2-4 Ambiguo: devociones, pero también relaciones con el caballero.

6 Juega con el apellido del caballero y continúa la imagen de la
  devoción.

7-8 Además de ser un juego paronomástico: Hilario-hilaba, según
  Jammes tiene significación priápica; la etimología griega de Hilario significa alegre, risueño.

9-11 Alusión a sus ocupaciones amorosas.

14 También en este verso vio la censura mala intención: "coronas"
  se referiría a toda persona eclesiástica, cuyo número: cuatro mil.
  indicaría el estado moral de ellos.

XI. [1604-1609]

A LOPE DE VEGA

Hermano Lope, bórrame el soné—
de versos de Ariosto y Garcilá—,
y la Biblia no tomes en la má—,
pues nunca de la Biblia dices lé—.

También me borrarás la Dragonté—,
y un librillo que llaman del Arcá—,
con todo el comediaje y Epitá—,
y por ser mora, quemarás a Angé—.

Sabe Dios mi intención con San Isí—:
mas puesto se me va por lo devó—,
bórrame en su lugar el Peregrí—;
y en cuatro lenguas no me escribas có—,

que supuesto que escribes boberí—,
lo vendrán a entender cuatro nació—;
ni acabes de escribir la Jerusá—:
bástale a la cuitada su trabá—.

Soneto atribuido por varios críticos a Cervantes, el único de "cabo roto" entre los de Góngora. La alusión a *Jerusalén conquistada*, aún por acabar, permite fecharlo entre 1604 y 1609. Alude al soneto núm. 112 (*Rimas*) de Lope, compuesto de varios versos de otros autores: Horacio, Ariosto, Petrarca, Camões, Tasso, el Serafino, Boscán y Garcilaso. A través del soneto alude a las siguientes obras de Lope: *La Dragontea, La Arcadia, La hermosura de Angélica, San Isidro, El peregrino en su patria.* No es seguro que sea de Góngora.

7 Brockhaus supone que es una alusión a los 37 "epitafios fúnebres a diversos sepulcros", publicados en *Rimas*.

XII. 1605

A LAS FIESTAS DEL NACIMIENTO DEL PRÍNCIPE DON
FELIPE DOMÍNICO VÍCTOR, Y A LOS OBSEQUIOS HE-
CHOS AL EMBAJADOR DE INGLATERRA

Parió la Reina; el Luterano vino
  con seiscientos herejes y herejías;
  gastamos un millón en quince días
  en darles joyas, hospedaje y vino.

Hicimos un alarde o desatino,
  y unas fiestas que fueron tropelías,
  al ánglico Legado y sus espías
  del que juró la paz sobre Calvino.

Bautizamos al niño Dominico,
  que nació para serlo en las Españas;
  hicimos un sarao de encantamento;

quedamos pobres, fue Lutero rico;
  mandáronse escribir estas hazañas
  a don Quijote, a Sancho, y su jumento.

La atribución de este soneto a Góngora deja
dudas, sobre todo por el tono de ataque violento
contra los protestantes, que no es común en Góngora. Alude a la llegada del Almirante de Inglaterra,
Carlos Howard, Conde de Nottingham, que coinci-
dió con las fiestas celebradas al nacer el príncipe, las
cuales costaron al erario incluso más de un millón.

2 El almirante trajo un séquito de 500 caballeros ingleses.
3-4 El rey solía mandar a los embajadores especiales todo lo necesario para la casa de su palacio, y se les obsequiaba a la venida
  y a la salida.
6 *tropelías*: ambivalente: exagerada acumulación de gente, y apariencias.
13-14 Parece indicar que se le encargó a Cervantes redactar una
  relación de estas fiestas, pero no consta en ningún documento de
  la época. La *Relación* que existe es anónima.

XIII. [1606] ¿1607?

A LA PRISIÓN QUE DE CIERTOS MINISTROS
HICIERON LOS ALCALDES VACA Y MADERA
EN LA FORTALEZA DE LA ALAMEDA

En una fortaleza preso queda
    quien no tuvo templanza, y desplumado
    cual la corneja morirá enjaulado,
    infamando sus plumas la almoneda.

¡Oh, qué bien está el Prado en la Alameda,
    mejor que la Alameda está en el Prado!,
    y en un cofre estuviera más guardado,
    que ésta es cárcel de gatos de moneda.

¿Por qué le llaman Prado, si es Montaña
    de Jaca, y aun de Génova, que abriga
    bandoleros garduños en España?

Su nombre a cada cosa se le diga:
    si es Prado, Vaca sea su guadaña,
    si es Montaña, Madera le persiga.

Varios epígrafes indican que fue escrito "a la
prisión de Ramírez de Prado", funcionario que se
había enriquecido desmesuradamente aceptando co-
hechos. Era secretario del marqués de Villalonga,
protegido del Duque de Lerma, a quien también le
confiscaron los bienes. Cabrera refiere el prendimiento en una relación del 20 de enero de 1607. El soneto debe de ser de fines de 1606 o principios de
1607.

2-3 Alusión a su codicia y a la confiscación de sus bienes así como
    a su prisión.

4 Probablemente los bienes iban a venderse en almoneda pública.

5-6 Juego con los nombres: Prado es el apellido del secretario; Alameda, la fortaleza en la que fue encerrado, que se encuentra al final del paseo del Prado a dos leguas de Madrid.

7-8 Alusión a los dineros que se había apropiado; *gato de moneda*: bolsa.

9-10 La montaña de Jaca así como los montes alrededor de Génova eran conocidos como escondites de bandoleros.

12 *garduño*: para intensificar el sentido de "bandolero": garduña es "ladrón ratero" (Cov.).

13-14 Continúa el juego con los apellidos: Vaca, alcalde, prendió a Ramírez de Prado; también pide como castigo que una vaca lo paste; Montaña probablemente no contiene ninguna alusión concreta, sólo continúa la correlación con el primer terceto.

XIV.   [1606] ¿1607?

A LO MISMO

Sentéme a las riberas de un bufete
a jugar con el tiempo a la primera;
pasóse el año, y luego, a la tercera
carta brujuleada, me entró un siete.

Hizo mi edad cuarenta y cinco, y mete
una corona la ambición fullera,
y aunque es de falso, pide que le quiera
la que traigo debajo del bonete.

Piérdase un vale, que el valer hogaño
no es muy seguro: no haya mazo alguno
cuya Madera pueda dar cuidado.

Entrome en la baraja, y no me engaño;
que aunque pueda ganar ciento por uno,
yo no quiero ver Vacas en mi Prado.

Este soneto alude al mismo prendimiento de Ramírez de Prado que el anterior, esta vez construido
sobre metáforas del juego de la primera, que aplica
a varias edades de su vida. En el juego se le dan
cuatro cartas al jugador.

1 SC: arrimado a un canto de un bufete (p. 522).

3-4 El siete vale 21 puntos en el juego; es la mejor carta; a la vez,
indica los años que tiene.

6 Alusión a su nombramiento como Capellán del Rey; la corona
como dinero continúa la imagen del juego.

7 *de falso*: probablemente alude al hecho de que es un puesto
honorario y no le trae beneficio concreto.

8 Según SC, alude a su estado: ha hecho votos, y este hecho pide
que acepte el puesto honorario.

9 *vale*: "en algunos juegos de embite de naipes, es la talla sencilla,
que se envida en primeras cartas (*Dicc. Aut.*); a la vez, es una
alusión a los validos.

11 *mazo*: SC: "cuando en tres cartas de un manjar se tiene 55 de
punto, que son un seis, un siete y un as". Señala que también se
llama mazo el instrumento con que los carpinteros aprietan
las ruedas (p. 524); es probable que añada otra implicación:
"maza" es el símbolo del poder. Gregorio de Madera era uno de
los alcaldes que prendieron a Ramírez de Prado.

12 *entrarse en la baraja*: "desistir de la pretensión o intento que
uno había emprendido" (*Dicc. Aut.*).

14 SC: "no quiero vale de que me venga daño... no quiero ver mi
hacienda y vida en manos de ministros" (p. 524). Con el mismo
juego de palabras empleado en núm. XIII, sugiere lo que le pasó
a Ramírez de Prado.

XV.   [¿1609?]

Erase en Cuenca lo que nunca fuera;
érase un caminante muy ayuno;
pidió un mollete, si había tierno alguno,
y diéronle un bizcocho de galera.

Desta piedad fue un ángel la arrobera;
y si pidiera más el importuno,
le dieran los peñascos uno a uno
que el Júcar lava en su áspera ribera.

De biscochos apela el caminante
para piedras: que en Cuenca eso se usa,
y de eso están las piedras tan comidas.

Quizá vieron el rostro de Medusa
estos peñascos, como lo vio Atlante,
y damas son de pedernal vestidas.

SC refiere que, según la opinión de muchos, no
es de Góngora. De serlo, corresponde a una de sus
dos visitas a Cuenca, en 1603 y en 1609. Compárese con núm. 114 que tiene la misma intención burlesca y es fechado por CH en 1609.

3 *mollete*: panecillo esponjado y de poca cochura.

4 *bizcocho de galera*: la provisión corriente para soldados y marineros: no se volvía duro por serlo desde el principio.

4-8 Fuerte ironía en el, cuarteto, que tiene cierta reminiscencia de
las palabras del Evangelio de San Mateo, VII, 9: "¿Qué hombre
hay de vosotros, o quien si su hijo pidiere pan, le dará una
piedra?".

5 *arrobera*: la persona que vende pan por arrobas (*Dicc. Aut.*).

8 La ribera del Júcar consiste en peñascos altos, completamente
yermos.

9-11 Se intensifica la ironía, extendiendo la alusión a la pobreza general en Cuenca; a la vez, alusión a las piedras escarpadas de
Cuenca (recuérdese la Ciudad Encantada).

14 Final graciosísimo y elegante en su explicación del origen de las
piedras escarpadas.

XVI. 1609

A LA "JERUSALEM CONQUISTADA"
QUE COMPUSO LOPE DE VEGA

Vimo, señora Lopa, su Epopeya,
  e por Diosa, aunque sá mucho legante,
  que no hay negra poeta que se pante,
  e si se panta, no sá negra eya.

Corpo de san Tomé con tanta Reya.
  ¿No hubo (cagayera fusse o fante)
  morenica gelofa, que en Levante
  as Musas obrigasse aun a peeya?

¿Turo fu Garcerán? ¿Turo fu Osorio?
  Mentira branca certa prima mía
  do Rey de Congo canta don Gorgorio,

la hecha si, vos turo argentería,
  la negrita sará turo abalorio,
  corvo na pruma, cisne na harmonia.

Soneto escrito imitando el dialecto que hablan
los negros de las colonias portuguesas. Jammes señala que tanto los padres como el tío de Góngora
habían tenido esclavos negros, y que este lenguaje
fue empleado ya por Gil Vicente (p. 241). *La Jerusalén conquistada* salió en 1609. En varias composiciones de verso menor usa este dialecto, que no hemos
logrado descifrar.

XVII.   ¿1609?

A GALICIA

Pálido sol en cielo encapotado,
  mozas rollizas de anchos culiseos,
  tetas de vacas, piernas de correos,
  suelo menos barrido que regado;

campo todo de tojos matizado,
  berzas gigantes, nabos filisteos,
  gallos del Cairo, búcaros pigmeos,
  traje tosco y estilo mal limado;

cuestas que llegan a la ardiente esfera,
  pan de Guinea, techos sahumados,
  candelas de resina con tericia;

papas de mijo en concas de madera,
  cuevas profundas, ásperos collados,
  es lo que llaman reino de Galicia.

De ser de Góngora este soneto, sería de 1609:
año en que visitó al Conde de Lemos en Monforte.
En su hechura se parece a núm. 99, pero también
al que el Conde de Villamediana escribió a Córdoba,
y un códice se lo atribuye a éste. En otros es anó-
nimo. No consta en ninguno de los códices principales. Véase su letrilla "Oh montañas de Galicia".

2 *culiseos:* derivado de culo.
3 *correo:* oficio especial; probablemente alude al tamaño de los pies.
4 Alusión a la suciedad y a las lluvias, que reanuda con v.l.
5 *tojo:* aulaga.
7 Alemany y Selfa informa que los gallos del Cairo no tienen cola;
  búcaro: "género de vaso, de cierta tierra colorada, que traen de
  Portugal" (Cov.).
9 Fuerte hipérbole; *ardiente esfera:* la del sol.
10 El maís se traía de la Guinea.
11 Se refiere al color: las candelas más baratas son de color amarillo oscuro; *tericia:* ictericia, que causa color amarillo.
12 *mijo:* milho (port.): maíz; *conca:* cuenco.

XVIII. [1609-1617]

A DON FRANCISCO DE QUEVEDO

Anacreonte español, no hay quien os tope,
que no diga con mucha cortesía,
que ya que vuestros pies son de elegía,
que vuestras suavidades son de arrope.

¿No imitaréis al terenciano Lope,
que al de Belerofonte cada día
sobre zuecos de cómica poesía
se calza espuelas, y le da un galope?

Con cuidado especial vuestros antojos
dicen que quieren traducir al griego,
no habiéndolo mirado vuestros ojos.

Prestádselos un rato a mi ojo ciego,
porque a luz saque ciertos versos flojos,
y entenderéis cualquier gregüesco luego.

Denunciado por el Padre Pineda: "además de
nombrar y señalar persona, es muy picaril e inmun-
do". Millé señala que la fecha del *Anacreón castellano*, de Quevedo, es 1609. Una alusión al soneto
consta en la *Spongia* de Torres Rámila, de 1617.

1 Según SC, "Anacreonte" tiene doble sentido: porque lo traduce,
  pero también porque los versos de Quevedo son "lascivos" (p. 622).
3 *de elegía*, con elisión da "de legía": alusión a la mordacidad de
  los versos de Quevedo; *pies*: ambivalente: los pies del verso, y
  los de Quevedo (los de elegía se componían de dos de hexámetro
  y uno de pentámetro, lo cual alude a la cojera de Quevedo).
5 *terenciano*: alusión a su profesión de dramaturgo (derivado de
  Terencio).
6-8 SC: "cada día en estilo cómico manifiesta su furor poético"
  (p. 624); *Belerofonte*: dueño del caballo alado Pegaso; *zuecos*:
  en contraste con coturnos que se calzan los actores de tragedias.
9 *antojos*: ambivalente: ganas y gafas (quevedos).
11 Los conocimientos que Quevedo tenía del griego no eran muy
  considerables.
12 *ojo ciego*: la misma significación que "los ojos de los rabos" en
  núm. 107.
14 *gregüesco*: calzones muy anchos; también lo que no se entiende.

XIX. 1610

AL PADRE JUAN DE PINEDA, DE LA COMPAÑÍA DE
JESÚS, POR HABER ANTEPUESTO UN SONETO AL QUE
EL POETA HIZO EN LA BEATIFICACIÓN DE SAN IGNACIO

¿Yo en justa injusta expuesto a la sentencia
de un positivo padre azafranado?
Paciencia, Job, si alguna os han dejado
los prolijos escritos de su Encia.

Consuelo me daréis, si no paciencia,
porque en suertes entré, y fui desgraciado,
en el mes que perdió el apostolado
un Justo por divina providencia

¿Quién justa do la tela es pinavete,
y no muy de Segura, aunque sea pino,
que ayer fue pino, y hoy podrá ser vete?

No más judicatura de teatino,
cofre, digo, overo con bonete,
que tiene más de tea que de tino.

En este mismo año, en un certamen poético, Góngora había presentado su soneto núm. 156, que no
le ganó el primer premio. En éste, acusa a uno de
los jueces, el Padre Pineda, quien a su vez, denunció
muchos poemas de Góngora al parecer la primera
edición, la de Vicuña, en 1627.

2 *azafranado*: como consta de varios epígrafes, el P. Pineda era
bermejo.

3 Notas en varios códices indican que había publicado un libro
sobre Job: *In Job*, 1597, muy grueso.

4 Tratamiento burlesco: Encia, así como en otro soneto Chimenencia.

6 Alusión al certamen.

7-8 Alusión al apostolado que se sorteó entre los dos discípulos de
Cristo, Matías y Justo (*Actos de los Apóstoles*, I, 23-26); juego
con el nombre Justo.

9 *la tela*: alusión a la tela donde se solían ejercitar los caballeros
para las justas; véase núm. 100; *pinavete*: abeto, según Covarrubias más estimado porque su madera no tiene ñudos ni reparo.

10 *Segura*: la región famosa por sus pinos; al usar "pino" juega
con el apellido Pineda.

12 *teatino*: clérigo; a veces se usa para designar a los Jesuitas.

13 *cofre*: alusión al color de su pelo, rojizo; *overo*: "color de caballo de pellejo remendado" (Cov.).

14 Millé señala un juego parecido por el Doctor Salinas: "y aunque era teatino, / tenía más de tea que de tino".

XX.   [¿d. 1612?]

No más moralidades de corrientes,
   bien sean de arroyuelos, bien de ríos,
   corran apresurados o tardíos,
   que no me hizo Dios conde de Fuentes.

A un rincón desviado de las gentes
   apelaré de todos sus desvíos,
   choza que abrigue ya los años míos,
   aunque pajas me cueste impertinentes.

Ministros de mi Rey: mis desengaños
   los pies os besan desde acá, sea miedo
   o reverencia a sátrapas tamaños.

Adiós, mundazo. En mi quietud me quedo,
   por esconder mis postrimeros años
   al señor Nuncio, digo al de Toledo.

SC: "Estuvo preso Don Luis por haber compuesto una letra que comienza "Arroyo en qué ha de parar", y habiendo salido de la prisión escribió este soneto, en que propone escarmentado retirarse de todos..." (p. 697). Millé supone, y Jammes lo acepta, que la letrilla es de 1612, porque en este año estuvo Góngora en Madrid, y porque cuando fue allá definitivamente, iba con cartas de recomendación a Rodrigo Calderón, y no hubiera escrito contra él.

1-2 Alusión a la letrilla.

4 Juego de palabras con el apellido de un noble existente, y a la vez alusión al hecho de que se "hacen" condes: lo que había satirizado en la letrilla.

8 *costar pajas impertinentes*: causar molestias o disgustos (Alemany y Selfa); aprovecha esta expresión para un juego de palabras: choza-pajas. El sentido de este verso no es claro.

14 Según Brockhaus, es una alusión a "la casa del Nuncio", un manicomio en Toledo.

XXI. 1613

A LOS QUE DIJERON CONTRA LAS "SOLEDADES"

Con poca luz y menos disciplina
   (al voto de un muy crítico y muy lego)
   salió en Madrid la *Soledad*, y luego
   a Palacio con lento pie camina.

Las puertas le cerró de la Latina
   quien duerme en español y sueña en griego,
   pedante gofo, que, de pasión ciego,
   la suya reza, y calla la divina.

Del viento es el pendón pompa ligera.
   No hay paso concedido a mayor gloria,
   ni voz que no la acusen de extranjera.

Gastando, pues, en tanto la memoria
   ajena invidia más que propria cera,
   por el Carmen la lleva a la Victoria.

Según José Pellicer (*Vida Mayor*), el soneto se escribió al salir y ser atacada *Soledad Primera*. Está construido como alegoría y equívoco a la vez. Millé lo analiza detalladamente (en "Comentarios a dos sonetos"), indicando, como SC, que la imagen de Nuestra Señora de la Soledad solía salir acompañada de dos tipos de cofrades: los "de luz", con velas, y los de disciplina, flagelándose. Después de salir del convento de la Victoria, en la Carrera de San Jerónimo, pasaba por el convento del Carmen Calzado, el hospital y convento de la Latina, y la capilla del Palacio. SC precisa que era una procesión del Viernes Santo; de aquí el tema de la Pasión.

---

1 Las acusaciones que se hicieron a la *Soledad Primera*: oscura y con verso de forma poco riguroso.

2 Alusión a Quevedo que se aclara en los versos siguientes; *lego*: ignorante.

4 SC señala que "las cosas más dignas de admiración se registran en aquel lugar" (p. 518). Góngora habría esperado que su *Soledad* llegara a llamar la atención en el Palacio.

6 Alusión a *Los Sueños* de Quevedo, así como a su traducción de Anacreonte.

7 *gofo*: el que tiene contraídos los nervios de las manos o pies; también ignorante; *de pasión ciego*: SC: "en las procesiones... suelen ir algunos ciegos rezando la Pasión" (p. 519); también alusión a la envidia que le imputa a Quevedo.

9 SC: "dijeron que ... el argumento de su poema de la *Soledad* era vano y sin sustancia" (p. 519); *pendón* es, además, una banderilla que acompaña la procesión.

10 *paso*: los pasos que se llevan en las procesiones; también el paso del poeta a la gloria por su obra.

11 SC: le objetaron el haber usado sin necesidad voces extranjeras.

12-14 Alusión al hecho de que su obra aprovecha de las calumnias, y así su fama crece más que si él mismo se emplease en alabarla; a la vez, alude a los cirios que se llevan en las procesiones.

14 *el Carmen*: convento, pero también la obra en verso; *Victoria*: convento, y a la vez alusión al resultado final que él confía conseguir.

XXII. [¿1614-1615?]

A VALDÉS, AUTOR DE FARSA, Y A SU MUJER

"Sabe el cielo, Valdés, si me ha pesado
que ese Gante te exceda en la paciencia,
pues siendo conocida tu inocencia,
haya tan presto el mueble acrecentado.

Valdés, Valdés, nuestro supremo estado
descaecer le veo con violencia.
Danos gatazos Lope con su sciencia;
Alicante nos chupa; yo he engordado.

Yo soy de parecer, Anteón mío,
que pues la vuelta ignoro, y Baltasara
se fue a ermitañear, ¿qué es lo que aguardo?"

Dijo Jeroma. Él respondió con brío:
"Pues no tenéis para teatro cara,
hagamos tabernáculo en el Pardo".

Alude a Pedro de Valdés, director de una compañía de cómicos, y a su mujer, Jerónima de Burgos.
Soneto con doble sentido difícil de descifrar, puesto
que no se conocen todos los aludidos. Según Brockhaus, el primer cuarteto alude a la preñez de Jerónima.

2 *Gante*: Alemany y Selfa sugiere que podría ser Felipe Ganteo,
representante y autor de comedias.

7 Millé refiere que por 1614-1615 Jerónima andaba enemistada con
Lope.

9 *Anteón*: probablemente por Acteón, el cazador trasmutado en
un ciervo por Diana; aludiría a sus cuernos.

14 *tabernáculo*: W. Beinhauer, *Spanische Umgangssprache*, señala
la acepción de "pubis".

XXIII. 1616

AL CAPÍTULO PROVINCIAL QUE SE CELEBRÓ EN SAN PABLO
DE CÓRDOBA, DE LA ORDEN DE SANTO DOMINGO, EN QUE
SALIÓ ELECTO EL MAESTRO CANO

Terneras cuyas borlas Magistrales
   pitones son apenas mal formados;
   pavos no mudos, pero Presentados
   con rosarios al cuello de corales;

Cueros votos de haber sido vocales
   en "gloria patri", pero no inclinados;
   letras pocas, carácteres tasados,
   para letras aun no Dominicales.

Anatematizado el Jesuita,
   y en templo bien colgado, y claustro rico,
   concurso vio ya Córdoba profano,

cuando paz provinciaron infinita
   y justicia no poca, a un Dominico,
   en prudencia, en cabello, en nombre, Cano.

El capítulo se celebró en 1616 en el convento de
San Pablo de Córdoba.

1 *borlas magistrales*: alusión a la borla que orna el bonete de ma-
   gisterio o de doctor.
3 *pavo*: según Brockhaus, aquí con la acepción de "necio"; *presentado*: el que está esperando, después de haber concluido su
   carrera, el grado de maestro.
5-6 Brockhaus sugiere que podría ser una alusión a borrachos:
   cuero-bota-bocal; *no inclinados*: postura que deberían tomar al
   rezar el Gloria.
9 La única congregación que no estuvo representada eran los Jesuitas.
10 Alude a la costumbre de colgar los templos con tapices en ocasiones festivas.
12 *provinciar*: neologismo de Góngora proveniente de "provincial".

XXIV. [¿a. 1617?]

A UN POETA LLAMADO ROA, QUE HIZO UN CATÁLOGO
DE MUCHAS MUJERES DE AMORES

Deja las damas, cuyo flaco yerro
    amor lo dora, e interés lo salva,
    tú, que naciste entre una y otra malva,
    poeta cuya lira es un cencerro.

¿Qué te ha hecho Aguilar, que lo haces perro?
    Guárdate no se vuelva el perro de Alba,
    que ni a copete perdonó, ni a calva
    de cuantos adoraron al becerro.

Gasta en servir las damas tu talento,
    no las infame tu zampoña ruda,
    que quien más las celebra, más se loa.

Y al moreno de cara y su instrumento,
    si rabiare, de lejos le saluda,
    si ya no quieres que tus huesos Roa.

D. Alonso opina que es de Góngora, de sus años
cordobeses. El mismo mulato músico aparece en
núm. XXVIII; era intermediario de amoríos y galan-
teos.

2 Alusión a los amores pagados de las damas.

3 *haber nacido en las malvas*: haber tenido muy bajos principios
(*Dicc. Aut.*).

5-6 SC: "muerde a este poeta de poca limpieza en su linaje" (p. 595).
Millé señala un pliego suelto al que probablemente alude: "Ese
es el pleito de los judíos con el perro de Alba, y de la burla que
les hizo". Brockhaus señala que Quevedo, quien aludía a menudo
a la posible descendencia judaica de Góngora, le amenaza con
las mismas palabras en "En lo sucio que has cantado": "guárdate tras esta salva, / no te muerda el perro de Alva".

---

7 *copete*: término general para caballero; aquí se refiere al joven que tiene pelo oponiéndole al viejo que ya es calvo.

8 Doble sentido: el que adora el oro en general, y los judíos, que cuando volvían a su tierra, adoraron el becerro de oro.

12 *Aguilar*: era mulato y músico. Dámaso Alonso refiere que también proporcionaba mujeres de amores fáciles.

14 Juego de palabras con el apellido que reanuda con la amenaza del perro.

XXV. [¿a. 1617?]

A VICENTE DE SANCTA ANA, MÚSICO DE DON DIEGO
DE VARGAS, CORREGIDOR DE CÓRDOBA

A ganas de comer descomedidas,
convite cordobés, Vicente hermano.
A pájaros que vienen a la mano,
un baldrés basta, dos plumas fingidas.

A tordos que así saben sus dormidas,
cañaveral en ellos, pues es llano
que el Castillejo, y aun el Vejarano,
cebándolos están de uvas podridas.

A Sancta Ana con hambre, huésped divino,
sanct Lázaro le hospede, y sea este año,
porque de sus carneros algo le ase.

Claridad mucha causa mucho daño;
arrollad, Musa, vuestro pergamino,
y dejad maliciosos en su clase.

Soneto de los días de Córdoba. Varios epígrafes
indican que el músico tenía la costumbre de presen-
tarse a comer sin estar invitado.

1 Juego paronomástico: comer - des-comedidas, implicando que no
ha comido.
2 SC: convite cordobés: "el que se suele hacer cuando alguna
persona entra en ocasión que se está comiendo, y le dicen: ya
habrá V.m. comido" (p. 614).
3 SC: "no es menester llamarlos con otros pájaros verdaderos, como
suele hacer el cazador con los halcones..., porque basta solamente
el señuelo de un baldrés [cuero muy flojo] y tres finjidas plumas
[cualquiera palabra de cumplimiento] para quedarse" (p. 614).
6 SC: "es bueno... acañaverearlos para que se vayan" (ahuyentarlos
con un golpe de caña).

---

7 Según SC, dos heredamientos en tierra de Córdoba; por otra
  parte, Castillejo es un lugar del obispado de Cuenca, y Bejarano
  se llama al habitante de Béjar.

9 Juego de palabras: el apellido del músico, y probablemente algún
  hospicio de este nombre donde daban comida de pobres.

10 Según SC, el hospedal de San Lázaro en Córdoba.

11 SC señala la ambigüedad de "carnero": animal y sepultura común
   donde echan los cuerpos; supone que aquel año se habían muerto
   muchos (p. 615).

12 Se burla del estilo llano; véase núm. XXXII.

14 *clase*: orden o número de personas del mismo grado, calidad u
   oficio.

XXVI. [¿a. 1617?]

A UNA JUNTA DE MANCEBOS ESTUDIANTES
DONDE SE TRATABA DE LA MURMURACIÓN

Señores Académicos, mi mula
    (si el pienso ya no se lo desbarata)
    en los cuadriles pienso que se mata
    por ser de la Academia de la gula.

Su determinación no disimula
    de entrar en Academia, do se trata
    de convertir en Nuncio la Annunciata,
    y su congregación en farandula.

Teme la casa quien está mirando
    entrar buñuelos y salir apodos,
    y piensa que segunda vez se abrasa.

Y a la verdad, no está muy mal pensando,
    que allí en lenguas de fuego hablan todos.
    ¡Padre Ferrer, cuidado con la casa!

Millé supone que se trata de un asunto cordobés, por lo cual lo fecharía antes de 1617. Fernández Guerra y Orbe sitúa la academia en Madrid,
pero no da datos concretos. El soneto fue denunciado
por el P. Horio por mezclar cosas profanas con
lenguaje de la Sagrada Escritura y fue eliminado de
la 2.ª edición de Hoces.

6 Varios códices ponen una nota diciendo que es la Academia de
    Madrid.
7 *la Annunciata*: según varias notas, un convento en Córdoba; *Nun-
    cio*: era famosa la casa de los locos en Toledo con este nombre.
11 La casa se había quemado una vez; esta vez se encendería por
    el fuego de las calumnias, como resulta del v. 13.
13 Alusión a la murmuración con expresión usada para describir
    Pentecostés.
14 El padre Ferrér era el procurador de la casa.

XXVII. [¿a. 1617?]

A LA MUDANZA DE HÁBITO DE CIERTO MANCEBO

Soror don Juan, ¿ayer silicio y jerga,
 holanda y sedas hoy? ¿Ayer donado,
 hoy galán? ¿Ayer dueña, y hoy soldado?
 ¿Disciplinas anoche, y hoy panduerga?

Algún demonio que en la Corte alberga
 nos lo quiso enviar papirrandado.
 ¿Quién nos lo encadenó? ¿Quién lo ha enredado
 más que una calabaza de Pisuerga?

Esclavo es fugitivo, y en cadenas
 vuelve a su dueño, mas cadenas de oro
 no son de esclavos, no, del Sacramento.

Mejor se la darán que en las ajenas
 en la casa de Luna, y aposento
 mucho mejor que en el mesón del Toro.

SC: "A la mudanza de estado de cierto mancebo, que afectando al principio santidad, vistiendo
hábito de tercero, y concurriendo a los ejercicios de
la Congregación de los Esclavos del Santísimo Sacramento, se fue a la Corte, donde se casó, y volvió
a Córdoba muy galán y con muchas cadenas de
oro" (p. 598).

2 *donado*: el hombre o mujer seglar que se retira a los monasterios
y casas de religión para servir a Dios y a los religiosos (*Dicc.
Aut.*).

3 *dueña*: alude al hábito.

4 *panduerga*: pandorga.

6 *papirrandado*: que lleva traje adornado con papos de randa.

8 *calabaza*: "cuando alguno nos propone alguna cosa despropo-
sitada solemos decir: 'Más calabazas', dando a entender que es

---

disparate" (Cov.); el hecho de que ponga "de Pisuerga" podría
indicar que el soneto es de los años entre 1601 y 1605.

9 *esclavo*: referencia a la congregación donde servía.

10 *cadenas*: juego de conceptos: cadenas de esclavo, y cadenas que
probablemente trae como adorno.

13 *casa de Luna*: nota en el códice de Zaragoza: "es la de los
locos de Córdoba, donde hay un mesón llamado del Toro".

XXVIII. [¿a. 1617?]

Antes que alguna caja luterana
   convierta a Hernandico en mochilero,
   y antes que algún abad y ballestero
   le dé algún saetazo a Sebastiana,

procuradles, hoy antes que mañana,
   como padre cristiano y caballero,
   a la una un seráfico mortero,
   al otro una dominica campana.

Si os faltare la casa de los locos,
   no os faltará Aguilar, a cuyo canto
   Salta Pan, Venus baila, y Baco entona.

Él se aprovechará de vuestros cocos,
   de su rabazo vos, que es todo cuanto
   se pueden dar un galgo y una mona.

Varios códices señalan que está dirigido contra
Lope, pero el *Escrutinio* pone: "Es de Don Luis, y
gallardo sin duda; pero crea el Lector que es a di-
ferentísimo asunto hecho", opinión que comparte D.
Alonso. Es probable que sea de sus días de Córdoba, anterior a 1617 (Artigas, 140). El Aguilar a quien
se alude es el mismo que aparece en núm. XXIV.

1-2 Según SC, alude al peligro de que el hijo se dé a la vida pica-
   resca; *caja*: tambor, término soldadesco que concuerda con
   "mochilero".

3-4 Millé señala que es alusión al refrán: "Abad y ballestero, mal
   para los moros", lo cual continuaría la terminología de los versos
   precedentes; tienen éstos también doble sentido: antes de que
   la hija se dé a la vida licenciosa.

  6 SC: que entre a servir en algún monasterio de monjas del Seráfico
   San Francisco; *mortero* también tiene la acepción de insignia
   que usan los Cancilleres, Presidentes y otros Ministros (*Dicc.
   Aut.*).

  7 SC: "que el hijo sea religioso de algún convento de Santo Domingo" (p. 599).

XXIX. [¿a. 1617?]

DE ISABEL DE LA PAZ

De humildes padres hija, en pobres paños
envuelta, se crió para criada
de la más que bellísima Hurtada,
do aprendió su provecho y nuestros daños.

De pajes fue orinal, y de picaños,
hasta que, por barata y por taimada,
un caballero de la verde espada
la puso casa, y la sirvió dos años.

Tulló a un Duque, y a cuatro mercadantes
más pobres los dejaron que el Decreto
sus ojos dulces, sus desdenes agros.

Esta es, lector, la vida y los milagros
de Isabel de la Paz. Sea mi soneto
báculo a ciegos, Norte a navegantes.

Denunciado por el P. Pineda por indecente. Millé
supone que, puesto que está incluido en Vicuña, es
anterior a 1617.

---

7 Brockhaus hace notar que aún hoy día, al oír "el caballero de
verde espada", en Alemania se piensa en Amadís de Gaula; Alemany y Selfa supone que puede contener una alusión a un familiar de la orden de la Inquisición, que tenía una cruz verde como
insignia. E. M. Wilson me hace observar el doble sentido de la
espada (con una segunda acepción sexual); "verde" es igualmente
aplicable a las dos: virgen.

XXX. [¿a. 1617?]

A UNA DAMA CORTESANA

¿Las no piadosas martas ya te pones,
guerra de nuestras bolsas, paz de Judas,
puta con más mudanzas y más mudas
que un saltarelo, o que cien mil halcones?

Martas gallegas son, no te me entones,
primas de esparto por lo peliagudas,
y ganadas al fin con las ayudas
que te han echado cuatro o seis figones.

Delanteras forraste con cuidado
de la húmida siempre delantera
que lluvias españolas han mojado;

aunque la Italia siente en gran manera
que la trasera no hayas aforrado,
habiéndolas ganado la trasera.

Denunciado por el P. Pineda, también parece ser
de sus años cordobeses por estar incluido en Vicuña. Varios epígrafes ponen "A Isabel de la Paz",
que sería la misma del soneto precedente, que contiene alusiones parecidas.

1 Juego con Marta la Piadosa que, según Alemany y Selfa, se usa
por señalar a una mujer hipócrita.

2 *paz de Judas*: se refiere a los treinta denarios.

3 *mudanza*: juego de palabras: inestabilidad, y conjunto de ropa;
muda: ropa de cambio; untura que las mujeres se ponen en la
cara para quitar de ella las manchas (Cov.) y por fin posible
alusión a la "enfermedad de las mudas" (sífilis).

4 *saltarelo*: baile antiguo español; según *Dicc. Aut.*, vino de Portugal; tanto *saltarén* como *cien mil halcones* se refieren a su
incapacidad de estar queda un momento.

5 Los gallegos tenían la misma fama que los italianos de ser so-
méticos.

9-11 Brockhaus ve una alusión a Dánae y la lluvia de oro en v. 11.

XXXI. [¿1618?]

AL MISMO [DON FRANCISCO DE QUEVEDO]

Cierto poeta, en forma peregrina
  cuanto devota, se metió a romero,
  con quien pudiera bien todo barbero
  lavar la más llagada disciplina.

Era su benditísima esclavina,
  en cuanto suya, de un hermoso cuero,
  su báculo timón del más zorrero
  bajel, que desde el Faro de Cecina

a Brindis, sin hacer agua, navega.
  Este sin landre claudicante Roque,
  de una venera justamente vano,

que en oro engasta, sancta insignia aloque,
  a San Trago camina, donde llega:
  que tanto anda el cojo como el sano.

Todos los códices concuerdan en señalar que se
ataca a Quevedo. Millé indica que tuvo resonancia
inmediata (véase su artículo en *HuLP*). Es uno de los
más populares entre los burlescos. Alude al hecho
de que a Quevedo le dieron el hábito de Santiago,
que Góngora mismo estaba solicitando, y a la inclinación de Quevedo a la bebida. Quevedo recibió el
nombramiento a últimos de 1617; es de suponer que
este soneto sea de 1618. Casi todas las palabras em-
pleadas en el soneto tienen doble sentido.

1 *peregrina*: alude a la romería a Santiago, pero a la vez significa
"raro".

2 Juegos de palabras: *devota*: de bota; *romero*: peregrino, y planta
con virtudes medicinales; los barberos usaban la infusión de hojas
de romero para hacer cicatrizar las llagas (Millé).

4 *disciplina*: alusión a las llagas que resultan del disciplinarse.

5 *esclavina*: vestidura larga y tosca que usan los que van en romería, hecha de cuero.

6 *cuero*: también tiene la acepción de borracho.

7 *zorrero*: "la galera que va zaguera, y no puede caminar en la escuadra... por razón de ir muy cargada" (Cov.); a la vez, derivado de zorra: borrachera.

8 Faro de Cecina: confusión voluntaria con el de Mesina, conocido de los marineros; el de Cecina sirve para acompañar la bebida.

9 *Brindis*: Brindisi es un puerto importante en el sur de Italia; aquí sirve de equívoco para "brindis". Millé señala que en italiano "navigare verso Brindisi" tiene el mismo sentido; *sin hacer agua*: sin añadir agua al vino.

10 Se suele representar a San Roque con un landre en la pierna, lo que produce el cojeo; *claudicante*: el que cojea.

11 Los peregrinos de Santiago solían traer de allí veneras, símbolos de la devoción a Santiago.

12 *aloque*: de color rojo claro; a la vez, alusión a la mezcla de vino tinto y blanco.

13 San Trago: juego de palabras con el nombre del lugar de peregrinaciones y la afición de Quevedo a beber.

14 Alusión al refrán: "Camino de Santiago, tanto anda el cojo como el sano".

XXXII. [¿1621?]

A LOS APASIONADOS POR LOPE DE VEGA

Patos de la aguachirle castellana,
  que de su rudo origen fácil riega,
  y tal vez dulce inunda nuestra Vega,
  con razón Vega por lo siempre llana,

pisad graznando la corriente cana
  del antiguo idïoma, y, turba lega,
  las ondas acusad, cuantas os niega
  ático estilo, erudición romana.

Los cisnes venerad cultos, no aquellos
  que escuchan su canoro fin los ríos;
  aquellos sí, que de su docta espuma

vistió Aganipe. ¿Huís? ¿No queréis vellos,
  palustres aves? Vuestra vulgar pluma
  no borre, no, más charcos. ¡Zabullíos!

Crítica fuerte del estilo llano de Lope. Debe de
ser anterior a 1622, fecha en que Lope alude a él
en la *Justa de la Canonización de San Isidro*.

1 *aguachirle*: SC: "usan vulgarmente... de esta voz cuando alguna
cosa que se hace, como almidón, almíbar o alguna bebida com-
puesta, está más clara de lo que es menester" (p. 633); también
señala que toma los patos de autores latinos; *castellana*: la mayor
parte de los partidarios de Lope, así como él mismo, eran cas-
tellanos.

2 Alusión a la prolijidad y el poco pulimento de sus versos.

3-4 Juego de palabras con el apellido, usado por Lope mismo.

5 *la corriente cana*: SC: "el anciano estilo del antiguo idioma castellano" (p. 633).

6 *turba lega*: ignorante.

7 *cuantas os niega*: SC: "como a indignos".

8 La elocuencia y cultura griegas y romanas; véase núm. 27.

9 *los cultos cisnes*: los poetas cultos opuestos al cisne-ave que canta
una sola vez antes de morir.

12 *Aganipe*: la fuente consagrada a las Musas; SC: "el que bebía
del agua de Aganipe quedaba facundo y docto" (p. 634).

13 *palustres*: derivado de palude: charco.

14 *borre*: según SC, no enturbie.

XXXIII. 1621

A LOS MISMOS

"Aquí del Conde Claros", dijo, y luego
se agregaron a Lope sus secuaces:
con *La Estrella de Venus* cien rapaces,
y con mil *Soliloquios* sólo un ciego;

con *La Epopeya* un lanudazo lego,
con *La Arcadia* dos dueñas incapaces,
tres monjas con *La Angélica* locuaces,
y con *El Peregrino* un fray borrego.

Con *El Isidro* un cura de una aldea,
con *Los Pastores de Belén* Burguillo,
y con *La Filomena* un idïota.

Vinorre, Tifis de *La Dragontea*,
Candil, farol de la estampada flota
de *Las Comedias,* siguen su caudillo.

La mención de *La Filomena* sirve a Millé para
fecharlo en 1621. M. Romera-Navarro sugiere que
este soneto se habría escrito como respuesta al soneto
de Lope "Boscán, tarde llegamos. —¿Hay posada?".

1 Según Brockhaus, escoge el nombre de un héroe del Romancero
para aludir a la llaneza de la obra de Lope; D. Alonso señala
que Lope tiene un soneto al Conde ·Claros.

3-11 Enumeración de las obras de Lope: el romance "Sale la estrella
de Venus", *Cuatro Soliloquios, Jerusalén conquistada* (epopeya
trágica), *La Arcadia, La hermosura de Angélica, El Peregrino en
su patria, El Isidro, Los Pastores de Belén, La Filomena, La
Dragontea.*

5 *lanudazo:* lanudo: torpe.

10 *Burguillo = Burgillos,* seudónimo usado por Lope en sus *Rimas
humanas y divinas.* También existió un poeta de este nombre.

12 *Vinorre:* loco que vivía en Sevilla; *Tifis:* el piloto de la nave
de los argonautas.

13 *Candil:* juego de palabras: farol, y nombre del criado de Lope.

XXXIV. [¿1621?]

A UN LIBRO DE DOCE SERMONES QUE IMPRIMIÓ EL
PADRE FLORENCIA, DE LA COMPAÑÍA DE JESÚS

Doce sermones estampó Florencia,
  orador cano sí, mas, aunque cano,
  a cuanto ventosea en castellano,
  se tapa las narices la elocuencia.

Humos reconocí en Su Chimenencia
  de abstinente no menos que de vano,
  pues que por un capón deja un milano:
  ¡oh bien haya tan rígida abstinencia!

En su Religión sancta, de modesto
  nunca ha querido lo que no le han dado:
  ¡oh bien haya modestia tan ociosa!

En Palacio más mucho de lo honesto
  del dueño solicita, y del privado:
  ¡oh mal haya ambición tan ambiciosa!

Es difícil fechar este soneto: no se encuentra
una colección impresa de doce sermones del Padre
Florencia, quien predicó tanto en las honras de la
reina Margarita, en 1611, como en las de Felipe III,
en 1621. Millé se inclina por esta fecha. Más indicios
da el epistolario de Góngora, donde, hablando de
Rodrigo Calderón, refiere, en julio de 1621, que el
Padre Florencia se rehusó a atenderle.

2 *cano*: sabio y de pelo cano.
3 *ventosea*: expeler aire de mal olor; alusión a su estilo.
5 *humos*: vanidad y el humo producido por el fuego, que se relaciona con Chimenencia, título burlesco.
7 Probablemente alude a sus esfuerzos de congraciarse con los del
  Palacio, y a su interés material: *milano* sería el ave noble,
  Calderón; *capón*, la que se come (en la *Historia de la Compañía*,
  III, 683-4, se refiere que exigía muchos lujos en la comida); la
  caponera: el conjunto de los gentileshombres.
12-14 El P. Florencia asistió a Felipe III en su muerte. Según Millé,
  esto "hubo de despertar en el ambiente cortesano emulaciones y
  rencores".

XXXV. [¿a. 1622?]

A JUSEPA VACA, FARSANTA

Si por virtud, Jusepa, no mancharas
el tálamo consorte del marido,
otra Porcia de Bruto hubieras sido,
que sin comer sus brasas retrataras.

Mas no es virtud el miedo en que reparas,
por la falta que encubre tu vestido;
pues yo sé que sin ella fueras Dido
que a tu Siqueo en vida disfamaras.

No llames castidad la que forzada
hipócrita virtud se representa,
saliendo con su capa disfrazada.

Jusepa, no eres casta; que si alienta
contraria fuerza a tu virtud cansada,
es vicio la virtud cuando es violenta.

Jusepa Vaca aparece muy a menudo en la correspondencia entre Lope de Vega y el Duque de Sessa. Trabajó en varias obras de Lope. La satiriza también Villamediana. Ya en 1618 era muy famosa.

3 *Porcia* se mató tragando unas ascuas al recibir la noticia de la muerte de su marido.

7 *Dido* aunque había jurado fidelidad eterna a Siqueo, se entregó a Eneas; sugiere que Jusepa ni siquiera esperaría la muerte del marido.

XXXVI. 1623

A VALLEJO, AUCTOR DE COMEDIAS,
QUE, REPRESENTANDO LA DE "EL ANTECRISTO", Y
HABIENDO DE VOLAR POR UNA MAROMA, NO SE
ATREVIÓ, Y EN SU LUGAR VOLÓ LUISA DE ROBLES

Quedando con tal peso en la cabeza,
　　bien las tramoyas rehusó Vallejo,
　　que ser venado y no llegar a viejo
repugna a leyes de naturaleza.

Ningún ciervo de Dios, según se reza,
　　pisó jurisdicciones de vencejo;
　　volar, a sólo un ángel lo aconsejo,
que aun de Roble supone ligereza.

Al céfiro no crea más ocioso
　　toro, si ya no fuese más alado,
　　que el del Evangelista glorïoso.

"No hay elemento como el empedrado",
　　dijo; y así el teatro numeroso
volar no vio esta vez al buey barbado.

En una carta de 1623 Góngora se refiere a esta
representación de la comedia de Alarcón; el soneto
debe de ser de este año.

1 Brockhaus ve una alusión a los cuernos; a la vez puede ser una
referencia a lo que pasa en la obra: el Antecristo aparece como
una bestia que, vencida por la heroína, cae a tierra, y ella le pone
el pie sobre la cabeza.
2 El Antecristo debía escalar el cielo por una tramoya.
3 Alusión a la bestia en que estaba transformado, y probablemente
a los cuernos.
5 Juego de palabras: ciervo-siervo.
6 *jurisdicciones de vencejo*: el aire.

8 *Roble*: la que voló en su lugar fue Luisa de Robles.

9-11 Alusión al dicho popular: "ligero como el ave de San Lucas", empleado irónicamente para designar a una persona sumamente pesada.

12 *elemento empedrado*: el suelo.

14 Según Brockhaus, es otra alusión a sus cuernos.

Varios códices presentan los tercetos distintos:

> Toro, si ya no fuese más alado
> que el del evangelista glorïoso,
> al céfiro no crea más templado.
> ¿Qué cuerda no mintió al más animoso?
> ¿Y qué toro, después de enmaromado,
> al teatro le dio lo que es del Coso?

Algunos añaden, además, el estrambote siguiente:

> de Buratín ocioso
> a empedrador apele, que a mi cuenta
> él se verá con el que representa.

buratín: "el que voltea en la maroma, porque sale con un cendal en el rostro" (Cov.).

XXXVII. 1624

A LA FÁBULA DE "ORFEO", QUE COMPUSO
DON JUAN DE XÁUREGUI

Es el Orfeo del señor don Juan
el primero, porque hay otro segundo.
Espantado han sus números al mundo
por el horror que algunas voces dan.

Mancebo es ingenioso, juro a San,
y leído en las cosas del profundo;
pluma valiente, si pincel facundo.
Tan santo lo haga Dios como es Letrán.

Bien, pues, su Orfeo, que trilingüe canta,
pilló su esposa, puesto que no pueda
miralla, en cuanto otra región no mude.

El volvió la cabeza, ella la planta;
la trova se acabó, y el auctor queda
cisne gentil de la infernal palude.

El *Orfeo* de Jáuregui se imprimió en 1624. Era
enemigo declarado de Góngora.

2 El segundo sería el de Juan Pérez de Montalbán, que apareció
en el mismo año y que tiene un prefacio de Lope de Vega con
el verso siguiente: "Canta, segundo Orfeo".

4 Según SC y los críticos, Jáuregui también usó muchas voces extrañas, aunque criticaba a Góngora.

5 Brockhaus supone que procede del dicho popular "Voto a Sanes",
que tampoco menciona el nombre del santo.

6 La descripción de los infiernos es muy extensa en el poema.

8 Juego de palabras: el que entiende de buenas letras, pero también alusión a San Juan de Letrán a causa del nombre Juan de
Jáuregui.

9 Debe de ser una intención burlesca: oponer el "trilingüe" (aunque no consta uso consciente de otras lenguas) al "castellano"
de Montalbán.

10 Intención burlesca en el uso de "pilló".

14 *palude*: una de las voces "extrañas" que fueron criticadas (C. II,
est. 5).

XXXVIII.

A UN LIBRO QUE COMPUSO EL LICENCIADO FRESNO

De vuestras ramas no la heroica lira
    suspende Apolo, mas en lugar de ella
    la avena pastoral (ya ninfa bella)
    que en caña algún dios rústico suspira.

Si dulce sopla el viento, dulce expira
    su voz, y dulcemente se querella,
    tanto que el áspid no la oreja sella,
    mas escucha la música sin ira.

Sois Fresno al fin, cuya admirable sombra
    mata el veneno. Y así el docto coro
    de las Musas, con casto movimiento,

seguro pisa la florida alfombra,
    y el pie descalzo del coturno de oro,
    ciñendo el tronco, honrando el instrumento.

El nombre de Fresno no consta en ninguna obra.
SC le supone amigo de Góngora. CH incluye este
soneto entre los que llegaron a sus manos después
de la muerte de Góngora.

1-3 La definición del estilo del poeta aludido: escribía versos amo-
    rosos y pastoriles.

3-4 Alusión a la ninfa Siringa, que sigue en v. 5-6: Pan con los
    albogues. Compárese con núm. 84; *ya* tiene la significación del
    italiano "già": anteriormente.

9-10 "La sombra del fresno, tan aborrecida de las serpientes, que
    antes atravesaban por un fuego que por ella" (Cov.).

12 Alusión, por contraste, a Eurídice.

XXXIX.

Lugar te da sublime el vulgo ciego,
verde ya pompa de la selva obscura;
que no sin arte religión impura
aras te destinó, te hurtó al fuego.

Mudo mil veces yo la deidad niego,
no el esplendor a tu materia dura;
ídolos a los troncos la esculptura,
dioses hace a los ídolos el ruego.

En lenguas mil de luz, por tantas de oro
fragrantes bocas el humor sabeo
te aclama, ilustremente suspendido.

En tus desnudos hoy muros ignoro
cuántas de grato señas te deseo,
leño al fin con lisonjas desmentido.

Una anotación al margen en el códice de Zaragoza señala que fue escrito contra el Conde-Duque.
y que luego se cambió el primer verso. Construido
sobre la imagen sostenida de un ídolo.

1-4 Descripción del ídolo artísticamente esculpido en madera: antes
   fue "verde pompa" del bosque; ahora está en un templo, así
   evitando el destino corriente de un árbol: ser quemado como
   leña.
5-8 El poeta se rehusa a adorarlo y permanece mudo, pero no por
   eso deja de reconocer su valor artístico, subrayando que los ídolos
   sólo se convierten en dioses si el pueblo los adora. SC señala una
   analogía con Marcial, VIII, *Epigramas*, 24: "Qui fingit sacros
   auro, vel marmore vultus, / Non facit ille Deos, qui rogat ille
   facit".
9-10 Juego de palabras: lengua de luz: incienso que se quema, y
   lengua lisonjera; por consiguiente, dice "bocas de oro": lám-
   paras de oro en que arde el incienso, y bocas de las que salen
   las palabras halagüeñas; *humor sabeo*: el incienso.
12-13 Según SC, alude a la falta de prendas votivas en el templo.
14 Sólo las lisonjas te hacen distinto de un leño corriente.

XL.

[CONTRA CIERTOS HOMBRES, A QUIENES MOTEJA
DE AFEMINADOS]

Hay entre Carrïón y Tordesillas,
    en Castilla la Vieja, dos lugares
    de dos vecinos tan particulares,
    que en su particular tienen cosquillas.

Todas son arrabales estas Villas,
    y su término todo es Olivares;
    sus campos escarchados, que a millares
    producen oro, y plata a maravillas.

Ser quiere alcalde de una y otra aldea
    Gil Rabadán; pero reprocha alguno
    que aprieta a los rabeles el terrojo.

Por justo y por rebelde es bien lo sea,
    porque les dé lo suyo a cada uno,
    y les meta la vara por el ojo.

Soneto construido sobre doble sentido con alusiones a relaciones homosexuales entre los tres mancebos con cuyos nombres juega, facilitándolo el hecho de que sean también nombres de lugares. Los
tres apellidos son Carrión, Tordesillas y Olivares.

4 Recuérdese el sentido equívoco de *particular* (véasé núm. 106).

5 *arrabal*: según Brockhaus, también aquí implica el doble sen-
    tido, derivado de "rabel": el trasero; con esto mismo debe de
    relacionarse el nombre Gil Rabadán.

11 La misma alusión que en el v. 14. Millé cambió "terrojo" por
    "cerrojo", puesto que "terrojo" no consta en ningún diccionario,
    pero es igual en casi todos los códices.

13 *dar lo suyo*: expresión que se usaba para designar el acto sexual.

XLI.

A MARÍA DE VERGARA

No sois, aunque en edad de cuatro sietes,
    María de Vergara, ya primera.
    Dad gracias al Amor, que sois tercera
    de gorras, de capillas, de bonetes.

Los tocados, las galas, los sainetes,
    use de ellos de hoy más vuestra heredera,
    vuestra sobrina, cara de contera,
    pechos de tordo, piernas de pebetes.

Pues de oficio mudáis, mudad vestido,
    y tratad de enjaular otro Canario
    que le cante a la graja en vuestro nido.

Y porque no se enoje fray Hilario,
    véngala a visitar, que a lo que he oído,
    digno es de Su merced el Mercenario.

Uno de los códices (Rennert) da más aclaración:
"A cierta mujer, en cuya casa se juntaban damas y
galanes de todos estados, por haber ya ella quedado
inútil para ser dama". María de Vergara era actriz.

2 Alusión a la edad y al hecho de que no es doncella.

3 Juego de palabras con *tercera*: número ordinal que contrapone
a "primera", y alusión a su profesión.

4 Enumera los estados diferentes que acuden a su casa: *gorras* por
legos; *capillas* por monjes; *bonetes* por sacerdotes laicos.

7 *contera*: el hierreruelo cóncavo o hueco que fenece en punta y
se pone en la extremidad de la vaina de la espada (*Dicc. Aut.*).

8 *pebete*: "es una vírgula aromática" (Cov.); alusión a la forma.

10 Nota en el códice perteneciente a F-D: "Cierto galán, natural
de Canaria, con quien esta mujer había tenido amistad".

11 *graja*: según Alemany y Selfa, mujer que vive de su cuerpo.

12 Compárese con X.

XLII.

A UNA DAMA MUY BLANCA, VESTIDA DE VERDE

Cisne gentil, después que crespo el vado
  dejó, y de espuma la agua encanecida,
  que al rubio sol la pluma humedecida
  sacude, de las juncias abrigado;

copos de blanca nieve en verde prado;
  azucena entre murtas escondida;
  cuajada leche en juncos exprimida;
  diamante entre esmeraldas engastado,

no tienen que preciarse de blancura
  después que nos mostró su airoso brío
  la blanca Leda en verde vestidura.

Fue tal, que templó su aire el fuego mío,
  y dio, con su vestido y su hermosura,
  verdor al campo, claridad al río.

      Debe de ser de los años juveniles, a juzgar por
los versos bimembres y las imágenes-tópicos así como
la repetición del juego con los dos colores.

11 Es interesante observar como la mención del cisne en v. 1
giere ahora la imagen de Leda para ponderar la hermosura.

XLIII.

No de la sangre de la Diosa bella
   fragrante ostentación haga la rosa,
   y pues tu luz la perdonó piadosa,
   acometa segura a ser estrella.

Cuando destruye con nevada huella
   el invierno las flores, victoriosa,
   menos distincta, pero más hermosa,
   los helados rigores atropella.

Florida mariposa, a dos imperios
   igual se libra, y a juzgalla llego
   más advertida, cuando más se atreve.

Sólo el Amor entiende estos misterios:
   en el mayor incendio burla al fuego,
   y en la nieve se libra de la nieve.

Ninguno de los comentaristas logró descifrarlo.
Parece referirse a un planeta o una estrella, probablemente Venus.

XLIV.

Donde con labio alterno el Eritreo
besa a Arabia las faldas olorosas,
rosadas plumas o volantes rosas
el ave viste, que es del sol trofeo.

Ya mariposa del farol Febeo
muere, y aquellas ramas, que piadosas
fueron pira a sus plumas vagarosas,
cuna son hoy de su primer gorjeo.

Unico Fénix es mi amor constante,
que en la luz de esos soles abrasado
muere, y en él las esperanzas leves.

Mas renace, hallando, en un instante,
túmulo triste en llamas levantado,
y cuna alegre en sus cenizas breves.

Por la construcción y las alusiones parece ser de
los años maduros del poeta.

1 *Eritreo*: el Mar Rojo; *labio alterno*: el movimiento de las olas.

2 *faldas olorosas*: porque de la Arabia se traían todos los perfumes e inciensos.

3-4 Descripción del Fénix; algunas tradiciones dicen que el sol enciende su pira.

5 Compara al Fénix con la mariposa, porque como ella vuela con determinación hacia su muerte; usa una imagen muy parecida en núm. 161; *farol febeo*: de Febo, o sea Apolo, dios-sol.

10 *esos soles*: los ojos de la dama.

XLV.

No os conozco, Isabel. Sin conoceros,
  vuestra beldad, vuestro donaire admiro,
  y dividida en vuestros ojos miro
  la claridad del sol en dos luceros.

El ídolo hermoso, que fue a veros,
  ídolo de cristal y de safiro,
  presentadle en las alas de un suspiro
  temores vanos, pero no ligeros.

Presentadle temores de un ausente,
  celoso sí, mas no desesperado,
  de un serafín, que bate plumas de oro.

Teme, señora, y teme justamente,
  que podría salir, por desdichado,
  entre tantas becerras, hecho toro.

Ninguna referencia ayuda a descifrar las alusiones concretas. Parece tratarse de alguna figurilla enviada a la dama, y de la ligereza de ésta. Brockhaus ve una alusión a los cuernos de un marido engañado en v. 14. Es curioso como construcción: los dos cuartetos y el primer terceto en la tradición de un poema amoroso culto, y sólo en el último verso cambio al tono satírico.

11 Alusión a su hermosura angélica.

XLVI.

Comer salchichas y hallar sin gota
  el frasco, por haberse derramado;
  llegar a tomar postas muy cansado
  y daros una que tropieza y trota;

calzaros con gran premio la una bota
  y romperse la otra en lo picado;
  ir a primera, habiéndoos descartado
  del rey de bastos, y acudir la sota;

Servir a dama que no dando toma;
  deber a genoveses puntüales;
  pasear sin gualdrapa haciendo lodos;

tener familia que no sirva y coma...
  añada quien quisiere otros mil males:
  que el ser casado es el mayor de todos.

Según A. Giannini, se trataría de una imitación
de Berni: "Cancheri e beccafichi magri", el cual,
sin embargo, tiene poco parecido con éste. Como
estructura, usa la misma técnica que en núm. 99:
enumeración continuada hasta el último verso, muy
corriente en los sonetos burlescos de la época.

3 *tomar postas*: cambiar caballos.

6 *lo picado*: agujerillos para lazos.

7-8 Aluden al juego de la primera.

9 Alusión a la codicia de las mujeres y el interés en sus amores.

10 El dinero estaba en las manos de los genoveses.

11 *gualdrapa*: paramento que protege del lodo; *haciendo lodos*: en
tiempo de lodos.

XLVII.

[FRAGMENTO DE UN SONETO]

Hecha la entrada, y sueltos los leones,
  el que a mejor caballo bate espuela,
  o la lanza, el rejón, o la cañuela
  le dé a la redempción de los peones;

y en altas y arriscadas ocasiones,
  a vista ya de quien lo abrasa o hiela,
  ... ...,... ... ...

En todos los códices sólo tiene estos seis versos;
en el asunto se parece a núm. 103.

XLVIII.

A UNA ROSA

Ayer naciste, y morirás mañana.
　　Para tan breve ser, ¿quién te dio vida?
　　¿Para vivir tan poco estás lucida,
　　y para no ser nada estás lozana?

Si te engañó su hermosura vana,
　　bien presto la verás desvanecida,
　　porque en tu hermosura está escondida
　　la ocasión de morir muerte temprana.

Cuando te corte la robusta mano,
　　ley de la agricultura permitida,
　　grosero aliento acabará tu suerte.

No salgas, que te aguarda algún tirano;
　　dilata tu nacer para tu vida,
　　que anticipas tu ser para tu muerte.

Según SC, no es seguro que sea de Góngora. Señala un parecido con Ausonio: "quam longa una
dies, aetas tam longa rosarum" (p. 503). Brockhaus
señala una analogía con Francisco de Rioja, Silva VI:
"viendo las rosas que su aliento cría / como nacen
y mueren en un día".

11 Se nota claramente la preferencia por el campo y la naturaleza:
incluso la mujer más bella (que a ellas se suelen presentar las
rosas) parecerá tener aliento grosero comparándola con la fragancia de la rosa.

XLIX.

A LA ROSA Y SU BREVEDAD

Púrpura ostenta, disimula nieve,
  entre malezas peregrina rosa,
  que mil afectos suspendió frondosa,
  que mil donaires ofendió por breve;

madre de olores, a quien ámbar debe
  lisonjas, no por prendas de la diosa,
  mas porque a las aromas, deliciosa,
  lo más sutil de sus alientos bebe.

En prevenir al Sol tomó licencia;
  sintiólo él, que desde un alto risco
  sol de las flores halla que le incita.

Miróla, en fin, ardiente basilisco,
  y, ofendido de tanta competencia,
  fulminando veneno la marchita.

Es dudoso que sea de Góngora: sólo consta en
dos códices de importancia secundaria.

1 Alusión al margen blanco de los pétalos de la rosa, que se deja
ver sólo al deshojarla.

5 Se quemaba el ámbar como incienso.

6 Alusión al hecho de que la rosa recibió su color de la sangre
de Venus, y contraste con el color de oro del ámbar.

11 La lección varía en los códices; "haya", sugerido por Millé, parece adaptarse mejor a la construcción gramatical pero no es
muy lógico: las rosas no crecen en altos riscos.

14 Los dos códices difieren también en la lección de "fulminando",
que aparece como "fulminado" en 4140. Parece más acertado
"fulminando": conserva como sujeto al sol.

L.

A LOPE DE VEGA

Después que Apolo tus coplones vido,
salidos por la boca de un pipote,
insolente poeta tagarote,
en su délfico trono lo ha sentido.

La satírica Clío se ha corrido
en ver que la frecuente un necio zote,
y de que tantas leguas en un trote
la hayas hecho correr. Crueldad ha sido.

Deja las damas, deja a Apolo, y tente;
pide perdón al pueblo que enojaste,
que, aunque corrido el cortesano bando,

no corras tanto, corredor valiente,
que si un sombrero por correr ganaste,
mira no ganes un jubón trotando.

Sólo consta en un códice.

2 *pipote*: pipa pequeña; probablemente infiere que ni siquiera el instrumento más humilde, la avena, sería bueno para él.

3 *tagarote*: término usado por Lope en su epístola a Barrionuevo (*Rimas*, 1602): "Hay algunos poetas tagarotes / que apenas imagino cómo vuelan", donde ataca a los cultistas; tagarote, además, significa escribano: alusión al puesto de Lope como secretario.

5 *Clío*: generalmente, musa de la historia.

7-8 Alusión a la extensión del poema; a la vez alude a la expresión "correr las damas", que desarrolla en el terceto siguiente.

10 Alusión a las hablillas que suscitaban los amores de Lope.

11 *cortesano*: ambiguo: de la corte, pero también de las cortesanas.

12 *correr*: aquí, con la acepción de "correr las damas".

14 *jubón*: según Brockhaus, probablemente es una alusión al "jubón de azotes", o sea, un castigo público en que podría incurrir.

SONETOS ATRIBUIDOS MUY DUDOSOS

ATRIBUIDOS DE AUTOR CONOCIDO

Las cifras se refieren al número del soneto. No se incluyen nombres de la tradición pastoril sin identificación con personas concretas.

Abad. Abad Panormitano (Nicolás Tudeschis, alias Abbas Siculus), famoso canonista italiano del s. XV (99).

Acroceraunios, montes. Montañas altas en Epiro que, según se creía, atraían a sí los rayos (160).

Acteón. Famoso cazador en la tradición mitológica (XXII).

Acuario. Penúltimo signo del Zodíaco, correspondiente a febrero-marzo (130).

Acuña, Catalina de. Dama de Palacio aún en 1613, hija de Luis de Guzmán y de Ángela de Tassis (90).

Acuña, Juan de. Hijo del Conde de Buendía, Presidente de Castilla y del Consejo del Estado, visitador de los ministros de Hacienda y de la contaduría mayor, famoso por su severidad y rectitud; Presidente del Consejo de Indias desde 1610 (29).

Adonis. Joven cazador amado por Afrodita, matado por un fiero jabalí en que se había transformado Marte por celos; donde cayeron gotas de su sangre, brotaron flores rojas (87, 155).

Aganipe. Fuente de las musas al pie de Helicón, monte donde éstas habitaban; también llamada Helicona (18, XXXII).

Aguilar. Músico mulato que facilitaba amoríos entre los caballeros y las damas en Córdoba; parece ser que también vendió a otro una damisela que Góngora le había encomendado al marcharse a uno de sus viajes (XXIV, XXVIII).

Alba, Duque de. Antonio Álvarez de Toledo, descendiente del famoso duque de Alba, gobernador de los Países Bajos; fue Virrey de Nápoles de 1623 a 1629; murió en 1639. Tuvo en su servicio a Lope de Vega durante varios años (129).

Albiela. Pequeño río portugués, afluente del Tajo (147)

Alcaudete, Conde de. Casa noble de España que, durante varias generaciones, estuvo luchando en Orán, originaria de Córdoba; uno de ellos muere heroicamente en 1558; en 1602 Cabrera refiere que el Conde de Alcaudete cautivó a 250 moros. Es probable que tuvieran su capilla en la catedral de Córdoba (III).

Alcides, o Hércules. Hijo de Zeus, famoso por su fuerza; aún en la cuna mató dos serpientes gigantescas; a los 18 años, el león de Tespia, y desde entonces anduvo vestido de su piel. Hizo muchas peregrinaciones, en una de las cuales emprendió los "doce trabajos de Hércules", uno de ellos siendo matar el león de Nemea. Como uno de los castigos le fue impuesto ir a Lidia a servir como esclavo de la reina Onfale quien le hacía vestir de mujer e hilar o tejer (29, 59, 75, 77).

Alción. Pájaro marítimo legendario que pone sus huevos sobre el mar en días de calma absoluta que dura hasta que los hijos puedan volar (14).

Alejandría. Ciudad de Egipto (107).

Alejandro de Hales. Filósofo inglés, representante de la escuela escolástica, franciscano, maestro de San Buenaventura y de Santo Tomás de Aquino. Murió en 1245 (125).

Alejandro Magno. Rey de Macedonia (356-323 a. J.C.) que se había propuesto conquistar el mundo entero (125).

Alfarache. Puerto en la costa española frente a África (111).

Aliaga, Fray Luis de. Dominico aragonés, nombrado confesor del rey en 1608 por recomendación del Duque de Lerma. Luego intriga contra él con su hijo, el Duque de Uceda, para eliminar a Lerma, y lo consiguen en 1618. A su vez, cuando toma el poder del Conde-Duque de Olivares en 1621, es eliminado él mismo. En 1618 había sido nombrado Inquisidor General (43).

Amadís. Protagonista del más famoso libro de caballerías, *Amadís de Gaula* (103).

Anfión. Hijo de Zeus, músico sin igual, quien con el son de su lira consiguió mover las piedras que le siguieron hasta Tebas para formar una muralla alrededor de la ciudad (33).

Anquises. Padre de Eneas a quien éste salvó llevándolo en sus hombros para salir de la ciudad incendiada; más tarde, Eneas obtuvo el privilegio de visitarle en el reino de los muertos para pedirle consejo (36).

Anteón. Vid. Acteón. (Confusión frecuente en el s. XVII.)

Apeles. Famoso pintor griego que vivió en el siglo IV antes de Jesucristo (VII).

Apolo. También llamado Febo, dios de las musas, símbolo del sol, protector de la medicina, a quien se invocaba para conocer la verdad en el oráculo de Delfos; nacido en Delos, es frecuentemente representado como arquero; su árbol sacro: el laurel (1, 3, 5, 6, 14, 18, 20, 35, 38, 41, 46, 76, 77, 97, 102, 140, 150, 154, VII, XXXVIII, XLIV, L).

Aquilón. Viento del Norte (76).

Ariadna. Hija de Minos, rey de Creta que construyó el famoso Laberinto donde guardaba a Minotauro, sacrificándole jóvenes de Atenas. Ariadna se enamoró de uno de ellos, Teseo, y le ayudó a escaparse con tal de que se casara con ella. Los dos huyeron de Creta, pero luego la dejó en la isla de Naxos. Ariadna fue consolada por Dionisio, y Venus le regaló una corona labrada por Vulcano. Después de su muerte, ésta fue trasladada al cielo y consiste en una estrella grande y nueve pequeñas rodeándola (55, 133).

Arión. Poeta y músico griego. Herodoto refiere (I, 24) que, cuando volvía de Italia, cargado de riquezas, los marineros de su navío quisieron echarle al mar, pero obtuvo permiso de cantar, y la dulzura de su canto hizo venir un delfín que le transportó al cabo de Ténaro (5, 78).

Arpinas. Patria de Marco Tulio Cicerón (106-43 a. J.C.), el más famoso orador romano (27).

Arturo. Protagonista de las leyendas y las epopeyas medievales inglesas: también nombre de una estrella (SC) (52).

Astrea. Símbolo de la justicia divina, hija de Zeus, que después de la Edad de Oro abandonó la tierra y fue elevada al cielo como la constelación Virgo (29).

Atlante. Véase Medusa.

Austro. Viento del Sur (84, 166).

Ayala, Bernardino de. Conde de Villalba; no hemos podido averiguar más detalles (127).

Aventino. Uno de los siete collados de Roma (19).

Ayamonte, Marqués de. Antonio Guzmán y Zúñiga, con cuya influencia en la corte contaba Góngora. El padre había sido gobernador del Milanesado; el hijo fue provisto para Virrey de Méjico, pero no queriendo ir su mujer, desistió. Tenía sus posesiones principales en Lepe. Era descendiente de Íñigo Arista, rey de Navarra. Góngora le visitó en 1607 y tuvo ocasión de compartir la vida de campo, pesca y caza que llevaba la familia (11, 12, 13, 14, 15, 16, 17, 18, 155).

Babia, Luis. Era capellán de la Capilla Real de Granada, él mismo granadino. Continuó la *Historia Pontifical* que había empezado Gonzalo de Illescas (26).

Babilonia. Ciudad de la antigua Mesopotamia, también llamada la ciudad de Nino, cuya riqueza y lujo llegaron a tener fama universal y cuyos jardines colgantes eran considerados una de las siete maravillas del mundo (61, 104).

Baco. También llamado Dionisio, dios del vino (XXVIII).

Bártulo. Bártolo Alfani di Sassoferrato, famoso jurisconsulto (1313-1357): el nombre había pasado a significar genéricamente hombre de Derecho y era usado muy frecuentemente en el s. XVII, junto con el de Abad (99).

Belerofonte. Dueño del caballo alado Pegaso que quiso elevarse hasta Olimpo, pero los dioses no se lo permitieron (XVIII).

Belisa. Nombre pastoril, varias veces aplicado por Góngora a la reina Isabel, mujer de Felipe IV, como anagrama (93, 94, 147).

Belona. Diosa romana de la guerra (134).

Betis. Nombre antiguo y poético del Guadalquivir (2, 28, 33, 48, 51, 62, 83, 84, 121, 130, 135, 136, 139, IV, VII).

Bravo. Pedro Bravo de Sotomayor, Alcalde de la Corte hacia 1611 (118).

Brindis. Brindisi, puerto importante en el sur de Italia, en la costa del Adriático (XXXI).

Buendía, Conde de. Padre de Juan de Acuña, Presidente de Castilla, a quien luego pasó el título (29, 108).

Bujía. Ciudad de África (114).

Burgos, Jerónima de. Actriz famosa, mujer del autor de comedias Pedro de Valdés, de quien enviudó; en 1632 tenía su propia compañía que representaba delante del rey. Murió en 1641 en Madrid (XXII).

Cabrera. Luis Cabrera de Córdoba (1559-1623), historiador del reinado de Felipe II (*Historia de Felipe II*, 1619), autor de *Relaciones de las cosas sucedidas en la corte de España desde 1599 hasta 1614*, donde reúne muchos datos imprescindibles para el conocimiento de la época (31, 32).

Calderón, Rodrigo. Marqués de Siete Iglesias, que alcanzó gran poder protegido por el Duque de Lerma; de muchísima influencia durante el reinado de Felipe III. Con la caída de Lerma, empezó a oscurecerse también su gloria. Fue encarcelado en 1619 y públicamente ejecutado el 21 de octubre de 1621. Odiado mientras tenía el poder, se ganó el favor del pueblo por su entereza y ejemplaridad en el morir. El epistolario de Góngora de 1619 a 1621

Cerda, Brianda de la. Hija del Marqués de Ayamonte, que en una ocasión es aludida con el nombre de Clori (15, 89).

Cintia. Vid. Diana.

Clío. Una de las nueve musas; presidía a la historia (46, 125, L).

Clori. Nombre poético algunas veces identificado con Catalina de la Cerda, otras, con Brianda de la Cerda, hija del Marqués de Ayamonte; usado principalmente en 1582 (62, 67, 76, 77, 89, 95).

Cloto. Una de las tres Parcas, que hilaba el hilo de las vidas humanas; no tenía poder para cortarlo, pues esto era privilegio de Atropos: la tercera, Laquesis, lo medía (6, 77).

Como. Ciudad italiana cerca de Milán, que a veces formaba parte del Milanesado y otras se rebelaba contra este gobierno (164).

Conde-Duque de Olivares, Gaspar de Guzmán (1587-1645). el famoso valido de Felipe IV y verdadero señor de España desde 1621. Al empezar a gobernar, eliminó a todos los validos de Felipe III. Soñó con restablecer el grande imperio universal español. Perdió el favor en 1643. Góngora le tuvo rencor al principio por la ejecución de Calderón, pero luego pasó a pedirle favores (50).

Cupido. Hijo de Afrodita, dios del amor, representado desnudo y con alas y una aljaba de flechas. (9, 35, 56, 60, 70, 88, 89, 91, 94, 104, 109, V).

Daliso. Nombre poético usado por Góngora para designarse a sí mismo (85).

Dauro. Río andaluz que atraviesa Granada; también escrito Darro; se suponía que sus arenas tenían oro (2, 30, 33).

Dávila, Sancho. Obispo de Jaén, cuyo palacio era conocido por su grandeza y por el relicario suntuoso que contenía. En 1615 fue destinado a Sigüenza; murió en 1625 siendo obispo de Plasencia (20).

Dédalo. Vid. Icaro.

Diana. Hermana gemela de Apolo, también conocida con el nombre de Artemis como cazadora y con el de Cintia refiriéndose a ella como a la luna; su árbol, el ciprés (14, 41, 86).

Enrique IV de Borbón. Rey de Francia (1553-1610), asesinado por François de Ravaillac. Son célebres sus palabras "París bien vale una misa", pronunciadas cuando decidió convertirse al catolicismo (era hugonote) para poder reinar en Francia (134).

Erídano. Véase Faetón.

Eritreo. El Mar Rojo que baña la costa noroeste de África (42, XLIV).

Escorial. San Lorenzo de El Escorial, palacio-monasterio construido por Felipe II para conmemorar la victoria de San Quintín, panteón de los reyes de España, a unos 30 km. de Madrid (6).

Escoto. Johannes Duns Scotus (1266-1308), el *doctor subtilis*, cuya enseñanza se oponía a la de Santo Tomás de Aquino y la filosofía aristotélico-escolástica, y fue seguida principalmente por los franciscanos (110).

Esculapio. Hijo de Apolo y Coronis, dios griego de la medicina, cuyo templo, después de su muerte, atraía a peregrinos que buscaban salvación. Curaba sobre todo con hierbas, y una tradición dice que una vez, cuando tenía que resucitar a un muerto, una serpiente le trajo la hierba milagrosa. Desde entonces la serpiente es símbolo de la medicina (46).

Esgueva. Pequeño río castellano que atraviesa Valladolid, afluente del Pisuerga (105, 106, IX).

Espinosa, Juan Fernández de. De familia noble andaluza, casado con Guiomar de Sà, probablemente conocido de Góngora en sus días cordobeses (135).

Estérope. Gigante que en la fragua de Vulcano forjaba rayos (160).

Estrimón. Río que divide Macedonia y Tracia, a cuyas orillas Orfeo lloró la pérdida de Eurídice (66).

Etna. Volcán en Sicilia donde, según una de las tradiciones, se suponía la fragua de Vulcano (151).

Eurídice. Vid. Orfeo.

Euro. Viento de Oriente (24).

Eurota. Virgilio refiere (*Eneida*, I, 498) que era el monte donde preferiblemente cazaba Diana (86).

Faetón. Hijo del sol y de Climene quien pidió al sol, como prueba de que era verdaderamente su padre, que le concediera un deseo. El sol se lo prometió, y entonces Faetón rogó que le fiara por un día su carro. Montó en él, pero no pudo domeñar a los caballos y fue incendiando la tierra al bajar desmesuradamente. Enfurecido al ver los estragos, Júpiter le fulminó con un rayo, y cayó, muerto, en el río Erídano, que se supone el Po (Pado). Sus hermanas, las Helíades, acudieron a las riberas del río para llorarle, y fueron convertidas en álamos. Su amigo Cycnus, que también lamentaba su muerte, fue convertido en cisne con el privilegio de cantar una sola vez, antes de morir (38, 60, 65, 74, 83).

Favonio. Vid. Céfiro.

Febo. Vid. Apolo.

Felipe II. Rey de España de 1556 a 1598 (6, 31, 32).

Felipe III. Rey de España de 1598 a 1621, el primero en dejar el gobierno en las manos de un valido, el Duque de Lerma (40, 41, 43, 87, 144).

Felipe IV. Rey de España de 1621 a 1665, años en que se hace evidente la decadencia de España a pesar de los esfuerzos del Conde-Duque de Olivares de mantener su poderío (46, 47, 51, 93, 94, 165).

Fénix. Ave que renace de sus cenizas; se quema en una pira de leño aromático incendiada con los rayos del sol, que refleja su plumaje; Góngora usa este nombre con frecuencia para designar al rey o a un Grande (12, 31, 32, 40, 46, 51, 52, 79, 132, 138, 146, 161, XLIV).

Feria, Duque de. Gómez Suárez de Figueroa (1587-1635), personaje importante en la política exterior; sirvió como embajador en Roma y como virrey de Valencia; desde 1618 fue destinado como gobernador a Milán. En 1610 le fue confiada la embajada extraordinaria de ir a Francia a dar el pésame a María de Médicis por la muerte del rey Enrique IV (90, 117, 141).

Ferrer, Padre. Procurador del colegio de Jesuitas en Córdoba, según anotación en ms. 3795 (XXVI).

Fileno. Nombre pastoril que usa para designar a Felipe IV (93, 94).

Filomela. Hija de Pandión, fue persuadida por su cuñado Tereo a que le acompañase para visitar a su hermana Procne. Tereo la violó y después de hacerle cortar la lengua para que no pudiese contar a nadie la afrenta, la encerró. Entonces Filomela tejió (o bordó) una tapicería representando el suceso y la envió a Procne, quien la liberó (Ovidio, *Met.* IV). Más tarde fue convertida en ruiseñor, y Procne en golondrina (algunas tradiciones afirman lo contrario) (64, 69, 97).

Flora. Diosa de las flores y de los prados (8, 57).

Florencia, P. Jerónimo de. Jesuita, predicador del rey que sabía conmover al público. Predicó en las honras de la reina Margarita; acompañó al rey en la hora de su muerte y también predicó en sus honras. Góngora le reprocha el no haber querido atender a Rodrigo Calderón, aunque consta que con la mujer de éste había intercedido por él (XXXIV).

Galatea. Ninfa de quien se enamoró el cíclope Polifemo, protagonista de la "Fábula de Polifemo y Galatea" (124).

Gales, príncipe de. Carlos, hijo de Jacobo I de Inglaterra, que luego reinó como Carlos I. Enamorado de la Infanta María por retrato, vino secretamente a España para conocerla y estuvo varios meses, del 17 marzo al 9 septiembre de 1623. Se suele considerar como uno de los errores políticos de Olivares el no haber llevado a cabo las negociaciones de este matrimonio, lo cual resultó en una guerra entre Inglaterra y España al heredar Carlos el trono en 1625 (52).

Ganges. El río sacro de la India (46, 67).

Ganimedes. Príncipe troyano muy hermoso de quien se enamoró Júpiter; mandó un águila para que le trajese al cielo, donde le escancia el vino (14, 70, 143, 160).

Géminis. Tercer signo del Zodíaco que representa a los dos hermanos, hijos de Leda, Cástor y Pólux; corresponde al mes de mayo (130).

Genil. Río andaluz que pasa por Granada; nace en una montaña, y los poetas le asocian frecuentemente con la nieve (2, 25, 30, 33, 154).

González de Mendoza y Silva, Fray Pedro. Arzobispo de Granada, nombrado para este puesto muy joven, luego transferido a Zaragoza y últimamente a Sigüenza. El puesto de Granada tenía una renta de 40.000 ducados. Era hermano del Conde de Salinas (25).

Greco, El. Domenico Theotocopoulos (1541-1614), nacido en Creta y establecido en Toledo, el pintor más famoso de España en el s. XVI, amigo de Fray Hortensio Paravicino, de quien dejó un retrato y a través de quien habrá conocido a Góngora (140).

Guadiana. Río que corre por Andalucía y desemboca en el Atlántico (12, 18).

Guinea. Región en la costa oeste de África, de la cual se solía traer esclavos negros a Portugal y a España (103, XVII).

Guisando. Lugar en la Sierra de Guadarrama, cerca de Madrid, donde se encontraron los famosos "toros de Guisando", escultura tosca muy antigua en piedra (120).

Guzmán, Miguel de. Hijo del Duque de Medina Sidonia que fue matado por el rayo mientras cazaba en los montes de Toledo. Se cuenta que el esclavo que estuvo junto a él y quedó vivo, en seguida se convirtió. El suceso fue muy comentado en la corte e inspiró varios poemas (160).

Helíades. Vid. Faetón.

Helicona. Vid. Aganipe.

Hércules. Vid. Alcides.

Humena, Duque de. Según Alemany y Selfa, nombre con que fue conocido en España Charles de Lorraine, Duc de Mayenne, quien vino como embajador extraordinario a dar el pésame a Felipe III por la muerte de la reina Margarita. Hasta su venida fue mantenido el luto oficial. Fue recibido con muchos honores, sostenido enteramente desde el Palacio Real, y muy generosamente agasajado al salir. Estuvo en Madrid desde mayo hasta septiembre de 1612 (120).

Icaro. Hijo de Dédalo, arquitecto que había construido el Laberinto para el rey Minos y fue luego encerrado él mismo con el hijo allí. Se escaparon con dos pares de alas que fabricó Dédalo, pero Icaro se acercó demasiado al sol, derritiéndose la cera de las alas, y cayó al mar que se llamó de Ícaro (73, 121).

Ida. Monte cerca de Troya donde cazaba Ganimedes y donde tuvo lugar el juicio de Paris; tiene el mismo nombre un monte en Creta, famoso por sus hierbas medicinales (46, 70, 155).

Infantas, Antonio de las. Poeta cordobés, amigo de Góngora (139).

Infante-Cardenal, Fernando de Austria. Hermano de Felipe IV (1609-1641), príncipe activo y enérgico. Aunque desde niño se le había destinado a la carrera eclesiástica, al demostrar interés y capacidad por las cosas militares, pasó a ser caudillo de las tropas españolas en Flandes con gran éxito. En 1633 fue nombrado gobernador de Milán y desde 1634 gobernador de los Países Bajos. Se esperaba que lograría parar el despedazamiento de las posesiones, pero murió muy joven (42).

tos en el cielo, son considerados por los marineros como augurio de buena llegada (138, 166, XLII).

Leganés, Juan de. Un loco de Madrid que aparece en la obra de varios autores del s. XVII (VI).

Lemos, Conde de. Pedro Fernández de Castro, sobrino del Duque de Lerma, tuvo varios puestos de importancia durante el reinado de Felipe III; entre ellos, el de virrey de Nápoles, Consejero de Estado, Presidente del Consejo de Italia. Al perder el favor el Duque de Lerma, se eclipsó también su suerte. Se retiró a Galicia, y murió en 1622. Góngora le había conocido probablemente desde principios del siglo, y había esperado ir con él a Nápoles, según algunas referencias. Siempre celebró la belleza de su mujer (10, 22, 39, 117, 148).

Lepe. Vid. Ayamonte.

Lerma, Duquesa de. Catalina de la Cerda, hija del Duque de Medinaceli, mujer del valido de Felipe III, Duque de Lerma. Fue Camarera Mayor de la Reina hasta que, a causa de su mala salud, la sustituyó la Condesa de Lemos en 1603. Murió en 1603 (132, 133).

Lesbín. Nombre con que designa al hijo del Marqués de Ayamonte (14).

Libia. Región de África en la costa del Mediterráneo, extensión del desierto de Sahara (75).

Licio. Nombre poético con el que se designa a sí mismo (77, 162, 163).

Lidia. Región en Asia Menor, independiente hasta que entró a formar parte de Persia (75).

Lípari. Isla eolia al norte de Sicilia donde se suponía la fragua de Vulcano (160).

Livio. Titus Livius (59 a. J. C.-17 a. D.), historiador que dedicó toda su vida a escribir la Historia de Roma (32).

Luque. Lugar a unos 70 km. de Córdoba, cerca de Zuheros, que pertenecía a don Egas Venegas, Conde de Luque, residente en Córdoba y apasionado por el juego (36).

Lutero. Martin Luther (1483-1546), el primer reformador protestante que se rebeló contra la Iglesia Romana Católica, fijando sus 95 artículos de protesta en la puerta de la iglesia de Wittenberg en 1517 (XII).

Madera, Gregorio López de Oidor y Alcalde de Casa y Corte, así como Presidente de la Sala en Madrid (XIII, XIV).

Mamora, La. Fortaleza en la costa de África, en un punto estratégico, que fue ocupada por los españoles en 1614 (122, 123).

Manrique y Aguavo, Jerónimo. Obispo de Salamanca que fue destinado a pasar a Córdoba, pero no llegó a ello, puesto que murió en septiembre de 1593. Cuidó a Góngora cuando éste enfermó en su visita a Salamanca en este mismo año (IV).

Manso de Sotomayor, Pedro. Presidente de Castilla desde 1608. Antes había sido presidente de la chancillería de Valladolid, puesto al que fue nombrado en 1606 a la edad de 36 años. Murió en 1610 (118).

Manto. Mantova, patria de Virgilio, en Italia septentrional (68).

Manzanares. Río de Madrid, de muy poca agua, a pesar de lo cual fue construido sobre él, hacia 1584, el puente suntuoso de Segovia (47, 100, 101).

Mardones, Fray Diego de. Obispo de Córdoba, nombrado el 26 marzo de 1607, conocido por su piedad y humildad (1528-1624); desde 1611 medio inutilizado por una grave enfermedad (34).

Margarita de Austria. Reina de España (1584-1611), mujer de Felipe III, hija del Archiduque Carlos y María de Baviera, famosa por su piedad y su caridad; fundó muchos conventos y se ocupaba de la vida religiosa, puesto que el Duque de Lerma la tenía apartada de la política para que no disminuyese su influencia con el rey (87, 119, 120, 121, 136, 137, 138).

Marte. Dios de la guerra que, por celos de los amores entre Venus Afrodita y Adonis, se convirtió en un jabalí y mató a éste; le correspondía el quinto cielo (1, 4, 47).

Medusa. Una de las Gorgonas; era tan bella que osó compararse con Palas Atena. Enamorado Neptuno de sus cabellos, se juntó con ella en el templo de Minerva. Enojada la diosa, transformó los cabellos de Medusa en culebras, añadiendo que cualquiera que la mirara se convertiría en piedra. Atlas, que había rehusado la hospitalidad a Perseo, fue transformado en montaña mediante la cabeza de Medusa que Perseo había cortado. (69. XV).

Menfis. Antigua ciudad de los faraones en Egipto (23).

Mercurio. Hijo de Júpiter, mensajero de los dioses, también conocido con el nombre de *Hermes*; símbolo de gracia y de ligereza; sus sandalias aladas le llevaban por los aires con suma velocidad; era el más listo de los dioses y no exento de cierta picardía (16, 38).

Minerva. También conocida con el nombre de Palas Atena; fue concebida por Júpiter sin fecundar a mujer y salió de su cabeza ya armada; protectora de la cultura y de la civilización, símbolo de la sabiduría; su árbol, el olivo (22, 148).

Momo. Dios cuya ocupación era escudriñar lo que hacían los otros y criticarlo (120).

Monforte. Lugar principal de las posesiones del Conde de Lemos, en Galicia (22).

Mongibel Etna. Volcán debajo del cual se suponía encerrados a los gigantes rebeldes (151).

Montemayor, Martín Alonso de. Capitán al servicio del Conde de Alcaudete en África, mencionado en una relación de 1569 (III).

Montes Marianos. Sierra Nevada (12).

Mora, Cristóbal de. Marqués de Castelrodrigo, privado de Felipe II; le asistió en su muerte (1538-1613). Caballero de la orden de Calatrava y más tarde de la de Alcántara, fue enviado a Lisboa tras la muerte del rey Sebastián; desde 1579 embajador en Lisboa y después de 1580, ministro. Nombrado por Felipe III virrey de Portugal, porque el Duque de Lerma quería alejarle de la Corte (7).

Morfeo. Hijo del dios del sueño, Somnus, que podía asumir cualquier figura humana; volaba con alas que no producían sonido (72, 140).

Narbona, Doctor Eugenio de. Abogado y párroco de San Cristóbal de Toledo, persona muy docta, dueño de un famoso cigarral, autor de *Doctrina política civil*, amigo de Góngora (127).

Narbona, golfo de. En el mar Mediterráneo, cerca de la ciudad del mismo nombre; era temido de los navegantes que iban de Barcelona a Génova (127).

Nilo. Río principal de Egipto cuyas inundaciones fertilizan los valles (23).

Nino, ciudad de. Vid. Babilonia.

Niño de Guevara, Fernando. Hijo de los Marqueses de Tejares (1541-1609). Hecho cardenal en 1596, Inquisidor General en 1599; miembro de Consejo Real; desde 1601 arzobispo de Sevilla (19).

Paris. Príncipe troyano a quien se presentaron Afrodita, Hera, y Palas Atena para que decidiera cuál de las tres era la más hermosa, entregándole la manzana de oro. Él se decidió por Afrodita, porque ésta le prometió la mujer más bella del mundo, Helena, hija de Júpiter y Leda, casada con Menelao, rey de Esparta. Paris la robó, causando con ello la guerra de Troya (13).

Paro(s). Una de las islas griegas, llamadas Cicladas, en el mar Egeo, famosa por su mármol blanco (67).

Parténope. Nombre antiguo de Nápoles (129).

Paz, Isabel de la. Actriz que llegó a ser propietaria en la calle del Baño en Madrid (XXIX).

Pazos, Antonio Mauricio de. Obispo de Córdoba; rigió la diócesis de 1582 a 1586. Dedicado a las letras, licenciado en Derecho y rector de la Universidad de Bolonia, interesado en el humanismo y la cultura renacentista, gran señor (3).

Pérez de Montalbán, Juan (1602-1638). Dramaturgo madrileño, discípulo y amigo de Lope de Vega. Su *Orfeo en lengua castellana* fue impreso en 1624 (XXXVII).

Piérides. Musas que nacieron en Pieria (Tesalia) (38).

Pineda, Padre Juan de. Jesuita, juez en el certamen poético que se celebró en 1610 en Sevilla en la ocasión de la beatificación de San Ignacio. Autor de un libro sobre Job publicado en 1597 (*In Job*). Más tarde censuró severamente la edición de Vicuña de las *Obras* de Góngora, de 1617 (XIX).

Pisuerga. Río castellano que pasa por Valladolid (105, 154, XXVII).

Platón. Filósofo griego (427?-347?) (104).

Po. Vid. Faetón.

Pomona. Diosa de los huertos y de las frutas con su marido Vertumno (21).

Porcia. Mujer de Marco Junio Bruto, quien se había rebelado contra Julio César. Al recibir la noticia de la muerte de su marido, se mató tragando unas ascuas (XXXV).

Prado. El paseo principal de Madrid, adonde acudían todos a lucirse (XIII).

Prometeo. Titán que ayudó a los dioses a sostener a los titanes rebelados, quien robó el fuego del cielo y lo trajo a los hombres, por lo cual fue castigado por Júpiter, encadenándole al pie de la montaña de Cáucaso, donde un buitre devoraba continuamente sus entrañas (41, 45).

Quevedo y Villegas, Francisco de (1580-1645). Uno de los autores más importantes del s. XVII, enemistado con Góngora desde su primer encuentro en Valladolid en 1603; autor de numerosas sátiras fuertes contra Góngora (XVIII, XXXI).

Ramírez de Prado, Alonso. Secretario del Marqués de Villalonga, protegido por el Duque de Lerma, que llegó a acumular una de las mayores fortunas de España durante su ministerio. Al descubrirse los fraudes, fue preso y encarcelado. Murió preso en 1608 (XIII, XIV).

Risco, Juan. Músico de la capilla de la Catedral de Córdoba más tarde transferido a Toledo. Se supone que puso música a varias letrillas de Góngora (34).

Roa. Poeta cordobés que no ha sido identificado definitivamente (XXIV).

Robles, Luisa de. Actriz casada con el actor Juan de Labadia. En 1625 pasaba de los 25 años de edad; en 1627 actuaban juntos en Sevilla (XXXVI).

Rojas y Sandoval, Bernardo. Cardenal-Arzobispo de Toledo, Primado de las Españas, Chanciller Mayor de Castilla, Inquisidor General, tío del Duque de Lerma, que había acumulado varias riquezas. Murió en 1628 (142).

Rufo, Juan. Poeta cordobés (1547?-1620), de vida bohemia e inclinaciones pícaras que reflejan sus *600 apotegmas*; en *La Austríada* se aplica a crear un poema épico (1, 68).

Salicio. Nombre poético usado por Garcilaso en sus églogas (5).

Salinas, Conde de. Diego de Silva y Mendoza, también poeta, casado con dos hermanas Sarmiento, de quien heredó el título. Con la segunda tuvo el hijo Rodrigo Sarmiento de Villandrando. La casa tenía el privilegio de sentarse a la mesa del rey, desde 1441, el día 1 de enero. Es probable que Góngora le haya visitado en su propiedad en las riberas del Duero (8, 9).

Salomón. Rey de los hebreos, hijo de David, famoso por su prudencia y sabiduría, autor de *Proverbios* y del *Cantar de los Cantares* (6).

ÍNDICE DE PRIMEROS VERSOS

ÍNDICE DE LÁMINAS

ESTE LIBRO
SE TERMINÓ DE IMPRIMIR
EL DÍA 2 DE SEPTIEMBRE DE 1985

ÚLTIMOS TÍTULOS PUBLICADOS